Auteures :
Roxane Amoravain
Valérie Blasco
Marie Gatin
Marie-Laure Lions-Oliviéri
Lucie Mensdorff-Pouilly
Eugénie Mottironi

Magosha Fréquelin et Marie Gouelleu (DELF)

Julie Veldeman-Abry (phonétique)

Sommaire

Unité 1 Nouvelles vies 3
Bilan linguistique 10
DELF A2 12

Unité 2 Je me souviens 15
Bilan linguistique 22
DELF A2 24

Unité 3 Comme à la maison 27
Bilan linguistique 34
DELF A2 36

Unité 4 Tous pareils, tous différents 39
Bilan linguistique 46
DELF A2 48

Unité 5 En route vers le futur ! 51
Bilan linguistique 58
DELF A2 60

Unité 6 En cuisine 63
Bilan linguistique 70
DELF A2 72

Unité 7 À votre santé ! 75
Bilan linguistique 82
DELF A2 84

Unité 8 Dans les médias 87
Bilan linguistique 94
DELF A2 96

Unité 9 Consommer responsable 99
Bilan linguistique 106
DELF A2 108

Unité 10 Envies d'ailleurs ? 111
Bilan linguistique 118
DELF A2 120

Unité 11 De jolis parcours 123
Bilan linguistique 130
DELF A2 132

Unité 12 Soif de nature 135
Bilan linguistique 142
DELF A2 144

TRANSCRIPTIONS 147
CORRIGÉS 155

Couverture : Nicolas Piroux
Principe de maquette : Nicolas Piroux
Mise en page : Sabine Beauvallet
Édition : Alexandra Prodromides
Iconographe : Chloé Lecarpentier
Cheffe de studio : Christelle Daubignard
Illustrations : Nicolas Journoud, Mitch, Régis Hector
Documents iconographiques : Dany Mourain
Photogravure : IGS-CP
Enregistrements, montage et mixage des audios : Vincent Henquinet – Eurodvd

Unité 1

Nouvelles vies

Grammaire

▷ Le passé composé
p. 16

1. Écoutez et dites si vous entendez le passé composé.

a	b	c	d	e	f
	X				

2. Complétez les phrases avec l'auxiliaire *être* ou *avoir*.

a. Virginie **a** rencontré son conjoint à l'étranger.

b. Jamel Debbouze s'............ marié en 2008.

c. Leïla Bekhti et Tahar Rahim .... eu trois enfants.

d. Nous .... écouté le nouvel album de Stromae.

e. Vous .... allés au concert de Gaël Faye ?

f. Tu............ déjà rencontré une célébrité ?

3. Écrivez les participes passés des verbes.

a. venir : **venu**

b. dire : ....

c. être : ....

d. recevoir : ....

e. devoir : ....

f. vivre : ....

4. Dans les phrases suivantes, choisissez la forme correcte.

a. Ma meilleure amie est *parti* / **partie** en Erasmus l'an dernier.

b. Mes parents se sont *rencontré* / *rencontrés* à Venise.

c. Ma conjointe a *fini* / *finie* ses études.

d. Ma grand-mère est *mort* / *morte* l'an dernier.

e. La chanteuse Angèle est *devenu* / *devenue* très populaire.

f. Mes sœurs sont *arrivé* / *arrivées* dimanche.

5. Conjuguez les verbes entre parenthèses au passé composé.

Juliette Armanet est une compositrice interprète française. Elle (*naître*) **est née** le 4 mars 1984 à Lille. Elle (*grandir*) .... en région parisienne. Après ses études de lettres et de théâtre, elle (*devenir*) .... journaliste. Elle (*travailler*) .... pour la radio et la télévision pendant plusieurs années puis elle (*décider*) .... de changer de profession. Son premier album (*sortir*) .... en 2017, le second en 2021. Les deux albums (*avoir*) .... beaucoup de succès.

Vocabulaire

▷ Parcours de vie

 p. 17

1. Associez les débuts et les fins de phrases.

a. Un acteur
b. Un scénariste
c. Un chanteur
d. Un compositeur
e. Une écrivaine

1. écrit l'histoire d'un film.
2. joue dans un film.
3. écrit des livres.
4. compose de la musique.
5. chante des chansons.

2. Complétez les phrases avec les éléments suivants :
célibataire – déménager – faire connaissance – ~~coup de foudre~~ – se faire des amis – rencontre.

a. Dom a tout de suite aimé Laurence, il a eu un **coup de foudre**.
b. Je cherche un travail dans le sud de la France, je voudrais ....
c. Ce n'est pas toujours facile de .... quand on arrive dans une nouvelle ville.
d. Papi, tu nous racontes ta .... avec mamie ?
e. La vie en couple ? Non, ce n'est pas pour moi, je préfère rester ....
f. Je ne connais pas encore les parents de mon copain mais je vais .... avec eux le week-end prochain.

3. Remettez l'histoire de Lise et Luc dans l'ordre.

a. Ils se sont mariés et ils ont décidé d'avoir un enfant. ....
b. Ils sont tombés amoureux. ....
c. Lise et Luc se sont rencontrés pendant leur séjour Erasmus à Barcelone. **1**
d. Ils se sont séparés 20 ans après leur rencontre. ....
e. Ils ont décidé de s'installer ensemble. ....
f. Leur enfant est né. ....

4. Écoutez et associez les images aux situations.

1. Situation ....
2. Situation ....
3. Situation ....
4. Situation **a**
5. Situation ....
6. Situation ....

Grammaire

▸ La phrase négative

p. 19

1. Remettez les éléments dans l'ordre pour former des phrases à la forme négative.

a. fait / jamais / Mick / ne / de / judo.

....

b. le / match / ne / regarde / à / télé. / la / Personne

....

c. aux / vidéo. / Je / joue / ne / pas / jeux

....

d. Nous / mangeons / rien. / ne

....

e. randonnée. / ne / Personne / fait / de

....

f. jamais / moi. / Romain / danse / avec / ne

....

2. Complétez les phrases avec les éléments de la négation *rien, personne, jamais, plus*.

a. – Il y a quelqu'un ?
– Non, il n'y a **personne**.

b. – Tu fais quoi demain soir ?
– Je ne fais ...., j'ai envie de me reposer.

c. – Damien habite toujours à Cannes ?
– Non, il n'habite .... à Cannes, il a déménagé à Toulouse.

d. – Tu regardes des séries parfois ?
– Non, je ne regarde .... de séries, je n'aime pas ça.

e. – Tu as rencontré quelqu'un au concert ?
– Non, je n'ai rencontré ...., je suis resté seul.

f. – Tu fais encore de l'escalade ?
– Non, je ne fais .... de sport, j'ai arrêté l'année dernière.

3. Transformez les phrases au passé composé.

a. Il ne va jamais au cirque. → *Il n'est jamais allé au cirque.*

b. Je ne vois personne. ....

c. Vous ne mangez rien ? ....

d. Elle ne fait plus de vélo. ....

e. Tu ne joues jamais au foot ? ....

f. Nous n'avons rien à faire. ....

4. Écoutez et répondez aux questions avec la négation proposée.

a. (*jamais*) → **Non, je ne fais jamais de jardinage.**

b. (*personne*) → ....

c. (*rien*) → ....

d. (*plus*) → ....

e. (*personne*) → ....

f. (*jamais*) → ....

Unité 1

Vocabulaire

▶ Les loisirs p. 21

1. Édouard ou Nicole ? Écoutez et dites qui veut faire quoi ?

Édouard : **5**, ..., ...
Nicole : ...., ..., ...

2. Entourez la bonne réponse.

  a. Ce week-end, je vais faire **une randonnée** / *du bricolage* à la montagne.
  b. On va au *cinéma* / *musée* ? Il y a un film intéressant.
  c. C'est un sportif professionnel, il a fait beaucoup de *compétitions* / *spectacles*.
  d. J'adore le *château* / *concert* de Fontainebleau, c'est vraiment un beau monument.
  e. Maman, je peux aller dans ma chambre faire de *l'escalade* / *la peinture* ?
  f. Dominique aime beaucoup les activités en plein air, surtout le *judo* / *vélo*.

3. Complétez le texte avec les mots suivants : *musées – sports nautiques – amateurs et amatrices – promenades – visites guidées – monuments.*

Bienvenue à Rennes !

Voici quelques activités proposées par notre ville.

🟩 Vous aimez les **musées** ? Venez visiter l'exposition *Celtique* ? au musée de Bretagne.

🟪 Envie de nature ? En famille ou en amoureux, faites de jolies .... dans les bois sauvages et mystérieux de Rennes !

🟥 Vous aimez les .... ? Louez un paddle ou un kayak sur le quai Saint Cyr pour découvrir la ville.

🟦 Vous voulez découvrir le centre historique ? L'office de tourisme organise régulièrement des ....

🟧 Pour les .... de jeux vidéo, le Stunfest festival est là pour vous !

🟥 Vous pouvez aussi sortir de Rennes et aller visiter d'autres ...., le Château de Fougère, le Château de Dinan ou encore le Château de Vitré ne sont pas très loin !

Grammaire

▸ Les indicateurs de temps
p. 23

1. Complétez avec *il y a* et *depuis*.

   a. Jérôme s'est marié **il y a** deux ans.
   b. Juliette et Miro sont en couple .... six mois.
   c. Manu a commencé à travailler dans cette entreprise .... dix ans.
   d. Nous faisons de la randonnée ensemble .... longtemps.
   e. La nouvelle chanson d'Angèle est sortie .... une semaine.
   f. Adeline fait du paddle .... une heure.

2. Entourez la bonne réponse.

   a. Bertille a commencé à chanter *depuis / il y a / pendant* trois ans.
   b. Karim ne fait plus de vélo *depuis / il y a / pendant* janvier.
   c. Hier, Maryse a fait de l'escalade *depuis / il y a / pendant* quatre heures.
   d. Je suis allée au Cirque d'hiver Bouglione *depuis / il y a / pendant* un an.
   e. Tu fais de la compétition *depuis / il y a / pendant* longtemps ?
   f. Je vais au Festival de Cannes chaque année, *depuis / il y a / pendant* huit ans.
   g. Mes parents aiment faire des activités en plein air *depuis / il y a / pendant* leurs vacances d'été.

3. Complétez les phrases avec *depuis, il y a, pendant*.

   a. L'acteur français Pierre Niney est né le 13 mars 1989 et il est comédien **depuis** l'âge de 11 ans.
   b. Il a fait des études de théâtre .... plusieurs années.
   c. Il est en couple avec l'actrice et la photographe australienne Natasha Andrews .... huit ans.
   d. Il a été comédien à la Comédie-Française .... cinq ans, de 2010 à 2015.
   e. Il est célèbre surtout .... 2015. Il a été l'acteur principal dans le film *Yves Saint Laurent* et il a reçu le César du meilleur acteur.
   f. Pierre Niney a aussi joué dans la série *La Flamme*. La série est sortie .... deux ans.

4. Écoutez et complétez les phrases avec *pendant, depuis* et *il y a*.

   a. J'ai joué au foot **pendant** deux heures.
   b. Nous sommes allées au Festival de Vercors .... deux ans.
   c. Je ne fais plus de compétition .... un an.
   d. Annabelle est restée à Berlin .... cinq mois.
   e. Je travaille ici .... dix jours.
   f. J'ai rencontré mon meilleur ami .... 22 ans.

Unité 1

Phonie-graphie

▸ Les sons [y] et [u]

p. 24

Discrimination

1. Écoutez et dites dans quel ordre vous entendez les sons [y] et [u].

	a	b	c	d	e	f
[y] de « tutu » est avant [u] de « coucou »	X					
[u] de « coucou » est avant [y] de « tutu »						

Articulation

2. Écoutez et répétez les dialogues avec une intonation montante ↑ pour la question et une intonation descendante ↓ pour la réponse.

- **a.** – C'est sûr ?
  – Non, c'est fou !
- **b.** – Mon livre, tu l'as lu ?
  – Non, je vais le lire tout de suite !
- **c.** – C'est à Jules ?
  – Non, c'est à vous.
- **d.** – C'est dur ?
  – Non, c'est mou.
- **e.** – Le jus de pomme, tu l'as bu ?
  – Oui, il est bon et il est doux !

Dictée

3. Écoutez le texte et complétez les mots.

Sal........t Jules, au mois d'a........t, n........s avons d........ann........ler nos vacances. N........s avons .... un gros problème. Et toi, tu pars .... p........r les vacances ? À bientôt. Louis.

Interprétation

4. Écoutez le texte, puis lisez-le à voix haute.

Je m'appelle Coumba, je suis camerounaise. J'ai participé aux Jeux de la Francophonie de 2017 en Côte d'Ivoire. Il y avait plus de 4 000 jeunes sportifs et artistes venus de 84 pays francophones. Nous avons pu participer à beaucoup de compétitions et concours. C'était une expérience inoubliable !

Compréhension orale

Rencontre avec Abd Al Malik

Écoutez le document et répondez aux questions. 🔊 10

1. Vrai ou faux ?

	Vrai	Faux
a. *Le modèle noir* est le nom d'un tableau.	❏	❏
b. Le rappeur Abd Al Malik présente son spectacle au musée d'Orsay.	❏	❏

2. Cochez les bonnes réponses.
   a. **Abd Al Malik est aussi :** *(2 bonnes réponses)* ❏ réalisateur. ❏ écrivain et poète. ❏ acteur. ❏ scénariste.
   b. **Abd Al Malik a écrit :** ❏ un album de chanson. ❏ un livre.
   c. **Abd Al Malik raconte :** ❏ la rencontre d'un jeune homme avec un Français. ❏ le parcours d'un jeune homme.

3. Entourez les deux bonnes réponses.
   Le jeune homme se pose des questions sur : ❏ lui. ❏ son travail. ❏ son identité.

4. Où est né le jeune homme ? ....

Production écrite

Vous vous installez en France, à Grenoble. Vous ne connaissez personne. Vous écrivez un post sur **toutpoursortir.fr** pour rencontrer des gens. Vous vous présentez, décrivez votre parcours scolaire et professionnel et parlez de vos goûts et de vos loisirs. (50 mots)

Bilan linguistique

.... / 40

Grammaire

1. Transformez les phrases au passé composé. ..... / 7

   a. Marc déménage à Paris.

   ....

   b. Lana a un enfant.

   ....

   c. Cathy tombe amoureuse.

   ....

   d. Vincent et Ève se marient !

   ....

   e. Ma conjointe va à un spectacle.

   ....

   f. Mon frère finit son stage.

   ....

   g. Cédric et Anouk décident d'avoir un enfant.

   ....

2. Dites le contraire. Utilisez *rien*, *personne*, *jamais* ou *plus*. ..... / 7

   a. Je vois tout. → ....

   b. Vous connaissez tout le monde ici. → ....

   c. Je fais encore de la compétition. → ....

   d. Tu as toujours été en retard. → ....

   e. Quelqu'un a parlé de notre stage. → ....

   f. Tout a été simple avec toi. → ....

   g. J'ai déjà fait cette balade. → ....

3. Complétez les phrases avec *il y a*, *pendant*, *depuis*. ..... / 6

   a. Mon mari fait de l'escalade .... 15 ans.

   b. J'ai fait du kayak pour la première fois .... six mois.

   c. Hier, nous avons fait une promenade .... deux heures.

   d. J'ai vu ce musicien en concert .... cinq ans.

   e. Ali et moi, nous sommes mariés .... septembre 2009.

   f. J'ai travaillé dans cette entreprise .... trois ans.

Vocabulaire

1. Choisissez la réponse correcte. ...... / 5

   a. Ma sœur n'est pas mariée mais elle vit en couple, *son mari / son conjoint* est musicien.
   b. J'ai fini mes études et maintenant je *fais un séjour Erasmus / cherche du travail*.
   c. Mon conjoint est *écrivain / chanteur*, il écrit des livres pour enfants.
   d. Ma meilleure amie est *actrice / trader*, elle joue dans une pièce de théâtre.
   e. Mathieu et Mathilde se sont mariés et ils ont eu un *enfant / coup de foudre*.

2. Associez les phrases qui ont le même sens. ...... / 5

   a. Ils sont mariés.
   b. Ils déménagent.
   c. Ils sont tombés amoureux tout de suite.
   d. Ils se sont rencontrés.
   e. Ils ont des enfants.

   1. Ils s'installent dans un autre lieu.
   2. Ils ont eu un coup de foudre.
   3. Ils ont une vie de famille.
   4. Ils sont mari et femme.
   5. Ils ont fait connaissance.

3. Répondez par vrai ou faux. ...... / 5

	Vrai	Faux
a. Le château est un monument.	❏	❏
b. Le vélo est un sport aquatique.	❏	❏
c. On va voir une exposition dans un musée.	❏	❏
d. On fait de l'escalade dans un théâtre.	❏	❏
e. Le bricolage est une activité en plein air.	❏	❏

4. Associez les phrases aux images correspondantes. ...... / 5

   a. Simone aime peindre, elle fait de très beaux tableaux.
   b. Yves fait souvent des promenades à vélo le week-end.
   c. Le musée organise des visites guidées.
   d. Edgar adore les festivals de musique.
   e. On a beaucoup joué aux jeux de société avec mes parents.

1. Compréhension de l'oral

Vous allez écouter plusieurs documents. Pour répondre aux questions, cochez ☒ la bonne réponse.

Exercice 1 de l'épreuve — 6 points

Vous écoutez des annonces publiques. Lisez les questions. Écoutez les documents puis répondez.

Document 1

1 | Quel événement est organisé au cinéma ? — 1 point

A ❏ Une signature de livre.   B ❏ Une projection de film.   C ❏ Une présentation de CD.

Document 2

2 | Où est-ce qu'il faut aller pour retrouver le sac ? — 1 point

 A ❏    B ❏    C ❏

Document 3

3 | Quelle sortie propose le club cette année ? — 1 point

 A ❏    B ❏    C ❏

Document 4

4 | À quel concours est-ce que vous pouvez vous inscrire ? — 1 point

 A ❏    B ❏    C ❏

Document 5

5 | Dans le parc du château de Versailles, vous pouvez… — 1 point

A ❏ écouter un concert.   B ❏ rencontrer le jardinier.   C ❏ faire une visite guidée.

Document 6

6 | Qu'est-ce qui est interdit ? — 1 point

A ❏ Venir à côté des sportifs.   B ❏ Discuter avec les sportifs.   C ❏ Photographier les sportifs.

2. Compréhension des écrits

Exercice 1 de l'épreuve — 6 points

Vous voulez proposer une sortie à vos ami(e)s français(e)s. Vous lisez le programme des activités de la ville de Rennes.

Document 1

Samedi 10 juin, les amateurs de chant et de danse vont être heureux : l'Opéra de Bretagne va présenter ses nouveaux spectacles pour l'année !

Document 2
Promenade guidée du magnifique jardin du Tabor. Fleurs exotiques et arbres de cent ans vous attendent. Tous les mercredis, à 10 h.

Document 3
À la librairie Pagina, l'écrivain Sylvain Tesson signe son nouveau livre sur l'Asie traditionnelle. Lundi 12, à 20 h.

Document 4
Jeudi 15, enregistrement en public de l'émission politique de Radio Armorique, avec Adeline Renaud, spécialiste des questions internationales. Arriver à 18 h.

Document 5
Pendant les vacances, la piscine de Bréquigny propose un stage de natation. Réservé aux adultes non débutants. 135 euros la semaine.

Document 6
Événement exceptionnel : des tableaux du XXᵉ siècle de la collection du Louvre sont exposés pour la première fois à Rennes.

Associez chaque document à la personne correspondante. Attention : il y a 8 personnes mais seulement 6 documents. Cochez ☒ une seule case pour chaque document.

Personnes	Document 1 (1 point)	Document 2 (1 point)	Document 3 (1 point)	Document 4 (1 point)	Document 5 (1 point)	Document 6 (1 point)
A Mahé adore aller au cinéma.	❑	❑	❑	❑	❑	❑
B Rose aime les cultures du monde.	❑	❑	❑	❑	❑	❑
C Jasper adore les sports aquatiques.	❑	❑	❑	❑	❑	❑
D Timoteo s'intéresse à la nature.	❑	❑	❑	❑	❑	❑
E Nina enseigne le ballet.	❑	❑	❑	❑	❑	❑
F Jan a envie de bricoler.	❑	❑	❑	❑	❑	❑
G Blanche voudrait devenir journaliste.	❑	❑	❑	❑	❑	❑
H Luca apprécie la peinture moderne.	❑	❑	❑	❑	❑	❑

3. Production écrite

Exercice 1 de l'épreuve (12,5 points)

Vous habitez en France. Vous êtes allé(e) aux Journées du Patrimoine de votre ville, samedi dernier. Vous écrivez à un(e) ami(e) français(e) pour lui raconter votre visite. Vous lui donnez aussi vos impressions. (60 mots minimum)

4. Production orale

Partie 2 de l'épreuve : monologue suivi (2 minutes enviton)

Sujet : Vacances préférées
Racontez vos vacances préférées. Vous êtes parti où et avec qui ? Qu'est-ce que vous avez fait ? Pourquoi est-ce que vous avez aimé ces vacances ?

#

1. Vrai ou faux ?

En petit groupe. Chaque étudiant(e) écrit trois phrases sur son parcours : une phrase avec *il y a*, une phrase avec *depuis*, une phrase avec *pendant*. Attention, une information est fausse. Les autres étudiant(e)s du groupe devinent la fausse information.

2. Barrez l'intrus.

a. le scénariste – le compositeur – l'interprète – la conjointe
b. faire un stage – partir en Erasmus – s'installer – obtenir un diplôme
c. se marier – avoir un enfant – avoir un coup de foudre – grandir
d. le cirque – la peinture – le cinéma – le château
e. le paddle – une exposition – le musée – une visite guidée
f. faire du vélo – faire une balade – regarder une série – jouer au foot

3. Associez les étiquettes pour conjuguer les verbes au passé composé.

a. J' | suis | as | vu | es | entré | Je | ai | venu | Tu | écrit

b. Il | allées | a | parti | Elle | est | choisi | Elles | arrivés | Ils | ont | partie | sont

4. Complétez la grille avec les mots correspondant aux images.

Horizontalement :

a. Ma femme adore faire du _____ .

b. Il fait du _____ depuis trois ans.

c. On fait de l' _____ ce week-end, ça vous dit ?

Verticalement :

1. Monika et Cyril vont au _____ .

2. Mes parents adorent _____ !

3. La _____ ce n'est pas mon truc.

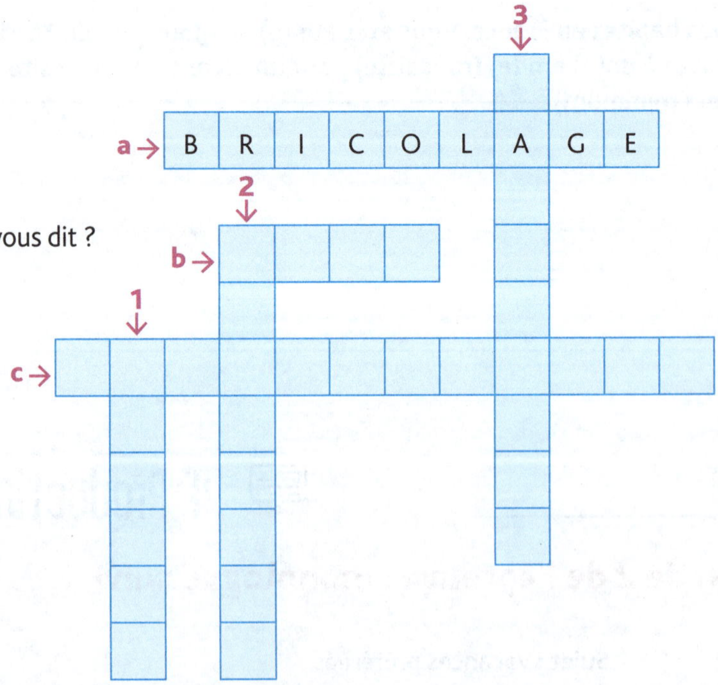

Unité 2

Je me souviens

Grammaire

▷ L'imparfait
p. 30

1. Écoutez et cochez les phrases au présent ou à l'imparfait. 🎧 12

	a	b	c	d	e	f
Présent	X					
Imparfait						

2. Complétez les terminaisons des verbes à l'imparfait.

a. Je me rappelle, nous étud**ions** ensemble.
b. Chaque semaine, j'écriv............ une lettre à ma meilleure amie.
c. On chang............ souvent de professeur.
d. Dans ma famille, on chant............ beaucoup.
e. À cette époque, vous espér............ devenir célèbres.
f. Tu voy............ souvent tes cousins ?

3. Conjuguez les verbes entre parenthèses à l'imparfait.

J'ai beaucoup de souvenirs de vacances joyeux. L'hiver, on (partir) **partait** à la neige. Mon frère et moi, nous (faire) .... du ski, ma sœur (préférer) .... le snowboard. L'été, nous (aller) .... toujours chez ma tante et mon oncle. À cette époque, ils (habiter) .... dans le sud de la France. J' (adorer) .... leur maison, leur jardin et tous ces moments passés en famille. On (cuisiner) .... et on (manger) .... toujours tous ensemble. C' (être) .... des moments inoubliables.

4. Transformez les phrases au présent à l'imparfait.

a. Anne oublie toujours tout. → ***Anne oubliait toujours tout.***
b. Étienne et Alex se déplacent souvent. → ....
c. Tu as beaucoup de photos de vacances. → ....
d. Nous sommes souvent en retard. → ....
e. Vous faites beaucoup de choses ensemble. → ....
f. J'adore écouter le chant des oiseaux. → ....
g. Tu me tiens toujours la main quand on va à l'école. → ....

Vocabulaire

▶ Le souvenir

p. 31

1. Associez les phrases aux images correspondantes.

a. Tu vois, c'est là-bas. **1**

b. Le chant des oiseaux le matin, j'adore ! ………

c. Ça sent mauvais ! ………

d. Je te tiens la main. ………

e. On aime regarder des albums photos. ………

f. Ça n'a pas bon goût. ………

2. Entourez le mot ou l'expression correct.

a. Le chant des oiseaux, c'est un **bruit** / *goût* agréable.

b. J'aime *sentir / voir* l'odeur du pain frais.

c. Elle regarde l'album photo pour *oublier son enfance / replonger dans son enfance*.

d. On ne veut pas se rappeler un *souvenir heureux / mauvais souvenir*.

e. Avant, on avait une grande maison avec une jolie *vue / saveur* sur la mer.

f. J'ai adoré ma fête d'anniversaire, c'est un souvenir *difficile / inoubliable*.

g. J'aime ce parfum, ça sent *bon / mauvais*.

3. Complétez le texte avec les mots et expressions suivants : *saveurs – souvenirs heureux – sentir – regarde – raconte – goûter*.

On **regarde** souvent les vieilles photos de famille avec ma mère. Elle me …………………… toujours plein de …………………… …………………… . Ça me plaît. Quand elle était petite, elle passait beaucoup de temps dans la cuisine avec sa grand-mère. Elle aimait …………………… les bonnes odeurs, …………………… les plats qu'elles cuisinaient ensemble. Elle se souvient de toutes ces ……………………, comme si c'était hier.

4. Écoutez et associez chaque phrase à un souvenir. 13

Souvenir…					
de vacances	d'enfance	de famille	d'adolescence	de jeunesse	d'école
……	……	……	a	……	……

Grammaire

▶ Les pronoms *y* et *en* — p. 33

1. Entourez le pronom *y* ou *en* qui convient dans les réponses.

a. – Tu reviens sur la même île l'été prochain ?
– Oui, j'*en* / **y** reviens.

b. – Tu descends du sommet ?
– Oui, j'*en* / *y* descends.

c. – Vous êtes partis quand de chez vous ?
– On *en* / *y* est partis il y a deux heures.

d. – Tes parents habitent à Cannes ?
– Oui, ils *en* / *y* habitent depuis l'année dernière.

e. – Les enfants sont rentrés de leur balade ?
– Oui, ils *en* / *y* sont rentrés.

f. – Tu aimes le climat dans ce pays ?
– Oui, il *en* / *y* fait toujours beau.

2. Complétez les phrases avec le pronom *y* ou *en*.

a. Ma sœur va tous les ans en Croatie. Elle **y** retourne encore cette année.

b. Adrien va bientôt rentrer de Montpellier, il ……… est parti à 15 heures.

c. Cathy a visité une ferme. Elle ……… a acheté du fromage.

d. Je pars de Nice. J'……… pars très contente, c'était génial !

e. On revient de notre chalet. C'était difficile d'……… repartir, on était tellement bien !

f. Laure adore aller dans ce pays. Elle veut s'……… installer.

3. Écoutez et complétez les réponses comme dans l'exemple. 🎧14

a. Oui, nous **y allons souvent**.

b. Oui, il ……………………… .

c. Non, elle ……………………… .

d. Oui, il ……………………… .

e. Non, je ……………………… .

f. Non, ils ……………………… .

g. Oui, elles ……………………… .

4. Complétez la carte postale avec les pronoms *y* ou *en*.

Coucou mamie,

Je t'envoie un bisou de La Rochelle. J'y suis avec mes amis. Jeudi, nous avons passé toute la journée sur l'île d'Oléron. Nous ……… avons fait du vélo, c'était super ! Nous sommes partis de là-bas le soir. Nous ……… sommes revenus fatigués, mais heureux. Hier, on est allés chez mes amis à Rochefort. On ……… a passé un très bon moment. On est rentrés tard de chez eux : nous ……… sommes partis à minuit ! Aujourd'hui, on se repose ! Nous passons notre dernière journée à la plage. Demain, on retourne à Paris. Je dois ……… être lundi, je reprends le travail.
J'espère que tu vas bien ! On se voit bientôt !

Je t'embrasse très fort,

Agnès

Vocabulaire

▸ Les paysages et la météo

p. 35

1. Classez les mots et expressions suivants : ~~une île~~ – une prairie – un chalet – une mouette – un sommet – un port – une ferme.

la mer	la montagne	la campagne
une île		

2. Lisez et associez les phrases aux images.

a. On a passé nos vacances au bord d'un lac. **5**

b. Le ciel est tout gris, il va y avoir un orage. ....

c. Aujourd'hui, il y a beaucoup de vent. ....

d. Derrière la ferme, il y a ce très beau champ. ....

e. Sur cette côte, il a beaucoup de dunes. ....

f. Cette barrière de corail est magnifique. ....

3. Répondez par vrai ou faux.

	Vrai	Faux
a. Quand la mer avance sur la plage, c'est la marée haute.	☒	☐
b. Quand il fait froid, on parle de chaleur.	☐	☐
c. Un agriculteur habite et travaille dans une ferme.	☐	☐
d. Le sommet est le point le plus haut d'une montagne.	☐	☐
e. Quand il y a du soleil, le ciel est gris.	☐	☐
f. On peut voir des animaux manger dans une prairie.	☐	☐
g. Quand on habite sur la côte, on est loin de la mer.	☐	☐

4. Écoutez et associez les dialogues aux situations. 🎧 15

a. Le temps est gris. : ....

b. C'est la marée basse. : ....

c. C'est la canicule. : **1**

d. À la plage, c'est agréable. : ....

e. C'est un climat différent. : ....

f. C'est un temps sec. : ....

Grammaire

▷ La place de l'adjectif   p. 37

1. Écoutez et cochez la place de l'adjectif dans les phrases. 🎧 16

	a	b	c	d	e	f	g
Avant le nom							
Après le nom	x						

2. Remettez les mots dans l'ordre.

a. chaud / un / vêtement → *un vêtement chaud*

b. touristes / des / japonais : ....

c. souvenir / inoubliable / un : ....

d. une / fraîcheur / grande : ....

e. vieux / un / port : ....

f. des / spéciaux / moments : ....

g. gros / un / bateau : ....

3. Placez les adjectifs entre parenthèses dans les phrases.

a. On a mangé un plat. (hongrois/bon) → *On a mangé un bon plat hongrois.*

b. Regarde ce ciel ! (beau/bleu) : ....

c. Nous avons visité des villages. (corses/jolis) : ....

d. J'ai vu des bâtiments. (modernes/grands) : ....

e. Il nous a offert un souvenir. (petit/original) : ....

f. C'est une fête. (traditionnelle/grande) : ....

g. Je préfère acheter des produits. (locaux/bons) : ....

4. Complétez les réponses avec l'adjectif entre parenthèses. Attention aux accords et à la place des adjectifs.

a. Tu as acheté des cadeaux ? (petit)
→ Oui, j'ai acheté de *petits* cadeaux.

b. Vous vous souvenez de ces moments ? (incroyable)
→ Oui, on se souvient de ....

c. Tu es content de cette expérience ? (fantastique)
→ Oui, je suis contente de ....

d. Quelle cuisine tu préfères ? (italien)
→ Je préfère ....

e. Tu as des chaussures de randonnée ? (bon)
→ Oui, j'ai ....

f. Vous allez louer un chalet ? (grand)
→ Oui, nous allons louer ....

g. Tu connais cette île ? (magique)
→ Oui, je connais ....

Phonie-graphie

▶ Les liaisons obligatoires _____ p. 38

Discrimination

1. Écoutez et dites combien de fois vous entendez [n], [z] ou [t]. 🎧 17

	[n] comme « un ami »	[z] comme « des amis »	[t] comme un « petit ami »
a	1	2	1
b			
c			
d			
e			

Articulation

2. Écoutez et répétez les dialogues suivants. 18

a. – Vous partiez en vacances quand vous étiez petit ?
– Oui, en été, dans un petit hôtel en Italie.

b. – Vous avez déménagé cet été ?
– Oui, avec ma famille, nous habitons dans un grand appartement maintenant !

c. – Vous avez fait quelles activités ce week-end ?
– Avec mes enfants, nous avons réalisé un petit album photos de notre dernier voyage.

d. – Cet automne, vous venez chez Louise, mon amie ?
– Oui, nous sommes tout excités de venir chez elle.

e. – Mélina et Nino, sont-ils partis avec des amis en Espagne ?
– Non, ils sont partis sans ami.

Graphies

3. Écoutez le texte et indiquez les liaisons (‿). 19

Avec mes amis, nous avons voyagé dans un pays, en Algérie. Nous avons dormi chez un ami. Nous avons pris un petit hélicoptère pour aller dans le désert. Nous avons marché six jours et sommes rentrés en avion en France.

Interprétation

4. Écoutez le texte, puis lisez-le à voix haute. 20

J'ai beaucoup de souvenirs de mon enfance. Quand j'avais six ans, tous les dimanches, j'allais au cinéma avec ma grand-mère. J'attendais ce moment avec impatience. À 10 heures, je me préparais et ma grand-mère venait me chercher à 11 heures. Nous allions d'abord dans un petit restaurant. Puis, nous allions dans une salle de cinéma à côté de chez elle. Nous passions un bon après-midi !

Compréhension écrite

La Commode aux tiroirs de couleurs

Lisez le texte et répondez aux questions.

> J'adorais parler le français, je me sentais toute neuve en le pratiquant ; mais les occasions manquaient. Parfois, j'allais faire les commissions aux halles. C'était un peu plus cher qu'au marché, mais ces moments où je commandais une grenadine avec un parfait accent français et où l'on répondait sans remarquer ma différence étaient un bol d'air. [...]
> Il y avait bien André, un garçon français de mon âge qui ne savait pas quoi inventer pour me donner le sourire. Il habitait en face de l'immeuble. Il cousait comme un dieu, ce qui n'était pas courant pour un homme à l'époque, du coup il passait son temps à traîner chez nous pour regarder les femmes à l'œuvre et les aider. Il me glissait des journaux français sous la porte, [...]. J'aimais discuter en français de l'Espagne avec lui. Ma place dans le monde prenait une autre tournure. Je n'étais plus nulle part. J'étais d'ici et de là-bas. [...] J'aimais faire le clown pour le dérider, car c'était un garçon plutôt sérieux…
>
> Olivia Ruiz, *La Commode aux tiroirs de couleurs*, 2020

1. Vrai ou faux ?

	Vrai	Faux
a. L'écrivaine raconte un souvenir d'école.	❏	❏
b. Elle aimait faire les courses et parler français aux commerçants.	❏	❏

2. Cochez la bonne réponse.

a. Quand elle parlait français, elle :
  ❏ avait un accent espagnol.
  ❏ n'avait pas d'accent espagnol.
b. André était : ❏ français. ❏ espagnol.
c. Il habitait :
  ❏ dans la même rue. ❏ dans un autre quartier.
d. Il savait très bien : ❏ cuisiner. ❏ coudre.

3. De quoi parlaient l'écrivaine et André ?

....
....

VOCABULAIRE
4. Cochez la bonne signification.

a. « Ces moments étaient un bol d'air. », c'est :
  ❏ Ces moments sortaient de la vie ordinaire et c'était désagréable.
  ❏ Ces moments sortaient de la vie ordinaire et c'était agréable.
b. « Il regardait les femmes à l'œuvre. », c'est :
  ❏ Il regardait les femmes travailler.
  ❏ Il regardait les femmes écrire.
c. « Ma place prenait une autre tournure. », c'est :
  ❏ Ma place changeait.
  ❏ Ma place restait la même.

Production orale

JEUX DE RÔLE
À deux. Choisissez la fiche A ou B. Lisez les informations de votre fiche et jouez la scène avec votre partenaire.

Apprenant A
Vous partez en vacances dans un pays que vous ne connaissez pas. Votre ami(e) y est déjà allé(e). Vous lui demandez comment c'était, quels sont ses souvenirs des paysages, du climat et de la cuisine.

Apprenant B
Vous parlez de vos vacances dans un pays que votre ami(e) veut visiter. Vous répondez à ses questions et racontez un bon souvenir.

Bilan linguistique

Grammaire

1. Conjuguez les verbes entre parenthèses à l'imparfait. ..../ 7

   a. À cette époque, nous (*habiter*) .... près d'un lac.
   b. On (*se déplacer*) .... beaucoup à vélo.
   c. Nos enfants (*aller*) .... à l'école près de la maison.
   d. Tu (*faire*) .... une randonnée tous les week-ends.
   e. Je (*voyager*) .... souvent.
   f. Elle (*commencer*) .... à comprendre le français.
   g. Nous (*écrire*) .... des poèmes ensemble.

2. Transformez les phrases en remplaçant les éléments soulignés par *y* ou *en*. ..../ 7

   a. Je n'étais pas heureuse dans cette école.
   ....
   b. Nous sommes partis de Lyon à 13 heures.
   ....
   c. À quelle heure tu vas à la plage ?
   ....
   d. Elle est descendue rapidement de l'avion.
   ....
   e. Tu ne passes pas beaucoup de temps dans l'eau.
   ....
   f. Vous vous promenez souvent sur le port ?
   ....
   g. Quand est-ce que tu repars de la ville ?
   ....

3. Accordez et placez les adjectifs entre parenthèses dans les phrases. ..../ 6

   a. Nous avons créé une affiche. (nouveau)
   ....
   b. J'ai acheté des espadrilles au Maroc. (confortable)
   ....
   c. Ce plat a un goût. (fort)
   ....
   d. C'est une odeur. (insupportable)
   ....
   e. Je me rappelle toutes ces saveurs. (incroyable)
   ....
   f. Tu as rencontré beaucoup d'étudiants. (étranger)
   ....

Vocabulaire

1. Associez les débuts et les fins de phrases. ..... / 5

a. C'est un mauvais souvenir,
b. Je n'aime pas cette odeur,
c. Le matin, on allait à l'école avec ma sœur,
d. Je regarde mes photos d'enfance,
e. Par ma fenêtre, je vois les montagnes,

1. je lui tenais souvent la main.
2. je replonge dans mon enfance.
3. je veux oublier ce moment.
4. c'est une jolie vue.
5. ça sent mauvais.

2. Complétez les phrases avec les mots suivants : *bruit – jeunesse – goûter – joyeux – sent*. ..... / 5

a. J'ai fait un gâteau, tu veux .... ?
b. Le chant des oiseaux est un .... agréable.
c. À cette époque, j'avais 25 ans, j'ai beaucoup de souvenirs de ....
d. J'adore son parfum, il .... très bon.
e. On a beaucoup ri ensemble, on a beaucoup de souvenirs ....

3. Entourez la réponse correcte. ..... / 5

a. Il n'y a pas de soleil, le ciel est *bleu / gris*.
b. On annonce encore de la pluie pour ce week-end, le temps est *sec / humide*.
c. Pendant notre randonnée, on s'est baigné dans un *lac / champ* de montagne.
d. Il y a des *dunes / prairies* de sable sur cette plage.
e. Il a fait plus de 40 degrés, c'était *la canicule / l'orage*.

4. Remplacez les images par les mots correspondants. ..... / 5

a. Nous passions tous les hivers dans notre .... → ....
b. L'été dernier, j'ai travaillé dans une .... → ....
c. Nous sommes montés jusqu'au .... → ....
d. Regarde cette jolie .... → ....
e. Nous nous promenions souvent sur le .... → ....

1. Compréhension de l'oral

Vous allez écouter plusieurs documents. Pour répondre aux questions, cochez ☒ la bonne réponse.

Exercice 2 de l'épreuve — 6 points

Vous écoutez la radio. Lisez les questions. Écoutez les documents puis répondez.

Document 1

1 | Ce week-end, la médiathèque propose… *(1 point)*
   A ☐ de lire des BD.   B ☐ de voir des artistes.   C ☐ d'écrire ses souvenirs.

2 | Pour participer, il faut… *(1 point)*

 A ☐    B ☐    C ☐

Document 2

3 | Le thème de l'émission est…   A ☐ la santé.   B ☐ le travail.   C ☐ les congés.   *(1 point)*

4 | Pour témoigner, vous devez…   A ☐ téléphoner.   B ☐ écrire un mail.   C ☐ envoyer un sms.   *(1 point)*

Document 3

5 | Vous allez prendre des photos de…   A ☐ nature.   B ☐ maison.   C ☐ nourriture.   *(1 point)*

6 | Vous pouvez gagner… *(1 point)*

 A ☐    B ☐    C ☐

2. Compréhension des écrits

Exercice 2 de l'épreuve — 6 points

Vous recevez cette lettre :

> Chers adhérents,
>
> Venez fêter les 10 ans de l'association « Les amoureux de la Bretagne » le 7 juin, dans la salle des Fêtes. Au programme :
> - un atelier crêpes bretonnes pour les enfants et un goûter pour tous à partir de 16 h ;
> - une exposition de photos sur les belles plages de la région ;
> - un quiz sur la Bretagne à 18 h. Le gagnant recevra 2 entrées gratuites pour le Grand-Aquarium de Saint-Malo. L'occasion de découvrir les poissons de la région !
>
> Nous recherchons des personnes pour aider à l'organisation : laver la vaisselle, nettoyer la salle… Merci de contacter Aude au 07 08 32 66 28.
>
> Pour participer, inscrivez-vous par courriel à ladlb@gmail.fr et indiquez le nombre de participants.
>
> À bientôt !
>
> Association « Les amoureux de la Bretagne »

Pour répondre aux questions, cochez la bonne réponse.

1 ı Vous êtes invité pour fêter…   **A** ☐ un mariage.   **B** ☐ une naissance.   **C** ☐ un anniversaire.   (1 point)

2 ı Quelle activité est proposée aux enfants ?   (1 point)

     A ☐   **B** ☐   **C** ☐

3 ı L'exposition a pour thème…   (1 point)

   A ☐ les animaux…   **B** ☐ les paysages… de la région.   **C** ☐ les plats typiques…

4 ı Que recevra le gagnant ?   (1 point)

     A ☐   **B** ☐   **C** ☐

5 ı L'association a besoin d'aide pour…   **A** ☐ la cuisine.   **B** ☐ la décoration.   **C** ☐ le rangement.   (1 point)

6 ı Pour vous inscrire, vous devez…   (1 point)

   A ☐ aller sur place.   **B** ☐ téléphoner à Aude.   **C** ☐ envoyer un message.

3. Production écrite

Exercice 2 de l'épreuve   (12,5 points)

Vous avez reçu un courriel de votre amie belge.
Vous répondez à Ève. Vous acceptez son invitation, vous posez des questions sur l'organisation et vous lui proposez quelques idées de repas. (60 mots minimum)

Lire les mails	Écrire
De :	binlueve@gmail.fr
A :	
Objet :	Vacances !

Coucou,
Je t'invite pour mon anniversaire le week-end prochain à Arcachon ! J'ai loué une petite maison pour 15 personnes, ça va être génial !
Tu peux m'aider pour préparer les repas ? Je suis nulle en cuisine !
À bientôt,
Ève

4. Production orale

Partie 3 de l'épreuve : exercice en interaction   (3 à 4 minutes)

Souvenirs de vacances

Vous êtes en vacances à Montpellier, dans le sud de la France. Vous voulez acheter des souvenirs pour vos amis et votre famille. Vous êtes dans un magasin, vous demandez des conseils au vendeur et vous vous renseignez sur les prix. *L'examinateur joue le rôle du vendeur.*

Jeux

1. Souvenirs, souvenirs

En groupe. Vous avez trois minutes pour ajouter un adjectif à chaque nom. (1 point par bonne réponse)

- un souvenir
- une enfance
- une odeur
- une photo
- un bruit
- un bateau
- une prairie
- un chalet
- des lacs
- des températures

2. Remplacez les symboles par les verbes correspondants et conjuguez-les à l'imparfait.

✷	♥	♦	⬧	▲
se sentir	se réveiller	être	préparer	avoir

■	★	✱	✤	❖
descendre	s'installer	dire	boire	commencer

Tous les dimanches matin, je ♥ .... avec l'odeur des crêpes que mon père ♦ .... dans la cuisine. Mon frère et moi, nous y ■ ...., encore en pyjama et à moitié endormis. On ✱ .... un rapide bonjour à nos parents, on ★ .... à table et on ❖ .... à manger. Mes parents ✤ .... leur café au lait, nous, on ▲ .... notre chocolat chaud. Ces moments ♦ .... très simples mais on ✷ .... heureux.

3. Découpez et retrouvez 12 mots ou expressions de la météo.

caniculepluiechaleurfraîcheuroragecielbleuclimattempératuretempshumidetempsseccielgrisdegrés

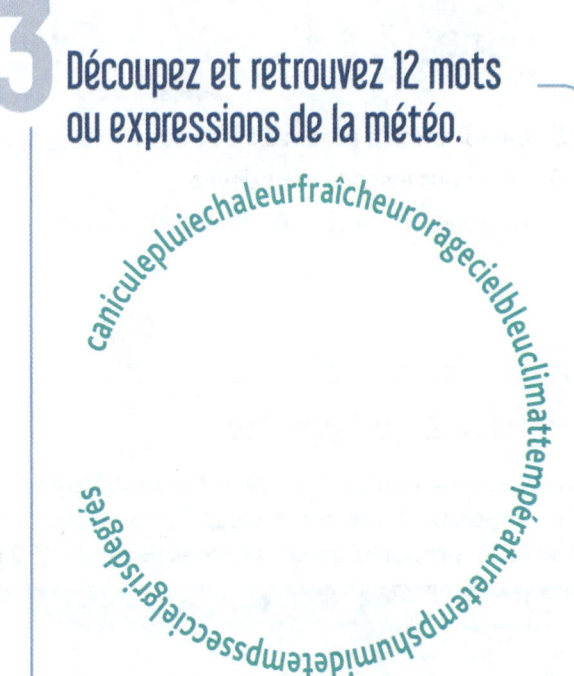

4. Qui suis-je ?

a. Je suis blanche, j'aime la mer et les poissons. ....

b. Je vois la mer de tous les côtés. ....

c. Je me lève le matin et je me couche le soir. ....

d. Je suis la frontière entre la mer et la terre. ....

e. Les enfants m'utilisent pour faire un château sur la plage. ....

Unité 3

Comme à la maison

Grammaire

▶ Les pronoms relatifs *qui, que, où* — p. 44

1. Écoutez et cochez le pronom relatif entendu. 🎧 22

	a	b	c	d	e	f	g
qui							
que	X						
qu'							
où							

2. Cochez la bonne fin de phrase.

a. Voici un appartement qui :
  - ☒ se trouve au rez-de-chaussée.
  - ☐ vous pouvez louer à partir de juin.

b. Le coliving est un logement où :
  - ☐ on partage des parties communes.
  - ☐ est très sympa.

c. C'est une pièce que :
  - ☐ est très claire. ☐ j'utilise comme bureau.

d. Ici, c'est un couloir qui :
  - ☐ est assez sombre.
  - ☐ vous pouvez mettre une bibliothèque.

e. Voici la chambre qui :
  - ☐ fait 30 m². ☐ on dort.

f. Quel est le montant des charges qu' :
  - ☐ je dois payer ? ☐ on doit payer ?

3. Entourez la bonne réponse.

a. Je n'aime pas les cuisines *que / qu' / qui* ne sont pas équipées.

b. C'est l'immeuble *qui / où / que* j'habitais avant.

c. Je suis intéressée par l'annonce *qu' / que / où* vous proposez sur votre site.

d. Le foyer *que / qui / où* tu vis, est bien situé.

e. Le F2 *que / qu' / où* on vous propose, est au quatrième étage sans ascenseur.

f. C'est une pièce *où / qu' / qui* j'aime bien travailler.

4. Reformulez les phrases avec *qui, que, qu', où*.

a. Je paie un loyer. Le loyer n'est pas cher. → Je paie un loyer **qui** n'est pas cher.

b. Je vais louer un appartement. J'ai visité cet appartement deux fois. ....

c. Mes amis vivent dans un T3. Ils ont entièrement rénové leur T3. ....

d. Nous avons une cave. Nous rangeons beaucoup de choses dans cette cave. ....

e. Tu habites dans une résidence. Les espaces communs sont très grands dans cette résidence. ....

f. C'est une maison neuve. Cette maison neuve a une véranda. ....

Vocabulaire

▸ Le logement et la location
p. 45

1. Entourez la bonne réponse.

a. Mon studio est au premier *garage* / **étage**.

b. J'ai un tout petit appartement, c'est un *T1* / *T4*.

c. Je n'ai pas envie d'acheter des meubles, je vais louer un appartement *rénové* / *meublé*.

d. C'est un immeuble *neuf* / *ancien*, il date des années 1920.

e. Mon *loyer* / *propriétaire* n'est pas cher, 450 euros par mois, charges comprises.

f. Il y a *une cave* / *un grenier* de 20 m² au sous-sol de la maison.

g. Désolé, l'appartement n'est plus *disponible* / *confortable*, je l'ai loué hier.

2. Complétez les noms. Comment s'appelle le lieu où :

a. on mange. → la s**alle à manger**

b. on travaille. → le b............................

c. on range les vélos. → le l............................

d. on cuisine. → la c............................

e. on se lave. → la s............................ / la s............................

f. on fait sa lessive. → la b............................

g. on dort. → la c............................

3. Complétez les phrases avec les mots qui conviennent. Aidez-vous des images.

a. Vous prenez l'**ascenseur** ou vous montez à pied ?

b. Au fond du ...., il y a ma chambre.

c. Je connais tous les voisins de mon ....

d. Cette maison a un beau ....

e. On prend le café sur le .... ? Il fait beau !

f. Je peux garer ma voiture au ....

4. Écoutez et cochez la bonne réponse. 23

a. Sa chambre est très : ☒ claire. ☐ sombre.

b. Elle habite dans une rue : ☐ calme. ☐ bruyante.

c. Il doit payer : ☐ seulement les charges. ☐ les charges et le chauffage.

d. Elle habite dans : ☐ une résidence. ☐ une maison.

e. Il est : ☐ locataire. ☐ propriétaire.

f. Elle vit : ☐ seule. ☐ en colocation.

Grammaire

▷ La comparaison p. 47

1. Entourez la bonne réponse.

a. Ce canapé est *autant de* / **aussi** confortable que l'ancien canapé.

b. Il y a *plus de* / *plus* place ici que chez toi.

c. On dort *mieux* / *meilleur* dans ta chambre.

d. Le cadre de vie est *meilleur* / *meilleure*.

e. Il y a *autant d'* / *autant* appartements dans cet immeuble que dans l'autre.

f. Tu travailles *moins de* / *moins* dans ton bureau que moi.

2. Remettez les mots dans l'ordre pour former des phrases.

a. Ma véranda / que / est / plus / grande / balcon. / ton

b. Il y a / moins / ici. / rangements / de

c. Mon lave-linge / mon / fonctionne / que / mieux / lave-vaisselle.

d. Je / charges / de / avant. / autant / paie / qu'

e. Cette rue / moins / que / est / chic / ta / rue.

f. Cette machine à café / pire / l'ancienne machine. / que / est

3. Regardez les images et complétez les phrases avec *moins*, *plus*, *moins de*, ~~plus de~~, *aussi* ou *autant*.

a. Il y a **plus de** cadres sur les murs du second salon.

b. Les meubles du second salon sont .... colorés.

c. Il y a .... coussins sur le canapé du premier salon.

d. La table basse verte est .... moderne.

e. Le premier salon est .... agréable que le second.

f. J'aime .... le second salon que le premier.

4. Faites des comparaisons avec les éléments proposés.

a. [=] La vie au foyer est – agréable – la colocation : La vie au foyer est **aussi agréable que** la colocation.

b. [+] Je dois monter – étages – toi : ....

c. [+] On dort – bien – avant : ....

d. [=] Je regarde la télé – souvent – toi : ....

e. [–] Votre quartier est – animé – le centre-ville : ....

5. Écoutez et répondez comme dans l'exemple. 24

a. [=] : Non, il est **aussi cher**.

b. [–] : Non, il y a ....

c. [+] : Non, c'est ....

d. [=] : Non, elle est ....

e. [–] : Non, il y a ....

f. [+] : Non, je ....

Vocabulaire

▶ Le mobilier et le cadre de vie p. 49

1. Écoutez et dites dans quel ordre vous entendez ces objets.

a .... b 1 c .... d ....

e .... f .... g .... h ....

2. Classez les mots suivants : *une horloge – un évier – un placard – un cadre – un tabouret – un lavabo – une douche – un rideau – un divan.*

Meubles	Objets de décoration	Équipements
un placard	....	....
....	....	....
....	....	....

3. Complétez les phrases avec les mots ou expressions de la liste : *appareils électroménagers – lavabo – chic – table de chevet – rangements – étagère – four*

a. Depuis que j'ai mon nouveau **four**, je fais beaucoup de gâteaux et de tartes.

b. Dans la salle de bain, j'ai un tout petit ....

c. Le lave-linge, le lave-vaisselle, le frigo sont des ....

d. J'ai trop d'objets et je n'ai pas assez de ....

e. Je vais mettre une .... au-dessus de mon bureau pour y mettre mes plantes vertes.

f. C'est une avenue assez .... avec des magasins luxueux.

g. J'ai une jolie .... à côté de mon lit.

4. Barrez l'intrus.

a. lavabo – évier – coussin

b. bâtiment – table – chaise

c. avenue – rue – bureaux

d. vivant – animé – tranquille

e. magasins – espaces verts – commerçants

f. canapé – plante – sofa

Grammaire

▶ La condition

p. 51

1. Complétez les phrases avec « Si » ou « S' ».

a. **Si** elle te propose son aide, accepte !
b. .... je me souviens bien, on a déjà vu cette annonce.
c. .... il fait froid, mets le chauffage.
d. .... on veut, on peut !
e. .... Ester n'est pas là dans cinq minutes, je l'appelle !
f. .... il pleut, ne sortez pas !
g. .... il cherche un colocataire, je suis intéressé !

2. Écoutez et cochez le temps utilisé dans la deuxième partie de la phrase.

	a	b	c	d	e	f	g
Présent							
Impératif	X						

3. Remettez les mots dans l'ordre pour faire des phrases.

a. téléphone / Si / l'appartement, / au propriétaire. / veux / tu
....
....

b. tu / Si / prends / as / une couette. / froid,
....
....

c. canapé. / Si / plus d'argent, / m'achète / je / je / un nouveau / gagne
....
....

d. ta maison ? / Si / pars / tu / loues / à l'étranger, / tu
....
....

e. veux ! / Pars / tu / si
....
....

f. êtes / ces bureaux. / on / Si / vous / d'accord, / loue
....
....

g. vous / ce quartier ! / Si / avez / allez / le temps, / visiter
....
....

4. Reliez les phrases avec « si » comme dans l'exemple.

a. Le garage est disponible. – Vous avez une voiture.
→ *Si vous avez une voiture, le garage est disponible. / Le garage est disponible si vous avez une voiture.*

b. Ferme la fenêtre. – Il y a trop de bruit.
....
....

c. Achète un autre placard. – Tu n'as pas assez de rangements.
....
....

d. Tu veux payer moins cher. – Prends un appartement plus petit.
....
....

e. On mange dans le jardin. – Il fait beau.
....
....

f. Le canapé-lit est assez confortable. – Je n'achète pas de lit.
....
....

g. Vous aimez la nature. – Déménagez à la campagne.
....
....

trente et un | 31

Unité 3

Phonie-graphie

▷ Les sons [j] [ɥ] [w] ——————————————————— p. 52

Discrimination

1. Écoutez et cochez le son que vous entendez. 🔊27

❶
	a	b	c	d
[i] de « il »				
[j] de « loyer »				

❷
	a	b	c	d
[y] de « tu »				
[ɥ] de « gratuit »				

❸
	a	b	c	d
[u] de « tout »				
[w] de « toit »				

Articulation

2. Écoutez et répétez les mots suivants. 🔊28

a. riz → riez   b. pi → pied   c. nu → nuit   d. su → suite   e. lou → louer   f. sous → souhait

Graphies

3. Écoutez et soulignez tous les sons [j]. Puis répétez la phrase. 🔊29

Une jeune fille habite dans un foyer où il y a plusieurs étudiantes de nationalités différentes.

Retrouvez les mots des 3 graphies du [j].
- « ill » : ....
- « voyelle + y + voyelle » : ....
- « i + voyelle » : ....

4. Écoutez et soulignez tous les sons [ɥ]. Puis répétez la phrase. 🔊30

Au mois de juillet, huit amis mangent des fruits dans une cuisine sans faire de bruit.

Retrouvez les mots de la graphie du [ɥ].
u +- i : ....

5. Écoutez et soulignez tous les sons [w]. Puis répétez la phrase. 🔊31

Nous avons trois choix : louer un appartement moins cher mais plus loin, un studio plus cher mais moins loin, une colocation dans un endroit mieux situé.

Retrouvez les mots des 3 graphies du [w].
- « oi » : ....
- « ou + voyelle » : ....
- « oin » : ....

Interprétation

6. Écoutez le texte puis lisez-le à voix haute. 🔊32

Le premier jour de sa croisière, Juliette s'installe dans la cabine 118 : une belle cabine, avec un lit couvert d'une couette bleu nuit, un coin cuisine et une petite salle d'eau. Elle a fait le choix de partir seule, loin de tous pour se reposer, réfléchir et prendre un nouveau départ !

Compréhension orale

Un projet solidaire

Écoutez le document et répondez aux questions. 🎧 33

1. Vrai ou faux ?   Vrai   Faux

Avec les KAPS*,

a. les étudiants paient un loyer moins cher. ❑ ❑
b. on propose aux étudiants différentes activités. ❑ ❑
c. les étudiants animent la vie du quartier. ❑ ❑

* KAPS : Kolocations à Projets Solidaires (« colocation » s'écrit ici avec un « k ».)

2. Choisissez la bonne réponse.

a. Avec trois autres étudiants, Guillaume loue un : ❑ T4. ❑ T5.
b. Il y a : ❑ 4 chambres. ❑ 5 chambres.
c. Le salon et la salle à manger :
   ❑ sont séparés. ❑ font partie de la même pièce.
d. Il y a : ❑ une véranda. ❑ un balcon.
e. La salle de bain est : ❑ petite. ❑ grande.
f. L'appartement :
   ❑ est meublé. ❑ n'est pas meublé.

3. Quel est le montant du loyer ? ....

Production écrite

Cette annonce vous intéresse. Vous écrivez au propriétaire pour avoir des informations supplémentaires : l'état de l'appartement, le montant du loyer, les charges à payer, le quartier. (50 mots)

À louer — Grenoble, quartier de La Capuche

T1 de 22 m², cuisine équipée **500 €/mois**

Lire les mails	Écrire
De :	
À :	
Objet :	

Bonjour,
Je suis intéressé(e) par votre annonce…

trente-trois | 33

Unité 3

Bilan linguistique

.... / 40

Grammaire

1. Choisissez la bonne réponse. ..... / 7

   a. C'est un abonnement *qui / que / qu' / où* est très intéressant.
   b. Je préfère le studio *qui / que / qu' / où* j'ai visité ce matin.
   c. C'est le quartier *qui / que / qu' / où* se situe ma résidence.
   d. On vit dans une rue *qui / que / qu' / où* est très bruyante.
   e. Voici le séjour *qui / que / qu' / où* j'ai rénové l'an dernier.
   f. C'est la maison *qui / que / qu' / où* on louait avant.
   g. Voici le quartier *qui / que / qu' / où* j'ai grandi.

2. Reformulez les phrases avec des comparatifs. Faites des changements si nécessaire. ..... / 7

   a. Mon frigo est [=] grand que le frigo de mes parents.
   ....

   b. Il y a [–] place dans ton garage.
   ....

   c. Ce canapé-lit est [+] bon que mon lit.
   ....

   d. Cette horloge fonctionne [–] bien que mon ancienne horloge.
   ....

   e. Il y a [=] appartements disponibles que de maisons.
   ....

   f. Ma chambre est [+] bien rangée.
   ....

   g. Je paie [=] que toi.
   ....

3. Reliez les éléments pour former des phrases. ..... / 6

   a. S'il n'aime pas le bruit,   1. contactez-moi au 07 78 77 79 14.
   b. Si vous voulez visiter l'appartement, 2. tu peux venir ce week-end.
   c. Mettez le chauffage   3. il ne peut pas habiter dans le centre-ville.
   d. Si ça t'arrange,   4. si tu as besoin de plus de place.
   e. Loue une plus grande maison   5. on peut y mettre nos vélos.
   f. S'il y a une cave,   6. si vous avez trop froid.

Vocabulaire

1. Répondez par vrai ou faux. ..... / 5

	Vrai	Faux
a. Il n'y a pas beaucoup de bruit dans ma rue. C'est une rue calme.	❏	❏
b. Dans ma chambre, il y a beaucoup de lumière. C'est une chambre claire.	❏	❏
c. Je range mes affaires au sous-sol. Mes affaires sont au grenier.	❏	❏
d. J'habite au rez-de-chaussée. Je prends souvent l'ascenseur.	❏	❏
e. Mon immeuble a été construit il y a dix ans. C'est un immeuble ancien.	❏	❏

2. Complétez le texte avec les mots de la liste : ..... / 5
chauffage – loyer – étage – disponible – meublé

J'ai trouvé un T2 au troisième .... Il est .... tout de suite, je déménage le week-end prochain. Je n'ai pas besoin d'acheter beaucoup de meubles car c'est un appartement ....
Il y a le .... à gaz. Le .... est de 510 euros, charges comprises.

3. Soulignez les mots qui correspondent aux images. ..... / 5

a. J'ai une nouvelle *table de chevet / table basse*.
b. Il n'y a pas de place ici pour mettre un *lave-linge / lave-vaisselle*.
c. Dans ma chambre, j'ai trois *plantes / cadres*.
d. Je préfère *cet évier / ce frigo*.
e. Tu allumes *le four / la lampe*, s'il te plaît ?

4. Associez les questions et les réponses. ..... / 5

a. Il y a beaucoup d'espaces verts dans ta ville ?
b. Tu n'as pas trop froid la nuit ?
c. Il y a des placards dans la cuisine ?
d. C'est un quartier chic ?
e. Tu dois acheter beaucoup de meubles ?

1. Non, j'ai une bonne couette.
2. Non, seulement des chaises et un lit.
3. Oui, il y a beaucoup de parcs et de jardins.
4. Oui, il y a plein de rangements.
5. Oui, il y a des magasins assez luxueux.

1. Compréhension de l'oral

Vous allez écouter un document. Pour répondre aux questions, cochez ⊠ la bonne réponse.

Exercice 3 de l'épreuve
6 points

Vous écoutez ce message sur un répondeur téléphonique. Lisez les questions. Écoutez le document puis répondez.

1 | Quel logement est-ce que M. Florimond souhaite louer ? *(1 point)*

 A ❑  B ❑  C ❑

2 | Qu'est-ce que M. Florimond veut connaître sur le logement ? *(1 point)*
 A ❑ Le prix   B ❑ Le quartier   C ❑ Les caractéristiques

3 | M. Florimond va… *(1 point)*
 A ❑ rencontrer Zahra.   B ❑ passer à l'agence.   C ❑ visiter l'appartement.

4 | Où est Zahra cet après-midi ? *(1 point)*
 A ❑ En réunion.   B ❑ En vacances.   C ❑ En rendez-vous.

5 | Quand rencontrez-vous les propriétaires ? *(1 point)*
 A ❑ À 17 heures.   B ❑ À 18 heures.   C ❑ À 19 heures.

6 | Qu'est-ce que vous devez faire ? *(1 point)*

 A ❑    B ❑    C ❑

2. Compréhension des écrits

Exercice 3 de l'épreuve
6 points

Vous travaillez dans un hôtel, en France. Vous lisez ces documents. Pour répondre aux questions, cochez la bonne réponse.

Document 1
Instructions pour les chambres 201 à 256
Commencer par vider les poubelles.
Mettre du linge propre dans les lits les lundis et jeudis.
Laver la douche et le lavabo tous les jours.
Avant de passer à la chambre suivante, ne pas oublier d'éteindre la télévision si le client a oublié !
Vérifier la vaisselle dimanche matin : si les tasses sont sales, les descendre en cuisine et en apporter des propres.

Document 2
Salut !
J'ai dû partir plus tôt, mon fils est malade.
Je n'ai pas fini le ménage du 3ᵉ étage. Change les serviettes de bain et mets du nouveau shampoing et gel douche.
Regarde sous les lits si les clients ont oublié des affaires !
Pour le 4ᵉ étage, nettoie les miroirs dans le couloir. J'ai déjà fait les tapis. Range aussi le linge propre dans la buanderie.
Merci et à demain !
Pauline

1 | Qu'est-ce que vous devez laver le mardi ? *(1 point)*
 A ❑ La vaisselle.
 B ❑ Le linge de lit.
 C ❑ La salle de bain.

2 | Quand vous partez, vous devez… *(1 point)*
 A ❑ vérifier les tasses.
 B ❑ vider les poubelles.
 C ❑ éteindre la télévision.

3 | Pauline est partie sans… *(1 point)*
 A ❑ changer les lits.
 B ❑ mettre des produits.
 C ❑ vérifier les salles de bain.

4 | Qu'est-ce que vous devez faire au quatrième étage ? *(1 point)*
 A ❑ Laver les miroirs.
 B ❑ Nettoyer les tapis.
 C ❑ Ranger la buanderie.

Document 3

Mode d'emploi

Pour laver le linge :
– les lave-linges de la buanderie s'allument avec un code : demandez-le à l'accueil ;
– pour les serviettes, choisissez une température élevée ;
– lavez les coussins et les tapis dans la machine spéciale, près de la porte ;
– versez la lessive et appuyez sur le bouton vert.

Attention, lavez les couettes des lits à une température basse. Portez des gants, les produits sont dangereux. Appelez le 61 10 pour les réparations.

5 | La réception peut vous aider à... (1 point)
- A ☐ réparer les lave-linges.
- B ☐ obtenir un code spécial.
- C ☐ ouvrir la porte de la buanderie.

6 | Le linge de l'hôtel doit être lavé... (1 point)
- A ☐ sans produit dangereux.
- B ☐ à des fortes températures.
- C ☐ dans des machines séparées.

3. Production écrite

Exercice 2 de l'épreuve (12,5 points)

Vous avez reçu ce message de votre amie Lena.

```
Lire les mails    Écrire
De :
A :
Objet :

Salut !
Alors, c'était bien ton week-end ? Raconte-moi ! Je t'invite samedi 23 pour fêter mon nouvel appartement. Il est super beau ! Je t'attends à 19 heures, au 25 avenue de l'Europe. Réponds-moi vite !
Bisous
Lena
```

Vous répondez à Lena. Vous ne pouvez pas accepter son invitation. Vous lui racontez votre week-end. Vous demandez des informations sur son nouveau logement et vous proposez un autre rendez-vous. (60 mots minimum)

4. Production orale

Partie 3 de l'épreuve : exercice en interaction (3 à 4 minutes)

La colocation

Vous êtes étudiant(e) en France. Vous cherchez une colocation à côté de votre université. Vous allez dans une agence immobilière. Vous posez des questions sur les logements, les loyers, le quartier et les autres colocataires.
L'examinateur joue le rôle de l'agent immobilier.

1 Jeu de mémoire

En groupe. Chaque personne écrit 8 mots de l'unité sur une carte. On mélange les cartes et on les pose en tas. À tour de rôle, chacun(e) pioche une carte, lit les mots pendant 30 secondes pour les mémoriser puis, les yeux fermés, dit les mots dans le même ordre que sur la carte. S'il/elle se trompe, il/elle passe son tour.

2 Retrouvez les mots.

Meubles : T _ _ _ _ _ ET
P _ _ _ _ _ _ D

Décoration : P _ _ _ _ E
H _ _ _ _ _ E

Équipement : D _ _ _ _ E
RÉ _ _ _ _ _ _ _ _ _ _ R

Ville : A _ _ _ _ _ E
B _ _ _ _ _ _ T

3 Charades

Qu'est-ce que c'est ?

a. Mon premier est un adjectif possessif féminin : ....
Mon deuxième est nécessaire pour le chauffage : ....
Mon troisième est un article indéfini masculin : ....
Mon tout est le lieu où travaille un(e) commerçant(e) : ....

b. Mon premier est le participe passé du verbe « boire » : ....
Mon deuxième est le synonyme du mot « année » : ....
Mon troisième est une préposition : ....
Mon quatrième est l'impératif du verbe « rire » : ....
Mon tout est la partie d'un logement : ....

4 Décrivez la pièce rénovée à l'aide du comparatif et des étiquettes.

les meubles · les couleurs · sur le bureau · le mur · la pièce · le bureau

objets · décoré · large · meublée · sombres · clairs

AVANT

APRÈS

Unité 4

Tous pareils, tous différents

Grammaire

▶ La comparaison : l'équivalence — p. 58

1. Écoutez les phrases et dites si vous entendez une ressemblance, une équivalence ou une différence. 35

	a	b	c	d	e	f	g
Ressemblance	X						
Équivalence							
Différence							

2. Entourez la réponse correcte.

a. Ali fait **le même** / *la même* poids que Paul.

b. Nous ressemblons *autant* / *aussi* à notre père qu'à notre mère.

c. Vous ne faites pas *la même* / *autant d*e taille que Lise.

d. Ils font *autant de* / *aussi* sport que leurs voisins.

e. Judith a *les mêmes* / *aussi* vêtements que Cécile.

f. Leur mère les habille avec *autant de* / *le même* pantalon.

3. Complétez les phrases avec *aussi* ou *autant*.

a. Paul est **aussi** musclé que son frère.

b. Pourquoi tu t'intéresses ……………………… à la mode qu'au sport ?

c. Ma cousine est ……………………… brune que toi.

d. Il achète ……………………… de chemises que de pantalons tous les ans.

e. Maintenant, la fille de Patrick ne ressemble plus ……………………… à sa mère.

f. Tu es ……………………… grande que ce mannequin.

4. Associez les éléments pour former des phrases.

a. Paul a
b. Nos cousins ressemblent
c. Tu fais
d. Jules et Gabriel ont
e. Natacha est
f. Vous portez
g. Vos cheveux sont

1. pareils.
2. les mêmes cheveux bruns.
3. la même robe que Marion Cotillard.
4. autant à Paul qu'à Louise.
5. le même menton que son frère.
6. autant de sport que ta sœur.
7. aussi ronde que sa cousine.

Vocabulaire

▶ L'apparence physique p. 59

1. Qui suis-je ? Écoutez et trouvez à qui correspond la description. 🎧 36

1. Rose   **2.** Gaëlle   **3.** Mona   **4.** André   **5.** Joachim

a	b	c	d	e
1. Rose	....	....	....	....

2. Complétez le texte avec les mots suivants : *costaud – jeune – défile – se sent bien dans sa peau – porte des vêtements – musclé – mesure – sosie – créateur – fait – chauve.*

Lise a 26 ans, elle est **jeune**, elle .... 1,78 m, elle .... du 34 : elle est très mince. Elle travaille pour un grand .... de vêtements, elle .... pour présenter la nouvelle collection. Elle .... originaux, qui la rendent encore plus belle. Elle ressemble beaucoup à l'actrice Audrey Tautou, elle est brune avec des yeux noirs : c'est son ....

Amaury mesure 1,62 m et pèse 77 kg, il est .... parce qu'il fait beaucoup de sport donc il est .... Il est jeune mais il a déjà perdu ses cheveux, il est .... Pour lui, ce n'est pas un problème parce qu'il ....

3. Barrez l'intrus.

   a. menton – sosie – sourire – barbu
   b. créateur – ressembler – vêtements – défiler
   c. chauve – sec – musclé – costaud
   d. avoir bonne mine – poser – avoir un corps parfait – être bien dans sa peau
   e. beau – vieux – rond – corpulent
   f. bruns – gris – longs – vieux

4. Dites le contraire.

   a. Roméo est sec. → Samy est **musclé**.
   b. Agnès est jeune. Louise est ....
   c. Susie a mauvaise mine. Léa a ....
   d. Paul a beaucoup de cheveux. Son père est ....
   e. Jérémy est de petite taille. Valentin est ....
   f. Pauline a un corps parfait. Justine a ....
   g. Akim a beaucoup de cheveux. Léo est ....

Grammaire

▶ Les adjectifs indéfinis

p. 61

1. Écoutez et dites si vous entendez le masculin, féminin ou pluriel.

	a	b	c	d	e	f
Masculin singulier						
Féminin singulier	X					
Pluriel						

2. Complétez le texte avec *tout, tous, toute, toutes*.

a. Il a acheté **tous** les magazines de mode.
b. Dans ce défilé, ... les mannequins font du 44.
c. Heureusement, ... le monde a des qualités et des défauts.
d. Il est maniaque, il range ses affaires .... la journée.
e. .... les compliments sont agréables à entendre !
f. .... les personnes de notre famille ont les mêmes défauts.

3. Entourez la bonne réponse.

a. Marie n'a pas *toutes / chaque / **tous*** les défauts de sa sœur.
b. Max change sa photo de profil *toutes / chaque / tous* les semaines.
c. J'aime *tous / toutes / toute* ses qualités et ses défauts.
d. *Chaque / Tout / Tous* jour, Nina voit la vie en rose !
e. *Toutes / Tous / Chaque* défaut peut devenir une qualité.
f. Pourquoi tu es *toute / tout / chaque* le temps inquiet ?

4. Répondez aux questions avec *chaque, tout, tous, toute, toutes*.

a. Vous êtes optimiste ? → Oui, **tous** les jours sont agréables !
b. Vous connaissez bien Céline ? → Oui, je connais bien Céline, je connais .... ses qualités et .... ses défauts.
c. Vous suivez la mode ? → Oui, ... année, je regarde les nouvelles collections dans les magazines.
d. Vous êtes très ordonné ? → Oui, je range .... le temps mes affaires.
e. Vous êtes calme ? → Oui, je reste calme dans .... situation.

5. Associez les éléments pour former des phrases.

a. Tout
b. Tous
c. Toute
d. Toutes

1. mes amies sont chaleureuses.
2. la famille se réunit pour l'anniversaire de Louis.
3. les enfants de Marie sont ordonnés.
4. le monde peut admirer son optimisme.
5. nos collègues sont travailleurs.
6. tes voisins sont bruyants.

Vocabulaire

▶ Les traits de caractère   p. 63

1. Écoutez et dites si on parle de la qualité ou du défaut d'une personne. 🎧 38

	a	b	c	d	e	f	g	h
Qualité								
Défaut	X							

2. Dites quel est le trait de caractère de chaque personne.
   a. « La vie est belle, il fait beau, demain va être aussi agréable qu'aujourd'hui. » → **optimiste**
   b. « Je ne supporte pas le désordre, tout doit être propre et à sa place ! » → ....
   c. « Mon ami Pierre est très important pour moi, je lui téléphone souvent et je le vois régulièrement. »
      → ....
   d. « Entrez chez moi, je suis content de vous voir, qu'est-ce que vous voulez boire ? » → ....
   e. « Rentrer seul chez moi le soir, oh non, je préfère ne pas sortir, je ne suis pas tranquille. »
      → ....
   f. « Je suis sûr que ça va mal se passer, la vie est toujours difficile ! » → ....
   g. « Tu vas faire ce que je te demande et tu ne dis rien ! » → ....

3. Comment sont-ils ? Complétez avec une qualité ou un défaut.
   a. Sophie parle facilement avec tout le monde, elle est **spontanée**.
   b. Paul ne dit pas la vérité à ses amis, il est ....
   c. Gabriel pense beaucoup avant de dire ou de faire quelque chose, il est ....
   d. Lou veut avoir les mêmes vêtements que ses amies, elle est ....
   e. Anatole ne fait pas de bruit, personne ne le remarque, il est ....
   f. Paloma s'intéresse à tout, elle pose des questions, elle est ....

4. Trouvez l'expression correspondant à l'image.

a. être ....   b. avoir ....   c. avoir ....

Grammaire

▸ Les pronoms possessifs

p. 65

1. Écoutez et cochez si le pronom possessif est masculin, féminin ou pluriel.

	a	b	c	d	e	f	g
Masculin							
Féminin	X						
Pluriel							

2. Associez les questions et les réponses.

a. C'est votre profil ?   1. Oui, c'est la mienne.
b. Ce sont tes photos ?   2. Oui, ce sont les leurs.
c. C'est la caméra de Mme Potier ? 3. Oui, c'est le mien.
d. Ce sont tes chiens ?   4. Oui, ce sont les miennes.
e. Ce sont les chats des voisins ? 5. Oui, ce sont les miens.
f. C'est ta passion ?   6. Oui, c'est la sienne.

3. Répondez aux questions avec un pronom possessif.

a. – C'est ton copain ? → Oui, c'est **le mien**.

b. – Cette veste est à toi ?
   – Oui, ...

c. – Ce téléphone est à Pierre ?
   – Oui, ...

d. – Cette tablette est à Cyril et Delphine ?
   – Oui, ...

e. – Ces photos de vacances sont à Léa et toi ?
   – Oui, ...

f. – Ce profil est à toi ?
   – Oui, ...

g. – Ces magazines sont à Lisa ?
   – Oui, ...

4. Complétez les phrases avec un pronom possessif.

a. Tu utilises ton profil et moi, j'utilise **le mien**.
b. J'ai oublié mon appareil photo, Lucie me prête ....
c. Louis n'a plus d'idées, tu lui donnes ....
d. Solène me présente ses amis, je lui montre ....
e. Tu photographies tes enfants et ils photographient ....
f. Je vous prête ma caméra et vous me prêtez ....
g. Ils montrent leurs photos et nous montrons ....

Unité 4

Phonie-graphie

▶ Les voyelles orales et nasales _____ p. 66

Discrimination

1. Écoutez et cochez le son que vous entendez. 🎧40

①

	[ɛ] de « vrai »	[ɛ̃] de « vingt »
a	☐ la mienne	☐ le mien
b	☐ elles viennent	☐ elle vient
c	☐ la sienne	☐ le sien

②

	[a] de « la »	[ɑ̃] de « an »
a	☐ des grammes	☐ des grands
b	☐ une dame	☐ une dent
c	☐ il passe	☐ il pense

③

	[ɔ] de « dort »	[ɔ̃] de « on »
a	☐ la mode	☐ le monde
b	☐ elle est bonne	☐ il est bon
c	☐ Il sort	☐ ils sont

Articulation

2. Écoutez et répétez les dialogues suivants.

a. – Ce téléphone, c'est le tien ?
– Non, c'est le mien. Mais cette veste, c'est la tienne !

b. – C'est un mannequin qui a beaucoup de charme !
– Il a eu aussi beaucoup de chance !

c. – C'est une bonne coach ?
– Ah oui, ses conseils sont très bons !

d. – Toutes ces personnes viennent pour défiler ?
– Non, une seule personne vient pour le défilé. Les autres sont là pour l'accompagner.

e. – La mode, c'est ta passion ?
– Ah oui, ça me passionne !

f. – C'est un homme très ordonné.
– Oui, il a beaucoup de qualités. On adore travailler avec lui !

Dictée

3. Écoutez le texte et complétez les mots.

Être mannequ......... est .... métier qui fait rêver. .... général, Il faut être gr.........d, jeune et m.......ce. Mais heureusem.........t le m.........de ch.........ge et les mannequ.........s différ.........ts s.........t mieux acceptés et ....t beaucoup de succès !

Interprétation

4. Écoutez le texte, puis lisez-le à voix haute.

« La mode n'est pas quelque chose qui existe uniquement dans les vêtements. La mode est dans l'air, portée par le vent. On la devine. La mode est dans le ciel, dans la rue. », Gabrielle Chanel

Compréhension écrite

La musique et notre personnalité

Lisez le document et répondez aux questions.

1. Cochez les bonnes réponses ou répondez aux questions.

a. Ce texte présente :
- ❏ les goûts des musiciens dans le monde.
- ❏ les goûts musicaux et les traits de caractère.
- ❏ les styles de musique en Europe et en Australie.

b. Vrai ou faux ? Nous n'aimons pas les mêmes musiques quand nous sommes de nationalité différente.
- ❏ Vrai.   ❏ Faux.

c. Les chercheurs ont fait une étude :
- ❏ en Europe et en Australie.
- ❏ dans plus de 50 pays.
- ❏ en Inde, en France et en Australie.

d. Les personnes qui aiment la compagnie des autres aiment :
- ❏ les musiques rythmées.
- ❏ le jazz.
- ❏ les musiques douces.

e. Vrai ou faux ? Quand on aime le jazz, en général, on s'intéresse aux autres et aux choses.
- ❏ Vrai.   ❏ Faux.

2. VOCABULAIRE

Que signifie l'expression « avoir tendance à » ?
- **a.** ❏ Préférer.
- **b.** ❏ Être à la mode.
- **c.** ❏ Avoir besoin de.

Vos goûts musicaux révèlent votre personnalité

On dit souvent que nos goûts musicaux en disent beaucoup sur qui nous sommes. Une récente étude montre que les amateurs du même style musical partagent des traits de caractère communs, quelle que soit leur nationalité. Pour en arriver à ces conclusions, les chercheurs ont interrogé plus de 350 000 personnes dans plus de 50 pays. Ils leur ont demandé de classer leurs préférences parmi 23 genres musicaux et de faire un test de personnalité. Alors, plutôt rock, rap ou classique ?

Les personnes extraverties ont tendance à aimer les mêmes morceaux de musique, qu'elles habitent en France, en Inde ou en Australie. Vous êtes fan d'Ed Sheeran ? Vous faites *a priori* partie des personnalités extraverties selon l'étude. Si vous préférez *Shallow* de Bradley Cooper et Lady Gaga, vous êtes quelqu'un de particulièrement agréable à vivre.

Les personnalités extraverties privilégient les musiques rythmées comme l'électro, la dance, le rap ou les mélodies latines. Les personnes sociables apprécient les mélodies douces et acoustiques que l'on retrouve dans le folk et le rock romantique. Les amateurs de jazz, de musique classique ou de rock un peu ancien sont, en général, curieux et très ouverts d'esprit.

© ETX Studio

Production orale

JEUX DE RÔLE

À deux. Choisissez la fiche A ou B. Lisez les informations de votre fiche et jouez la scène avec votre partenaire.

Apprenant A
Vous participez à l'émission de radio *Histoires d'amitiés*. Le/La journaliste vous demande de présenter votre meilleur(e) ami(e). Il/Elle vous pose des questions sur les qualités et les défauts de votre ami(e) et sur les ressemblances ou les différences dans vos caractères.

Apprenant B
Vous êtes journaliste. Vous animez l'émission de radio *Histoires d'amitiés*. Vous demandez à votre invité(e) de présenter son/sa meilleur(e) ami(e). Vous lui posez des questions sur les qualités et les défauts de son ami(e) et sur les ressemblances ou les différences dans leurs caractères.

Bilan linguistique

..... / 40

Grammaire

1. Remettez les mots dans l'ordre pour former des phrases. ..... / 7

a. que / le même / sa / Noémie / sœur. / a / sourire
....

b. tous / n' / caractère. / Nous / le même / avons / pas
....

c. mère / autant / son / ressemble / père. / Il / à / sa
....

d. ce / sportif professionnel. / aussi / acteur / musclé / Cet / est / que
....

e. votre amie. / avez / les cheveux / longs / aussi / que / Vous
....

f. pas / les mêmes / portes / Joachim. / ne / Tu / vêtements / que
....

g. à la mode / Je / qu' / autant / m'intéresse / cinéma. / au
....

2. Complétez les phrases avec *tout, tous, toute, toutes* ou *chaque*. ..... / 7

a. .... ses amis sont sympathiques.
b. Les mannequins défilent .... année pour présenter la nouvelle collection.
c. J'aime cet acteur pour .... ses qualités.
d. Vous connaissez .... la collection automne-hiver ?
e. .... le monde lui fait des compliments pour son travail.
f. Vous portez .... ces vêtements ?
g. .... jour, Olivia choisit une tenue différente.

3. Entourez la réponse correcte. ..... / 6

a. – Ces albums photos sont à vous ?
   – Oui, ce sont *les nôtres / les vôtres*.

b. – C'est le sosie de Fanny ?
   – Oui, c'est *le sien / le leur*.

c. – Ce sont les petits-enfants de vos voisins ?
   – Oui, ce sont *les siennes / les leurs*.

d. – C'est ta tablette ?
   – Oui, c'est *la mienne / la tienne*.

e. – C'est la photo de classe de Théo et Élise ?
   – Oui, c'est *le leur / la leur*.

f. – Macha, c'est ton amie ?
   – Oui, c'est *la mienne / le mien*.

Vocabulaire

1. Écrivez le commentaire correspondant à la photo. ..... / 5

« Je suis dégarni. » – « Je suis musclé. » – « J'ai bonne mine. » – « J'ai une fossette. » – « J'ai trouvé mon sosie ! »

a. .... b. .... c. .... d. .... e. ....

2. Complétez les phrases avec les mots ou expressions. ..... / 5

a. Marie mesure 1,80 m, elle est de ....
b. Paul mesure 1,70 m et pèse 85 kg, il est ....
c. Depuis qu'Olivia accepte son corps, elle se sent mieux dans sa ....
d. Pour photographier les mannequins, le créateur leur demande de ....
e. Cet acteur .... à Napoléon alors il peut jouer le rôle dans ce film historique.

3. À quels qualités ou défauts correspondent les définitions suivantes ? ..... / 5

a. Qui dit toujours la vérité : ....
b. Qui aime commander les autres : ....
c. Qui ne change pas d'idée : ....
d. Qui veut avoir ce que les autres possèdent : ....
e. Qui s'intéresse aux autres : ....

4. Entourez la phrase qui correspond à l'image. ..... / 5

a. Il est honnête.
b. Il est prétentieux.

a. Elle est inquiète.
b. Elle est extravertie.

a. Il est travailleur.
b. Il est paresseux.

a. Elle est indépendante.
b. Elle est maniaque.

 **1. Compréhension de l'oral**

Vous allez écouter plusieurs documents. Pour répondre aux questions, cochez ☒ la bonne réponse.

 Exercice 1 de l'épreuve — 6 points

Vous écoutez des annonces publiques. Lisez les questions. Écoutez les documents puis répondez.

Document 1
1 | Quel enfant est attendu ? — 1 point

A ☐   B ☐   C ☐

Document 2
2 | Que va faire la mannequin ? — 1 point
- A ☐ Un défilé de mode.
- B ☐ Une séance de dédicaces.
- C ☐ Une interview avec ses fans.

Document 3
3 | Vous pouvez gagner…

A ☐   B ☐   C ☐

Document 4
4 | Le coach aide à développer… — 1 point
- A ☐ vos qualités personnelles.
- B ☐ vos connaissances informatiques.
- C ☐ vos compétences professionnelles.

Document 5
5 | Pour candidater, vous devez… — 1 point
- A ☐ aller à l'agence.
- B ☐ écrire un courriel.
- C ☐ créer un dossier en ligne.

Document 6
6 | Que pourrez-vous faire ? — 1 point
- A ☐ Rencontrer des artistes.
- B ☐ Dessiner dans un atelier.
- C ☐ Préparer des plats sucrés.

 2. Compréhension des écrits

Exercice 4 de l'épreuve — 7 points

Vous lisez cet article de journal.

Photo de classe

La photo de classe est aussi ancienne que l'invention de la photographie ! Chaque année, avant les grandes vacances, tous les élèves de la maternelle au lycée posent devant le photographe. Il n'y a pas de changement, les photos restent traditionnellement toujours pareilles.
À l'heure du numérique, la photo de classe est très appréciée par les parents. Elle est souvent affichée avec fierté dans le salon. Les coupes de cheveux et les vêtements des enfants montrent une époque et donnent des informations sur la façon de vivre des élèves.
Les photos de classes étaient dans le passé réservées aux grandes écoles. Maintenant, tous les établissements en proposent. Elles sont vendues aux parents et l'argent sert à financer les sorties scolaires.
Les photos sont souvent gardées en souvenir. Elles sont données aux enfants et petits-enfants. Parfois on les retrouve sur Internet car des adultes recherchent d'anciens camarades de classe ou des professeurs.

Sources : slate.fr

Pour répondre aux questions, cochez la bonne réponse.

1 | D'après l'article, les photos de classe sont… *(1 point)*
   A ❑ adorées…
   B ❑ critiquées…   … par les parents.
   C ❑ inutilisées…

2 | D'après l'article, les photos de classe évoluent avec le temps. *(1 point)*
   A ❑ Vrai.   B ❑ Faux.

3 | Selon l'article, les habits des élèves donnent des informations sur… *(2 points)*
   A ❑ leur milieu social.
   B ❑ la mode de l'époque.
   C ❑ les températures de saison.

4 | La vente des photos est utile pour… *(1 point)*
   A ❑ payer les voyages des élèves.
   B ❑ donner de l'argent au photographe.
   C ❑ financer la construction d'autres écoles.

5 | Les photos sont mises sur Internet pour… *(2 points)*
   A ❑ retrouver des amis.
   B ❑ féliciter les professeurs.
   C ❑ partager avec ses enfants.

3. Production écrite

Exercice 1 de l'épreuve *(12,5 points)*

Vous êtes parti(e) en vacances avec un(e) collègue de travail. Vous écrivez un courriel à un(e) ami(e) francophone pour lui raconter vos vacances. Vous décrivez votre collègue et son caractère. Vous donnez vos impressions sur votre voyage. (60 mots minimum)

4. Production orale

Partie 2 de l'épreuve : monologue suivi *(2 minutes environ)*

Sujet : Amitié
Décrivez votre meilleur(e) ami(e). Parlez de son physique. Quelles sont ses qualités ? Ses défauts ? Pourquoi est-ce qu'il/elle est votre meilleur(e) ami(e) ?

Jeux

1. Retrouvez 6 mots en relation avec la tête et le visage.

S	O	U	R	I	R	E	A	C	E
T	I	M	O	L	E	W	I	F	I
A	C	H	E	V	E	U	X	O	F
I	N	S	A	S	R	I	O	D	O
K	I	J	I	M	B	C	H	O	S
C	O	X	U	L	A	R	S	B	S
H	G	U	E	T	R	V	I	Y	E
A	Z	I	V	I	B	P	N	O	T
U	S	N	J	G	U	I	U	Y	T
V	Y	P	U	O	L	J	A	U	E
E	U	M	E	N	T	O	N	H	I

2. Micmac ! Associez les phrases aux bonnes images.

Je suis optimiste. ......

Je suis curieuse. ......

Ils sont peureux. ......

Je suis réfléchi. ......

3. Remettez les lettres dans l'ordre pour trouver des traits de caractère.

a. HAUCELXRUE : _ _ _ _ _ _ _ _ _ _ _

b. CHÉFRLIÉ : _ _ _ _ _ _ _ _ _

c. FECIPSILEUR : _ _ _ _ _ _ _ _ _ _ _

d. QIAMUNAE : _ _ _ _ _ _ _ _

e. ESEUTIPÉNRTE : _ _ _ _ _ _ _ _ _ _ _ _

4. Mimez à tour de rôle à votre voisin(e) les mots ou expressions suivants.

a. être autoritaire
b. être maniaque
c. avoir des yeux de lynx
d. être inquiet(e)

5. Charades

Qu'est-ce que c'est ?

a. Mon premier est le contraire de « avec » :

....

Mon deuxième est une forme à la première personne du verbe « avoir » :

....

Mon troisième est une partie de la forme négative :

....

Mon tout qualifie une personne qui est impolie en société :

....

b. Mon premier est un métal précieux :

....

Mon deuxième est une partie du corps :

....

Mon troisième est une partie du visage :

....

Mon tout qualifie une personne qui range bien ses affaires :

Unité 5

En route vers le futur !

Grammaire

▷ Le futur simple
p. 72

1. Futur simple ou présent ? Écoutez et cochez le temps utilisé. 🎧 45

	a	b	c	d	e	f	g
Présent	X						
Futur simple							

2. Entourez le verbe correct.
a. Ils **utiliseront** / *utilisera* l'intelligence artificielle pour fabriquer ce robot.
b. En 2050, tu *verras* / *verrai* l'évolution des machines.
c. La semaine prochaine, elle *fabriquera* / *fabriqueras* un robot très utile.
d. Vous *pourrez* / *pourrai* imprimer cet objet en 3D ?
e. Avec un moteur électrique, l'appareil ne *tombera* / *tomberas* pas en panne.
f. Je *découvrira* / *découvrirai* cette innovation au salon des technologies.

3. Conjuguez les verbes entre parenthèses au futur simple.
a. Ils **seront** au salon des innovations technologiques.
b. Où (*vivre*) ....- tu l'année prochaine ?
c. Ils (*aller*) .... travailler avec de nouveaux moyens de transport.
d. Je (*voir*) .... comment organiser mon travail à distance.
e. Les étudiants (*avoir*) .... des cours avec un hologramme.
f. Qu'est-ce que vous (*faire*) .... après vos cours à l'université ?
g. Je ne (*pouvoir*) .... pas me téléporter !

4. Transformez les phrases au présent au futur simple.
a. Il invente un logiciel. → Demain, il **inventera** un logiciel.
b. Pauline veut changer de voiture.
Demain, ...
c. Nous fabriquons des objets pratiques.
L'année prochaine, ...
d. Vous savez travailler à distance.
Dans le futur, ...
e. Il y a des cours avec des hologrammes.
Un jour, ...
f. Des robots ménagers font des tâches domestiques.
Dans le futur, ...

cinquante et un | 51

Vocabulaire

▸ Les sciences et les techniques
p. 73

1. Complétez les phrases avec les mots suivants : *moteur – énergie solaire – en panne – navette – soucoupe volante – indispensable.*

   a. Notre nouvelle voiture fonctionne avec un **moteur** électrique.

   b. Dans ce film de science-fiction, les gens prennent une .... pour aller au travail.

   c. L'ordinateur restera un objet nécessaire ? Oui, il sera .... !

   d. L'astronaute Thomas Pesquet a pris une .... pour aller sur la station spatiale.

   e. Cet appareil ne s'allume plus, il est .... depuis hier.

   f. Notre moteur ne fonctionne pas à l'électricité mais avec de l'... .

2. Écoutez et dites à quelle innovation correspondent les phrases entendues ? 46

L'hologramme	Le GPS	L'imprimante 3D	La téléportation	Le logiciel	La reconnaissance faciale
a.	....	....	....	....	....

3. Associez la caractéristique d'un objet à chaque image : *automatique – électrique – futuriste – robotisé – pratique.*

pratique   ....

....

4. Trouvez les mots qui ont le même sens que les mots soulignés.

   a. <u>Cette machine</u> peut remplacer mon travail ! → **ROBOT**

   b. L'inventeur <u>fait</u> un objet robotisé très pratique pour notre vie quotidienne. → F _ B _ _ Q _ _ _

   c. Regarde ce métro sans chauffeur ! Il est <u>autonome</u> ! → A _ TO _ _ TI _ _ _ _

   d. <u>Le changement</u> des technologies est très rapide au XXIᵉ siècle. → L'ÉV _ _ _ _ T _ _ _ N

   e. L'imprimante 3D ne <u>marche</u> pas, elle a un problème. → F _ _ CT _ _ _ _ _ _ E

   f. Cet <u>objet nouveau</u> nous aidera à travailler plus rapidement. → IN _ _ V _ _ _ _ _ _

Grammaire

▷ La condition avec *si* p. 75

1. Écoutez les phrases et cochez. 47

	a	b	c	d	e	f
Si + présent + présent						
Si + présent + impératif	X					
Si + présent + futur						

2. Entourez le verbe correct.

a. Tu pourras lire mon mail si tu **prends** / *prendras* ta tablette.

b. Si vous *organisez* / *organiserez* une visioconférence, nous y participerons.

c. J'enverrai un message à Pierre s'il ne *répond* / *répondra* pas au téléphone.

d. Si tu ne *trouves* / *trouveras* pas cette imprimante en magasin, commande-la en ligne !

e. Les jeunes se désabonneront des réseaux sociaux quand ils *voudront* / *veulent* se déconnecter de leur téléphone.

f. Si notre ordinateur *est* / *sera* toujours en panne lundi prochain, nous ne serons pas joignables par mail.

g. Vous gagnerez du temps si vous *téléchargez* / *téléchargerez* cette application.

3. Conjuguez les verbes entre parenthèses au futur simple.

a. Gaëlle (*lire*) **lira** ses courriels au bureau si son PC fonctionne.

b. Je te (*répondre*) .... si tu m'envoies un message.

c. Quand vous (*contacter*) .... M. Moreaux, il vous expliquera comment utiliser ce logiciel.

d. Si vous continuez à me parler comme ça, la prochaine fois, je vous (*raccrocher*) .... au nez.

e. Votre téléphone (*s'éteindre*) .... très vite si vous le laissez dans le froid !

f. Si tu ne peux pas venir samedi, on (*s'appeler*) ....

g. Quand tes amis (*venir*) .... à la fête, on fera un selfie.

4. Terminez les phrases.

a. Si tu ne veux pas être joignable, **éteins ton téléphone portable**.

b. Si tu restes longtemps devant ton écran d'ordinateur, ...

c. Si tu regardes cette vidéo, ...

d. S'il me prête sa clé USB, ...

e. Si vous voulez acheter en ligne, ...

f. Si vous lisez mon e-mail, ...

g. Si tu ne réponds pas à mon message, ...

Vocabulaire

▷ Les technologies de la communication — p. 77

1. Associez les mots à leur définition.

a. l'appel   •   • 1. un téléphone avec plusieurs applications
b. le smartphone •   • 2. un message écrit
c. le SMS   •   • 3. l'énergie du téléphone
d. la batterie •   • 4. une photo de moi ou de mes amis et moi
e. le selfie   •   • 5. une communication téléphonique

2. Écoutez et associez les phrases aux actions correspondantes. 🔊 48

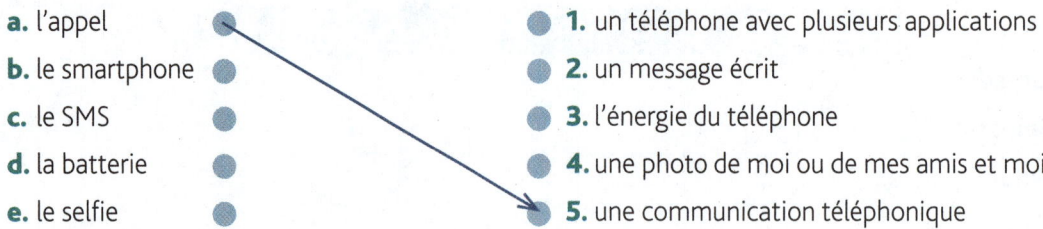

① allumer **a.**   ② décrocher ....   ③ éteindre ....   ④ répondre ....
⑤ raccrocher ....   ⑥ contacter ....

3. Écrivez le nom des objets sous les images.

1. un écran
2. ....
3. ....
4. ....
5. ....
6. ....

4. Complétez les phrases avec les mots suivants : *appli – télécharger – faire une visio – ~~courriel~~ – en ligne – se désabonner, se connecter.*

a. Vous pouvez m'envoyer un **courriel** pour confirmer votre venue.
b. Je n'ai plus besoin de mon GPS, je vais .... une .... sur mon smartphone.
c. Alice ne se sent plus libre, elle préfère .... des réseaux sociaux.
d. Nos amis vivent loin de la ville, ils font donc beaucoup d'achats ....
e. Les voisins ont des problèmes avec Internet, ils ne peuvent pas ....
f. Tous nos collègues ne pourront pas venir à la réunion, nous allons donc .... demain.

Grammaire

▷ Le pronom *on* p. 79

1. Quels mots peuvent remplacer le pronom *on* ? Associez les éléments.

a. Les gens
b. Quelqu'un
c. Nous

1. Dans ma famille, on utilise de plus en plus de robots ménagers.
2. On fait un selfie tous ensemble ?
3. On va au salon des innovations, tu viens ?
4. On a volé mon smartphone dans le bus.
5. Dans ces entreprises, on utilise une imprimante 3D.
6. En 2050, on mangera des comprimés dans tous les pays.

2. Que remplace le pronom *on* ? Écoutez les phrases et cochez. 49

	a	b	c	d	e	f	g
Les gens							
Nous							
Quelqu'un	X						

3. Transformez les phrases avec *quelqu'un*, *les gens* ou *nous*.

a. Dans le futur, on voyagera en voiture volante. → Dans le futur, **les gens** voyageront en voiture volante.

b. On emploie la reconnaissance faciale dans les aéroports.
....

c. On a découvert des innovations intéressantes dans notre entreprise.
....

d. On envoie moins de lettres et plus de courriels dans le monde actuel.
....

e. On t'invite à découvrir notre dernière invention, viens chez nous !
....

f. On a utilisé sa tablette sans lui demander l'autorisation.
....

4. Transformez les phrases avec le pronom *on*.

a. Les gens utilisent des robots pour faire le ménage. → **On** utilise des robots pour faire le ménage.

b. Nous avons créé une coupe du monde de robots.
....

c. Les gens veulent se déconnecter des réseaux sociaux.
....

d. Quelqu'un nous a pris en photo sans demander l'autorisation.
....

e. Nous envoyons des tweets à nos amis.
....

f. Les gens parlent mal l'anglais en France !
....

Phonie-graphie

▷ Les groupes consonantiques
p. 80

Discrimination

1. Écoutez et cochez le mot que vous entendez.

a. ☐ drap ☐ bras c. ☐ grand ☐ prend e. ☐ très ☐ prêt
b. ☐ trois ☐ croit d. ☐ brun ☐ train f. ☐ cri ☐ gris

Articulation

2. Écoutez et répétez les questions. Puis répondez librement.

Exemple : – En 2050, est-ce que vous vivrez dans un autre pays que le vôtre ?
– Oui, je vivrai dans un autre pays quelques années puis je reviendrai dans mon pays.

En 2050…

a. Est-ce que vous apprendrez encore le français ?
b. Est-ce que vous travaillerez dans un bureau virtuel ?
c. Est-ce que vous aurez des grands robots chez vous ?
d. Est-ce que vous mangerez des comprimés ?
e. Est-ce que vous voyagerez dans le monde plus librement ?
f. Est-ce que vous vous déplacerez en transport volant ?

Dictée

3. Écoutez le texte et complétez les mots.

Comment vivre sans téléphone portable ?
Dans no……e monde très a……o aux technologies, il est important d'utiliser moins souvent vo……e téléphone portable et de ne pas répon……e immédiatement aux messages. Laissez-le une ……ande partie de la journée à la maison. Vous pouvez ……endre rendez-vous avec vos amis par courriel ou téléphone fixe. Faites d'au……es activités : ……atiquer un sport, écouter de la musique, se promener. Vous serez plus li……e !

Interprétation

4. Écoutez le texte puis lisez-le à voix haute.

Claudie Haigneré est une grande célébrité française. Après une brillante carrière, elle s'est préparée à devenir astronaute et a été la première femme française et européenne dans l'espace. Aujourd'hui ambassadrice de l'Agence spatiale européenne, elle explique aux jeunes filles, dans des conférences, qu'il faut croire en ses rêves. Elle a pu réaliser le sien : atteindre les étoiles.

Compréhension orale

Un robot à notre service !

Écoutez le document et répondez aux questions. 54

1. Choisissez la bonne réponse.

   a. Le document présente un chat robot utile :
     ❏ pour faire le ménage.
     ❏ pour être un animal de compagnie.
     ❏ pour transporter des plats.

   b. Quand les clients voient le robot, ils sont :
     ❏ surpris.
     ❏ tristes.
     ❏ en colère.

   c. Avec leur nouveau collègue, les serveurs sont :
     ❏ contents de leur nouveau collègue.
     ❏ inquiets.
     ❏ déçus.

2. Combien de kilomètres fait le robot par jour ?
....

3. Vrai ou faux ? Le robot est fabriqué en Suisse.
   ❏ Vrai. ❏ Faux.

4. Il coûte :
   ❏ 1 100 euros. ❏ 11 000 euros. ❏ 11 100 euros.

Production écrite

Vous avez découvert un objet extraordinaire. Il très utile dans la vie quotidienne et fonctionne grâce à l'intelligence artificielle. Vous écrivez à votre ami(e) pour lui décrire votre découverte. Vous lui donnez des détails sur son aspect, sa fonction et son utilité. (60 mots)

Lire les mails	Écrire
De :	
À :	
Objet :	

Bilan linguistique

Grammaire

1. Conjuguez les verbes entre parenthèses au futur simple. ..... / 7

   a. Un jour, tous les professeurs (avoir) .... des hologrammes pour faire cours.
   b. L'année prochaine, cet ingénieur (fabriquer) .... un appareil robotisé.
   c. Demain, ils (aller) .... au musée des découvertes.
   d. Un jour, tous les appareils (fonctionner) .... avec de l'énergie solaire.
   e. La vie (être) .... très différente en 2050.
   f. Tu (pouvoir) .... m'expliquer comment fonctionne ta tablette ?
   g. Le mois prochain, je (changer) .... de smartphone.

2. Remettez les mots dans l'ordre pour faire des phrases. ..... / 7

   a. change / un nouveau logiciel, / Si tu / d'ordinateur. / veux
   ....
   b. serez / des robots. / fabriquerez / Quand vous / ingénieur, / vous
   ....
   c. moins de temps / lisons. / nous / sur notre smartphone, / voulons / Si nous / passer
   ....
   d. les maisons / Quand nous / pourront / se téléporter ! / en 2050, / serons
   ....
   e. je vous / Si vous / répondrai / un courriel, / très rapidement. / m'envoyez
   ....
   f. tu / on / cette technologie, / comprendras / découvrira / son utilité. / Quand
   ....
   g. prendras / une navette. / Si tu / dans l'espace, / voyages / tu.
   ....

3. Transformez les phrases avec *nous*, *quelqu'un* ou *les gens*. ..... / 6

   a. Mes amis et moi, on communique beaucoup sur les réseaux sociaux.
   ....
   b. On m'a conseillé de changer d'ordinateur.
   ....
   c. On apprendra à vivre sans téléphone.
   ....
   d. Avec mon mari, on fait nos courses en ligne, c'est plus pratique !
   ....
   e. On n'aura plus de téléphone fixe dans le futur.
   ....
   f. On m'a appelé mais je n'ai pas pu répondre.
   ....

Vocabulaire

1. Qu'est-ce que c'est ? Écrivez le nom sous l'image. ...... / 5

2. Chassez l'intrus. ...... / 5

a. le chercheur – l'inventeur – l'ordinateur – l'ingénieur
b. le robot – l'appareil – le moteur – le logiciel
c. automatique – sympathique – pratique – futuriste
d. une navette – une tablette – un logiciel – un hologramme
e. marcher – fonctionner – courir – tomber en panne

3. Associez les deux parties des phrases. ...... / 5

a. J'ai téléchargé une application
b. Ton téléphone sonne,
c. L'ingénieur va voir son objet en 3D
d. Pourquoi tu n'as pas répondu,
e. Vous n'avez plus beaucoup de batterie,

1. quand il va l'imprimer.
2. votre téléphone va s'éteindre.
3. pour apprendre à cuisiner.
4. décroche !
5. quand je t'ai appelé ?

4. Choisissez la réponse correcte. ...... / 5

a. Je ne peux plus écrire parce que … est en panne.
   ❏ l'écran   ❏ le clavier   ❏ la clé USB

b. Maryse commande son imprimante sur … .
   ❏ un réseau   ❏ un courriel   ❏ un site

c. Pour trouver les documents à envoyer, tu vas les chercher sur … .
   ❏ ta clé USB   ❏ ton imprimante   ❏ le logiciel

d. Marie m'a appelé pendant une heure, je viens de … .
   ❏ répondre   ❏ décrocher   ❏ raccrocher

e. Va sur Internet pour … cette vidéo !
   ❏ télécharger   ❏ connecter   ❏ allumer

1. Compréhension de l'oral

Vous allez écouter plusieurs documents. Pour répondre aux questions, cochez ⊠ la bonne réponse.

🎧 55 Exercice 2 de l'épreuve — 6 points

Vous écoutez la radio. Lisez les questions. Écoutez les documents puis répondez.

Document 1

1 ı Où sera Thomas Pesquet le 10 juin ? *(1 point)*
   A ❏ Chez lui.   B ❏ À la radio.   C ❏ Dans l'espace.

2 ı De quoi Thomas Pasquet parlera ? *(1 point)*
   A ❏ De santé.   B ❏ De travail.   C ❏ De nourriture.

Document 2

3 ı Qu'est-ce que vous pouvez réparer gratuitement ? *(1 point)*

   A ❏   B ❏   C ❏

4 ı Où devez-vous allez pour utiliser le service ? *(1 point)*
   A ❏ Au café.   B ❏ À la mairie.   C ❏ Au marché.

Document 3

5 ı Où devez-vous mettre votre téléphone portable demain ? *(1 point)*
   A ❏ Dans votre sac.   B ❏ Dans votre poche.   C ❏ Dans votre placard.

6 ı Qu'est-ce que le journaliste vous propose de faire demain ? *(1 point)*

   A ❏   B ❏   C ❏

2. Compréhension des écrits

Exercice 2 de l'épreuve — 6 points

Vous avez reçu ce courriel de votre amie française, Marine.

Salut,
J'étais en vacances en Suisse la semaine dernière, chez mon cousin Florent. J'étais trop fatiguée après mes examens. Tu sais quoi ? Il a un robot qui nettoie les fenêtres, c'est incroyable ! J'en veux en aussi pour passer l'aspirateur !
Il y a un salon sur les innovations technologiques à Genève le 21 octobre. Les inventeurs présentent leurs découvertes. Souvent, elles ne servent à rien mais il y a toujours des appareils futuristes très drôles à voir. Je vais y aller. Tu veux venir avec moi ? Nous pouvons partir un jour avant, et rentrer le 22. Il y a un hôtel avec un restaurant près du salon, c'est pratique. Je réserve les billets du salon, tu pourrais t'occuper des chambres ?
Rendez-vous à la gare le 20 à 11 heures ? La voiture coûte trop cher !
À bientôt !
Marine

Pour répondre aux questions, cochez la bonne réponse.

1 | Qu'a fait Marine la semaine dernière ? `1 point`
 A ❏ Elle a visité Genève.   **B** ❏ Elle a révisé ses examens.   **C** ❏ Elle s'est reposée en famille.

2 | Que fait le robot de Florent ? `1 point`

A ❏   **B** ❏   **C** ❏

3 | Pour Marine, les inventions du salon sont… `1 point`
 A ❏ inutiles.   **B** ❏ pratiques.   **C** ❏ incroyables.

4 | Quand est-ce que vous partez ? `1 point`
 A ❏ Le 20 octobre.   **B** ❏ Le 21 octobre.   **C** ❏ Le 22 octobre.

5 | Qu'est-ce que vous devez faire ? `1 point`
 A ❏ Acheter des billets.   **B** ❏ Réserver les chambres.   **C** ❏ Téléphoner au restaurant.

6 | Comment est-ce que vous irez au salon ? `1 point`

A ❏   **B** ❏   **C** ❏

3. Production écrite

Exercice 2 de l'épreuve `12,5 points`

Vous avez reçu ce message de votre ami Élie.

> Salut !
> Jeudi prochain, c'est le salon des Technologies. Je vais y aller avec Saskia. Nous y resterons toute la journée. Tu veux venir avec nous ?
> À jeudi j'espère !
> Élie

Vous répondez à Élie. Vous acceptez sa proposition. Vous lui demandez des informations sur la journée (programme, horaires, prix…). Vous lui proposez une sortie à faire après le salon. (60 mots minimum)

4. Production orale

Partie 3 de l'épreuve : exercice en interaction `3 à 4 minutes`

Au bureau

Vous travaillez dans une entreprise en France. Vous voulez organiser un événement pour parler des nouvelles technologies au travail. Vous allez voir la directrice de votre entreprise pour discuter avec elle de l'organisation de l'événement.
L'examinateur joue le rôle de la directrice.

Jeux

1 Mots croisés des sciences et de l'informatique

Horizontalement :

1. On voit l'image sur cette partie du téléphone.
2. Contraire du verbe « allumer ».
3. Objet qui sert à écrire avec un ordinateur.
4. Objet connecté à l'ordinateur qui permet de se déplacer sur l'écran.

Verticalement :

a. Action de choisir une vidéo ou un programme sur Internet.
b. Élément d'un appareil qui contient l'énergie pour son fonctionnement.
c. Personne qui fait des découvertes.
d. Programme informatique.

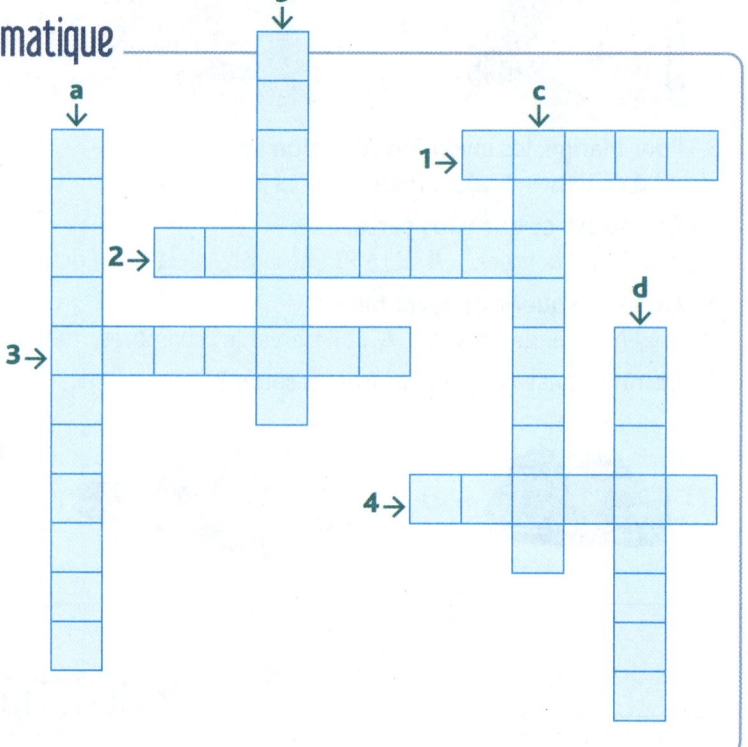

2 Retrouvez les voyelles manquantes.

a. _ V _ L _ T _ _ _ N
b. S _ _ C _ _ P _
c. R _ B _ T _ S _
d. _ NV _ NT _ _ N

3 Associez 2 étiquettes pour former des mots.

DÉCR | ACTER | SIO | RISTE | VI | OCHER
IMPR | CONT | IMANTE | FUTU

....
....
....

4 À l'aide des 3 indices, devinez le mot ou l'expression.

- appareil
- appeler
- communication

a. ....

- texto
- message
- téléphone

b. ....

- problème technique
- éteindre
- ne pas fonctionner

c. ....

- image
- télévision
- ordinateur

d. ....

Unité 6

En cuisine

Grammaire

▶ Les quantités et le pronom *en* — p. 86

1. Répondez aux questions en utilisant le pronom *en*.

a. Tu as acheté de la semoule ?
→ Oui, j'**en** ai acheté.

b. Est-ce qu'elle a du chocolat ?
→ Non, ...

c. Tu voudrais du saumon à midi ?
→ Oui, ...

d. Vous avez cuisiné des lentilles ?
→ Oui, ...

e. Ils font des recettes avec les produits de saison ?
→ Non, ...

f. Est-ce que ton jardin produit aussi des fruits ?
→ Non, ...

2. Remettez les mots dans l'ordre pour former des phrases.

a. ce poulet, / il faut / Pour cuisiner / n'en / du cumin, / je / mais /ai / pas.
....
....

b. des salades / cultive / en / Émilie / et / elle / vend / sur le marché. / dans son jardin,
....
....

c. Antoine / mis / car / a / il / en / beaucoup. / des betteraves, / consomme
....
....

d. de beurre / il faut / 250 grammes / et / je / n'en / que 100 grammes. / Pour ma recette / ai.
....
....

e. deux entrées / le menu / propose / En semaine, / en / le dimanche / mais / il propose / trois.
....
....

3. Écoutez les phrases et cochez. 🎧 56

	a	b	c	d	e	f
n'en … pas	X					
en … pas						

4. Répondez librement aux questions en utilisant le pronom *en* (plusieurs réponses possibles).

a. Est-ce que vous achetez beaucoup de glace ?
→ Oui, j'**en** achète beaucoup.

b. Est-ce que vos parents mangent de la viande ?
→ ....

c. Avez-vous mis du lait dans votre thé ce matin ?
→ ....

d. Est-ce que vos amis aiment faire des gâteaux ?
→ ....

e. Est-ce qu'il y a des fruits rouges dans votre pays ?
→ ....

Vocabulaire

▶ Les aliments
p. 87

1. Classez les fruits, les légumes et les épices suivants : ~~amande~~ – avocat – betterave – cannelle – cumin – lentilles – mûre – muscade – navet – poire – prune – safran.

Fruits et fruits secs	Légumes et légumes secs	Épices
amande		

2. Associez.

a. une barquette
b. une botte
c. une tablette
d. une boule
e. un bouquet
f. une pincée

1. de chocolat
2. d'oignons
3. de menthe
4. de sel
5. de framboises
6. de glace

(a → 5)

3. Écoutez et numérotez les images dans l'ordre de la recette. 🎧57

a. ....

b. ....

c. 1

d. ....   e. ....   f. ....

4. Barrez l'intrus.

a. saumon – colin – menthe
b. muscade – radis – gingembre
c. endive – barquette – pincée
d. semoule – groseille – riz
e. crevettes – bœuf – mouton
f. vanille – poireau – crème

Grammaire

▸ L'obligation et l'interdiction

p. 89

1. Remettez les mots dans l'ordre pour former des phrases.

a. respecter / de / est nécessaire / la charte Locmiam. / Il
....

b. Il / respecter / les règles / d'hygiène. / faut
....

c. ne / Vous / pas / être / cuisinier de métier. / devez
....

d. pas / oubliez / de / décrire / les plats. / N'
....

e. Il / laisser / entrer / de / les animaux / dans la cuisine. / est défendu.
....

f. de / est indispensable / se laver / Il / souvent / les mains.
....

2. Exprimez une obligation à partir des éléments donnés. Variez les expressions.

a. Lire et signer la charte. → *Il faut lire et signer la charte.*
b. Cuisiner des produits frais. → ....
c. Porter un tablier propre. → ....
d. Se laver les mains. → ....
e. Ranger son espace de travail. → ....
f. Donner des informations sur les plats. → ....

3. Dans la cuisine. Observez les pictogrammes et dites quelles sont les obligations et les interdictions (plusieurs réponses possibles).

a. *Il faut se laver les mains.*
b. ....
c. ....
d. ....
e. ....

4. Interdiction ou obligation ? Écoutez et cochez.

	a	b	c	d	e	f
Interdiction						
Obligation	X					

Vocabulaire

▸ La restauration

p. 91

1. Complétez les mots avec les éléments suivants : *claf – croute – fl – tare – tarti – touille*.

a. CHOU*croute*   c. RATA...............   e. ....FLETTE
b. ....AN   d. ....OUTIS   f. TAR...............

2. Lisez la définition et écrivez le mot qui correspond.

a. C'est un gâteau que l'on peut faire avec des fruits rouges : le ....
b. C'est un plat avec de la semoule et les Français l'adorent : le ....
c. C'est une personne qui aime manger de bonnes choses : un ....
d. Dans un restaurant, c'est le premier plat dans le menu : une ....
e. On le laisse au serveur à la fin du repas : le ....
f. Un plat fait avec de la viande ou du poisson cru : le ....

3. Écoutez et dites quelle restauration les personnes choisissent.

4. Complétez les phrases avec les mots de la liste : *acide – épicé – fades – goûteux – gras – salé – sucré*.

a. J'adore le poivre et j'adore manger **épicé**.
b. Ma mère cuisine sans sel et ses plats sont ....
c. Je déteste les plats pleins de beurre, c'est trop .... !
d. Ma sœur aime les biscuits, les bonbons et tout ce qui est ....
e. Tu veux de la salade d'oranges ? Non, merci c'est trop ....
f. Nous sommes allés dans un restaurant étoilé. Je n'ai jamais mangé de plats aussi ....

Grammaire

▷ La restriction : *ne… que* p. 93

1. Transformez les phrases suivantes. Utilisez *ne… que* comme dans l'exemple.

   a. Dans mon village, il y a seulement un restaurant. → Dans mon village, il **n'**y a **qu'**un restaurant.

   b. Les bistrots parisiens ne plaisent pas uniquement aux touristes.

   c. Ils prennent juste un dessert pour deux.

   d. Elle recommande seulement le plat du jour.

   e. Ce restaurant gastronomique a juste une étoile.

   f. Les clients ont commandé seulement des pizzas.

2. Écoutez et cochez quand vous entendez une restriction. 60

	a	b	c	d	e	f
Restriction	X					

3. Répondez aux questions.

   a. Elle a commandé deux plats ? → Non, elle **n'**a commandé **qu'**un seul plat !

   b. – Tu as choisi des plats épicés dans le menu ?
      – Non, ...

   c. – Aujourd'hui, tu prends le plat du jour et un dessert ?
      – Non, ...

   d. – Comme poisson, vous avez du saumon et du colin ?
      – Non, ...

   e. – Tu vas chez le traiteur et le boulanger ?
      – Non, ...

   f. – Le chef a fait trois desserts ?
      – Non, ...

4. Mettez les phrases à la forme négative.

   a. Elle ne choisit que des produits frais. → Elle **ne** choisit **pas que** des produits frais.

   b. Avant, il ne mangeait que du bœuf.

   c. Nous n'avons qu'un restaurant gastronomique dans notre rue.

   d. Le poulet rôti n'est servi qu'avec de la purée.

   e. En Bretagne, il n'a mangé que des crêpes !

Unité 6

Phonie-graphie

▸ L'intonation expressive

p. 94

Identification

1. Écoutez les expressions et cochez l'émotion que vous entendez.

	a	b	c	d	e	f	g	h
La surprise								
La joie	✗							
La colère								
La déception								

Articulation

2. Écoutez et répétez les phrases avec des émotions différentes.

a. C'est bien ? / C'est bien !
b. Tu n'aimes pas ? / Tu n'aimes pas.
c. C'est cher ! / C'est cher ?
d. Vous avez fini ? / Vous avez fini.
e. On a encore le temps ? / On a encore le temps !
f. C'est interdit ? / C'est interdit !

Dictée

3. Écoutez et complétez le texte avec « . » « , » « ? » ou « ! ».

Connaissez-vous le mot « bistrot » ...... Ce mot peut être associé à quelle grande ville française ...... Êtes-vous déjà allés dans un bistrot ...... Dans cette brasserie...... on peut boire un verre...... ou manger quelque chose...... dans une ambiance agréable...... Voilà pourquoi les bistrots parisiens ont beaucoup de succès......

Interprétation

4. Écoutez le texte puis lisez-le à voix haute.

Connaissez-vous l'histoire du film *Délicieux* ? La voici. En 1789, un homme, chef cuisinier dans un château, est renvoyé car sa cuisine, très créative, n'est pas assez noble ! Il rencontre une jeune femme qui va changer sa vie. Elle veut apprendre à cuisiner et ensemble ils vont créer le premier restaurant de France ! C'est une idée géniale ! Et pour vous, quel aliment est délicieux ? Quelle est votre cuisine préférée ?

Compréhension écrite

Bien choisir son restaurant

Vous êtes dans une ville que vous ne connaissez pas ? C'est l'occasion de découvrir de nouvelles adresses de restaurants. Voici quelques conseils.

1. Faites une balade matinale.
Regardez à travers la porte des restaurants pour voir ce qui se passe : s'il y a du mouvement en cuisine cela veut dire que tout est fait maison avec des produits frais.

2. Faites confiance aux guides gastronomiques.
Cherchez les symboles des guides *Michelin* (et ses célèbres étoiles) ou *Le Gault et Millau*, affichés à l'entrée des restaurants. Une cuisine de qualité sera au rendez-vous !

3. Faites attention à la propreté.
Le restaurant doit respecter les règles de base de l'hygiène : des tables propres, des verres brillants et des toilettes bien entretenues.

4. Utilisez les réseaux sociaux.
TripAdvisor et Instagram sont utiles pour voir des photos des plats ou de la salle du restaurant et lire les avis d'autres clients.

5. Regardez le menu.
Un menu de 19 pages est le signe d'une production « industrielle » ! Il n'y aura pas de produits frais dans votre assiette !

6. Observez la clientèle.
Le restaurant est fréquenté par les habitants du quartier ? L'ambiance est décontractée et les serveurs souriants ? Allez-y !

Sources : www.finedininglovers.fr

Lisez le document et répondez aux questions.

1. Cochez la bonne réponse.

a. Le texte :
  ❏ fait de la publicité.   ❏ donne des conseils.

b. Un restaurant est bon quand le chef est dans la cuisine :   ❏ le soir.   ❏ le matin.

c. Les signes de qualité sont affichés :
  ❏ sur la porte du restaurant.   ❏ dans la cuisine.

d. Utiliser les réseaux sociaux est utile pour…
  ❏ lire des avis.   ❏ prendre des photos.

e. Les clients apprécient une ambiance…
  ❏ industrielle.   ❏ décontractée.

2. Vrai ou faux ?

	Vrai	Faux
a. Des verres brillants sont un signe de propreté.	❏	❏
b. Un menu avec beaucoup de plats est un signe de qualité.	❏	❏
c. Les serveurs souriants sont appréciés.	❏	❏

3. VOCABULAIRE
« Il y a du mouvement en cuisine. » veut dire :

a. ❏ Il y a des gens qui travaillent dans la cuisine.

b. ❏ La cuisine est en mouvement.

c. ❏ Il y a des gens qui mangent dans la cuisine.

Production orale

JEUX DE RÔLE
À deux. Choisissez la fiche A ou B. Prenez connaissance des informations de votre fiche et jouez la scène avec votre partenaire.

Apprenant A
Vous êtes serveur/serveuse dans un restaurant et vous demandez à un(e) client(e) s'il/elle a été satisfait(e) de son repas. Il/Elle a mangé du pâté en entrée, un poulet rôti avec des haricots et un fondant au chocolat en dessert.

Apprenant B
Vous êtes au restaurant et le serveur/la serveuse vous demande si vous avez été satisfait(e) de votre repas. Vous avez mangé du pâté en entrée, un poulet rôti avec des haricots et un fondant au chocolat en dessert.

Bilan linguistique

Grammaire

..../ 40

1. Répondez aux questions en utilisant le pronom *en*. ..../ 7

a. Manges-tu du chocolat ? → Oui, ...

b. Achètes-tu du lait ? → Non, ...

c. Mange-t-il des céréales ? → Avant oui, ...

d. Consomme-t-elle du poisson ? → Non, ... jamais.

e. Est-ce qu'il veut des bananes ? → Non, ...

f. Tu as pris de la viande hier au restaurant ? → Oui, ... Elle était très bonne.

g. Est-ce que tu coupes le beurre en morceaux ? → Oui, ... coupe 150 grammes.

2. Entourez la forme correcte. ..../ 7

a. Dans la cuisine, *il faut / il est interdit de* fumer.

b. *Il est défendu de / Vous devez* venir avec son chien.

c. *Faites / Ne faites pas attention* : les plats ne doivent pas être trop chauds !

d. *Vous avez l'obligation de / Vous ne devez pas* respecter les horaires.

e. *Il ne faut pas / Il est nécessaire de* téléphoner à table.

f. Le samedi soir, *il est nécessaire / il est interdit de* réserver sa table dans ce restaurant.

g. Avant de manger, *lavez-vous / vous lavez* les mains.

3. Remettez les mots dans l'ordre pour former des phrases. ..../ 6

a. n'a / Ce restaurant / au *Guide Michelin*. / que / deux étoiles

....

b. aux pommes. / reste / ne / que / me / des gâteaux / Il

....

c. pas / Elle / consomme / des produits de saison. / que / ne

....

d. achète / les fruits et légumes / que / n' / au marché. / Je

....

e. pas / Cet enfant / mange / que / ne / du poisson !

....

f. cette recette. / Il / faut / que / ne / pour faire / 150 cl de lait

....

Vocabulaire

1. Choisissez 5 légumes pour faire une soupe. Écrivez le nom des légumes choisis. ..... / 5

....
....
....
....
....

2. Retrouvez les ingrédients de chaque plat. ..... / 5

a. le couscous : _ _ MOU _ _   P _ _ _ _ CHI _ _ _ _ _
b. le gâteau :   FA _ _ _ E   _ UC _ _
c. la ratatouille : AU _ _ _ GINES   O _ G _ O _ s
d. le croque-monsieur : _ AI _   _ _ _ MAGE
e. le pot-au-feu : B _ _ _   _ AV _ _ S

3. Lisez les phrases et répondez par vrai ou faux. ..... / 5

	Vrai	Faux
a. Dans les bistrots, on ne mange que de la cuisine traditionnelle.	❏	❏
b. Le croque-monsieur est fait avec de la semoule.	❏	❏
c. Le bœuf bourguignon est un plat végétarien.	❏	❏
d. Le *Guide Michelin* donne des étoiles aux très bons restaurants.	❏	❏
e. « C'est un régal ! », veut dire que c'est très bon.	❏	❏

4. Complétez le texte avec les mots suivants : *difficile – végétarienne – gourmet – allergique – gourmande*. ..... / 5

Ce soir, Guillaume reçoit ses amis. Camille est .... à la coriandre, Théo ne mange pas beaucoup, il est très .... avec la nourriture. Alexandra adore les desserts, elle est très .... ! Son ami Paul, lui, apprécie la bonne cuisine, c'est un vrai .... ! Et pour finir, Émilie est .... !

 1. Compréhension de l'oral

Vous allez écouter un document. Pour répondre aux questions, cochez ☒ la bonne réponse.

🎧 65 Exercice 3 de l'épreuve — 6 points

Vous écoutez ce message sur un répondeur téléphonique. Lisez les questions. Écoutez le document puis répondez. Vous travaillez dans un restaurant.

1 | C'est un dîner… — 1 point
 A ☐ amical.   B ☐ familial.   C ☐ professionnel.

2 | M. Mahou veut réserver une table… — 1 point
 A ☐ lundi.   B ☐ mardi.   C ☐ jeudi.

3 | Pour le dîner, il y aura… — 1 point
 A ☐ 19
 B ☐ 20   … personnes.
 C ☐ 21

4 | M. Mahou veut commander… — 1 point

 A ☐    B ☐    C ☐

5 | Pour le dessert, il y aura… — 1 point

 A ☐    B ☐    C ☐

6 | M. Mahou veut… — 1 point
 A ☐ écouter de la musique.
 B ☐ chanter avec un professionnel.
 C ☐ danser sur des airs traditionnels.

 2. Compréhension des écrits

Exercice 1 de l'épreuve — 6 points

Vous voulez proposer une sortie à vos ami(e)s français(es). Vous lisez le programme des activités de la ville de Paris.

Document 1
Mardi 26 juin, de 17 h à 18 h, atelier pâtisserie avec Jérôme. Ouvert à tous (12 places par atelier).

Document 2
Apprenez à cultiver vos herbes aromatiques, tous les dimanches matin, avec Ginna, au jardin partagé du 8 allée de la Pelouse.

Document 3
Visite guidée au Jardin des Plantes avec un botaniste. Ouvert à tous mercredi 6 juillet. Tarif réduit pour les enfants de moins de 12 ans : 6 euros.

Document 4
Vente de légumes de saison dimanche, à partir de 8 h, sur les quais de Seine. Appelez l'office du tourisme pour plus d'information.

Document 5
Atelier cuisine sans viande au Restaurant 113. De 10 h à 12 h ce samedi. Participation : 30 euros. Repas collectif après l'atelier.

Document 6
Exposition *Nourriture d'autrefois* à partir du 19 août dans la salle Becker. Entrée gratuite pour les étudiant(e)s.

Associez chaque document à la personne correspondante. Attention : il y a 8 personnes mais seulement 6 documents. Cochez (☒) une seule case pour chaque document.

Personnes	Document 1 (1 point)	Document 2 (1 point)	Document 3 (1 point)	Document 4 (1 point)	Document 5 (1 point)	Document 6 (1 point)
A Héloïse a envie de faire du vélo.	❑	❑	❑	❑	❑	❑
B Wanpen est végétarienne.	❑	❑	❑	❑	❑	❑
C Tristan s'intéresse à l'histoire.	❑	❑	❑	❑	❑	❑
D Jean apprécie les fleurs.	❑	❑	❑	❑	❑	❑
E Jugurta aime les animaux.	❑	❑	❑	❑	❑	❑
F Diane adore les produits bios.	❑	❑	❑	❑	❑	❑
G Naema adore les desserts.	❑	❑	❑	❑	❑	❑
H Line veut apprendre à jardiner.	❑	❑	❑	❑	❑	❑

3. Production écrite

Exercice 1 de l'épreuve
(12,5 points)

Vous habitez en France. Vous êtes allé(e) dans un restaurant gastronomique, vendredi dernier. Vous écrivez à un(e) ami(e) français(e) pour lui raconter votre repas. Vous lui donnez aussi vos impressions. **(60 mots minimum)**

4. Production orale

Partie 2 de l'épreuve : monologue suivi
(2 minutes environ)

Sujet : Restaurant préféré

Parlez de votre restaurant préféré. Quel est le type de nourriture servie ? Qu'est-ce que vous aimez manger ? Pourquoi est-ce que vous avez aimé ce restaurant ?

Jeux

1 Mots mêlés de la restauration

Retrouvez les 6 mots de la restauration cachés dans la grille.

A	B	P	S	C	D	E	F
G	H	O	E	I	J	M	L
N	O	U	R	P	R	S	T
N	U	R	V	L	V	A	B
A	M	B	I	A	N	C	E
P	C	O	C	T	D	E	F
P	G	I	E	S	H	I	J
E	L	R	M	N	O	P	R
S	S	E	R	V	E	U	R

2 Anagrammes

Retrouvez les fruits et légumes qui se cachent derrière ces mots.

Légumes

a. DEVINE → E _ _ _ _ _ _

b. DIRAS → R _ _ _ _ _

c. CHARIOT → H _ _ _ _ _ _

Fruits

d. PEUNR → P _ _ _ _ _

e. PROIE → P _ _ _ _

3 Retrouvez les phrases.

a. Ellenemangequeleslégumesdesonpotager.

b. Léaestallergiqueaulaitdevache.

c. Iladorelesdessertsetilencommandetoujoursaurestaurant.

4 La disparition

Retrouvez la bonne lettre pour compléter les mots.

a. Le service était trop l _ nt !

b. Au restaurant, je prends toujours un bo _ uf bourguignon.

c. Les plats étaient goût _ ux.

d. Ce dessert n'est pas au m _ nu !

e. C'est scandaleux de payer aussi ch _ r !

5 La bonne recette

Par équipes de 2. En 2 minutes, faites la liste des ingrédients d'une recette et introduisez un intrus (ex. : « carottes » dans un clafoutis aux myrtilles). Chaque équipe lit sa liste au reste de la classe. La première équipe qui trouve l'intrus gagne 2 points. L'équipe qui a le plus de points gagne le jeu.

Unité 7

À votre santé !

Grammaire

▶ Les pronoms COD et COI — p. 100

1. Entourez la bonne réponse.

a. Où as-tu mis ton lit ? Je *le / la / l' / les / lui / leur* ai mis sous la fenêtre.

b. Placez-vous l'oreiller sous votre tête pour bien dormir ? Non, je *le / la / l' / les / lui / leur* place sous mes pieds.

c. Qu'as-tu conseillé à Vincent ? Je *le / la / l' / les / lui / leur* ai conseillé de partir en voyage.

d. Tu peux coucher les enfants, s'il te plaît ? D'accord, je vais *le / la / l' / les / lui / leur* coucher tout de suite.

e. As-tu acheté ton nouveau canapé ? Oui, je *le / la / l' / les / lui / leur* ai acheté hier et il est génial !

f. Tu as expliqué à tes collègues que tu étais fatiguée ? Non, je ne *le / la / l' / les / lui / leur* ai pas dit, j'ai oublié !

2. Remplacez les mots soulignés par un pronom COD ou COI.

a. Jeanne ne regarde pas la télé le soir. Elle ne **la** regarde pas.

b. Va voir le spécialiste du sommeil de ma femme ! Oui, j'irai .... voir la semaine prochaine.

c. Qu'est-ce que tu offres à Mirella et Jean dimanche ? Je .... offre une plante pour le jardin.

d. Mon mari a très mal au dos. Qu'est-ce que je peux .... conseiller ?

e. Tu as pris tes oreillers pour bien dormir ? Oui, je .... ai pris.

f. Elle a écrit à Paul et à Julien pour dire qu'elle partait à New York, mais à moi elle ne .... a pas écrit.

3. Remettez les mots dans l'ordre pour faire des phrases.

a. je / Mon café, / bois / le matin. / le ➔ ***Mon café, je le bois le matin.***

b. nous / très stressés. / Ils / ont dit / qu'ils / étaient
....
....

c. pour / Ce spécialiste / donne / des conseils / vous / bien dormir.
....
....

d. l' / Son nouveau / fatigué. / travail / a beaucoup
....
....

e. Il / a expliqué / se sentir bien. / comment / leur
....
....

f. a demandé / une tasse / lui / de tisane. / Elle
....
....

4. Pronom COD ou COI ? Écoutez et cochez.

	a	b	c	d	e	f
Pronom COD						
Pronom COI	X					

soixante-quinze | 75

Vocabulaire

▶ Le corps et la santé

p. 101

1. Barrez l'intrus.

a. le bras – le ventre – l'épaule

b. le cerveau – la tête – le corps

c. le cou - la cuisse – le genou

d. le pied – la tête – la jambe

e. la cuisse - le dos – la colonne vertébrale

f. le genou - le bras – la cheville

2. Entourez les mots du sommeil.

3. Écoutez et indiquez la bonne situation. 67

....

a

....

....

....

4. Associez.

a. sentir une douleur   1. se sentir léger

b. être en forme   2. être reposé

c. être malade   3. souffrir

d. récupérer   4. avoir mal

e. être apaisé   5. se remettre

f. être relaxé   6. se sentir bien

Grammaire

▷ Le superlatif — p. 103

1. Complétez les phrases avec *le meilleur, la meilleure, les meilleures* ou *le mieux*.

a. Ce médecin est **le meilleur** médecin du village.
b. Ces tisanes sont .... de toutes.
c. C'est la lavande qui soigne .... les insomnies.
d. Ce sont les enfants qui dorment toujours ....
e. La .... fatigue est la fatigue sportive. .
f. J'ai pris beaucoup d'antibiotiques, mais celui-ci est ....

2. Transformez les phrases avec un superlatif.

a. Cet infirmier est gentil. (+) → **Cet infirmier est le plus gentil.**
b. Marja est stressée (–).
....
c. Son activité physique est régulière (+).
....
d. Le rythme cardiaque d'Igor est lent. (+)
....
e. Faire du sport est important (+) pour nous.
....
f. Ce remède est cher (–) de tous.
....

3. Superlatif de supériorité (+) ou d'infériorité (–) ? Écoutez et cochez. 🎧 68

	a	b	c	d	e	f
+						
–	X					

4. Écrivez le contraire des expressions en italique.

a. J'ai fait le rêve *le plus fou* de ma vie → **le moins fou**
b. C'est moi qui ai le sommeil *le moins léger* de tous. → ....
c. De toute la famille, c'est Bruno qui a *le meilleur médecin*. → ....
d. L'échinacée est la plante *la moins bonne* pour moi. → ....
e. C'est ma mère qui m'a donné *les meilleurs conseils*. → ....
f. Pour lui, ce sont les tisanes qui fonctionnent *le mieux*. → ....

Vocabulaire

▸ La médecine et les urgences p. 105

1. Classez les maux et les remèdes de la liste : *antibiotique* – antiseptique – asthme – gouttes – indigestion – infection – migraine – sirop – tisane.

Maux	Remèdes
....	*antibiotique*
....	....
....	....
....	....

2. Mettez les lettres dans l'ordre pour retrouver les mots.

a. I E A U L A N C R M B → *ambulancier*

b. C A C I D T E N → A _ _ _ _ _ _ _ _

c. P C I E R E O L I → P _ _ _ _ _ _ _ _

d. P P I E R O M → P _ _ _ _ _ _

e. C E G U R E N → U _ _ _ _ _ _

f. S S E B E L → B _ _ _ _ _ _

3. Complétez le texte avec les mots suivants : bien – fatigue – *patraque* – tonus – traitement – vitamines.

Éloïse est *patraque*. Pour lui donner du .... le médecin lui a recommandé des .... en gouttes, à prendre tous les matins. Ce .... lui fait le plus grand .... et elle ne sent plus sa .... physique.

4. Écoutez et associez les phrases aux images. 69

....

....

a

....

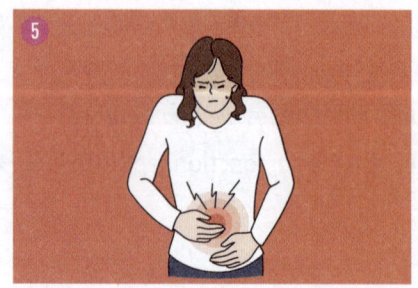
....

Grammaire

▷ Les pronoms interrogatifs — p. 107

1. Entourez le pronom interrogatif correct.

a. **Quel** / Lequel numéro d'urgence connais-tu ?
b. Quels / Quelles massages te font du bien ?
c. Tu connais deux médecins. Quel / Lequel veux-tu consulter ?
d. J'ai plein de tisanes différentes dans mon placard. Tu veux laquelle / lesquelles ?
e. Quelles / Lesquelles activités allez-vous faire cet hiver ?
f. Vos enfants, ce sont lesquels / lesquelles ?
g. Pouvez-vous me dire quel / lequel sport est le meilleur pour le dos ?

2. Associez les éléments pour former des phrases.

a. Tu as mal à quelle
b. Tu as deux oreillers
c. Tu prends quelles
d. Il t'a donné quel
e. Lequel des deux est
f. Il y a plusieurs infirmières aujourd'hui :
g. Ce magasin vend de très bonnes tisanes.

1. Lesquelles voulez-vous acheter ?
2. laquelle voulez-vous voir ?
3. tasses pour boire le thé ?
4. jambe ?
5. le cousin de Théo ?
6. lequel veux-tu ?
7. numéro pour l'appeler ?

(a → 4)

3. Complétez les phrases avec lequel, laquelle, lesquelles, lesquels.

a. J'ai deux lits. Dans **lequel** des deux veux-tu dormir ?
b. Elle a trois chambres, mais je ne sais pas .... est la sienne.
c. Il a le nom de plusieurs médecins, mais il voudrait savoir .... est le meilleur.
d. Vous prenez plusieurs remèdes. Pourriez-vous me dire .... est pour le soir ?
e. Parmi les actions suivantes, ... sont les plus utiles ?
f. Il y a plusieurs cycles de sommeil. .... durent 30 minutes ?
g. Parmi vos enfants, ... fait des allergies au printemps ?

4. Écoutez et cochez. 🎧 70

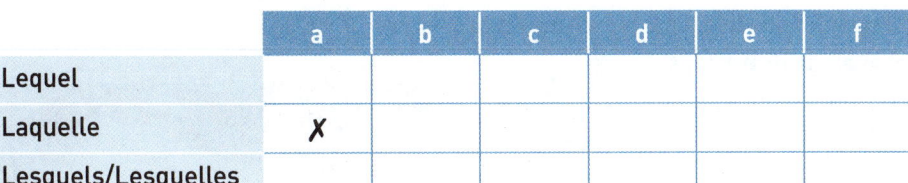

	a	b	c	d	e	f
Lequel						
Laquelle	X					
Lesquels/Lesquelles						

Phonie-graphie

▷ La prononciation du mot *plus* — p. 108

Discrimination

1. Écoutez et dites dans quel ordre vous entendez les phrases. 🎧71

1	2	1-2 ou 2-1 ?
a. la plus efficace	le plus efficace	....
b. les plus importants	les plus importantes	....
c. le plus célèbre	la plus célèbre	....
d. les plus compétents	les plus compétentes	....
e. le plus économique	la plus économique	....
f. les plus sérieux	les plus sérieuses	....
g. la plus urgente	le plus urgent	....

Articulation

2. Écoutez les dialogues et répétez-les.

a. – Tu as essayé cette crème ?
   – Oui, c'est la crème la plus calmante pour le mal de dos.

b. – Vous croyez aux remèdes naturels ?
   – Oui, certains sont plus efficaces que des médicaments.

c. – Ton médecin, tu me le conseilles ?
   – Ah oui, c'est le plus compétent du quartier !

d. - Pour bien dormir, le plus important est de se détendre.
   – Tu as raison et il faut éviter de regarder des écrans avant de s'endormir.

e. – Je pars à la campagne pendant une semaine !
   – C'est une excellente idée, ça te fera le plus grand bien !

Interprétation

3. Écoutez et soulignez les liaisons. Puis lisez les questions à voix haute. 🎧73
Répondez librement à l'oral en utilisant *plus*.

a. Pour être en bonne santé, quels sont les « trucs » les plus utiles, les plus efficaces ?
   → Trouvez-en trois.

b. Pour se soigner le mieux possible, quelles sont les méthodes les plus utilisées, les plus pratiquées ?
   → Trouvez-en deux.

c. Pour bien dormir, quelles sont les techniques les plus adaptées ?
   → Trouvez-en trois.

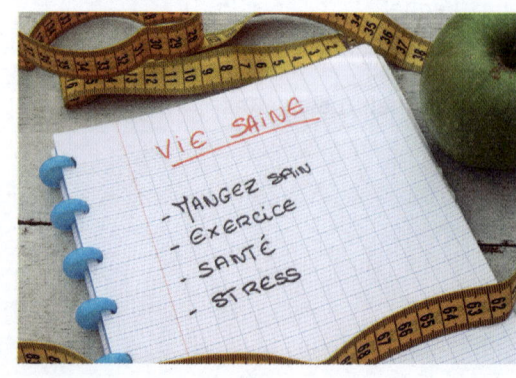

Compréhension orale

Rêve et cauchemars : que traduisent-ils ?

Écoutez le document et répondez aux questions.

1. Vrai ou faux ?   Vrai   Faux
   a. Rêver quand on dort n'est pas normal. ❏ ❏
   b. Il y a plusieurs phases dans le sommeil. ❏ ❏

2. Cochez la bonne réponse.
   a. Rêver fait partie de :   ❏ notre sommeil.   ❏ nos émotions.
   b. Le sommeil paradoxal dure :   ❏ 90 minutes.   ❏ 10 minutes.
   c. Rêver est l'expression des émotions : ❏ de la soirée.   ❏ de la journée.

3. Complétez les phrases.
   a. Quand on rêve, le .... est en pleine action.
   b. Le sommeil est une spécialité ....

Production écrite

Votre meilleure amie vous a envoyé un message. Vous êtes très inquiet/inquiète. Vous répondez à son message et lui posez des questions pour savoir ce qu'elle a. Vous lui donnez des conseils. (60 mots)

Lina — vu aujourd'hui à 09:32

> Salut, je ne viendrai pas ce soir, je suis un peu patraque. Je t'appelle demain. Bonne soirée. Bises.
> 09:25

Bilan linguistique

.... / 40

Grammaire

1. Complétez les phrases avec un pronom COD ou COI.   ..... / 7

   a. Quand tu iras voir ton frère, tu .... apporteras ses livres.

   b. Je suis allé voir le médecin et il .... conseillé du repos.

   c. Ton fauteuil est vraiment super ! Où .... as-tu acheté ?

   d. Mes parents dorment très mal et je .... ai offert de nouveaux oreillers.

   e. Tu n'as pas bu ta tisane ? Non, je .... boirai plus tard.

   f. Vous êtes allés voir un spécialiste, non ? Qu'est-ce qu'il .... a expliqué ?

   g. J'ai emprunté un livre sur la santé et je vais .... prêter à ma sœur.

2. Complétez les phrases avec *le mieux, le meilleur, la meilleure, les meilleur(e)s*.   ..... / 7

   a. .... fauteuils massants sont en vente chez Dupont-Durand.

   b. Le romarin est la plante qui agit .... contre la migraine.

   c. Consulter votre médecin est .... solution.

   d. Il dit que le sirop au miel est .... traitement contre les maux de gorge.

   e. Mettre un oreiller sous les genoux est vraiment .... pour ne pas avoir mal au dos.

   f. Regarder un film d'horreur le soir est .... moyen de ne pas dormir !

   g. Je trouve que .... plantes sont celles de ton jardin !

3. Mettez les mots dans l'ordre pour former des phrases.   ..... / 6

   a. ne sais pas /quel / Je / médecin / consulter ; conseilles-tu ? / me / lequel

   ....

   b. font / de vos amies / Lesquelles / de l'hypertension ?

   ....

   c. sont là / Deux infirmières / aujourd'hui ; / te / voir ? / laquelle / est venue

   ....

   d. remèdes / ne sais pas / quels / prendre ; / Je / les moins chers ? / lesquels / sont

   ....

   e. acheter / se demande / quelles / Il /gouttes ; à ton avis / sont / les plus efficaces ? / lesquelles

   ....

   f. parties du corps ? / fait travailler / quelles / La natation

   ....

Vocabulaire

1. Remettez les actions dans l'ordre et écrivez le verbe sous chaque image. ..... / 5

....

 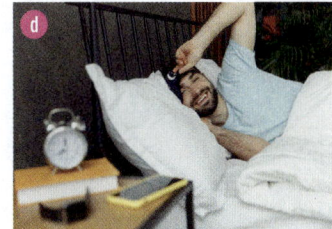 

....

2. Vrai ou faux ? Cochez la bonne réponse. ..... / 5

	Vrai	Faux
a. Quand je suis en pleine forme, je me sens léger.	☐	☐
b. La sérénité, c'est quand on est stressé.	☐	☐
c. Quand on dort, on peut rêver.	☐	☐
d. Masser veut dire se remettre.	☐	☐
e. Quand on fait du sport, on peut avoir des courbatures.	☐	☐

3. Donnez des conseils avec les mots de la liste : *traitement – gouttes – antiseptique – sirop – antibiotique.* ..... / 5

a. Je tousse. → Prends du ....

b. J'ai une infection. → Prenez cet ....

c. Je dors très mal. → Tiens, mets 10 .... dans un verre d'eau tous les soirs.

d. Je suis tombé et je me suis fait mal au genou. → Je vais vous donner un ....

e. J'ai le nez bouché, de la fièvre, mal à la gorge. → Ce .... te fera le plus grand bien !

4. Classez les mots suivants : *le SAMU – une victime – les pompiers – un blessé – un malade – une ambulancière – un policier.* ..... / 5

Les services d'urgences	Pour qui ?
....	....
....	....
....	....
....	....

1. Compréhension de l'oral

Exercice 4 de l'épreuve (7 points)

Vous écoutez 4 dialogues. Cochez pour associer chaque dialogue à la situation correspondante. Attention : il y a 6 situations mais seulement 4 dialogues. Lisez les situations. Écoutez les dialogues puis répondez.

	A Inviter quelqu'un	B Donner un conseil	C Demander de l'aide	D Féliciter	E S'informer sur un produit	F Exprimer un désaccord
Dialogue 1 (2 points)	❏	❏	❏	❏	❏	❏
Dialogue 2 (2 points)	❏	❏	❏	❏	❏	❏
Dialogue 3 (2 points)	❏	❏	❏	❏	❏	❏
Dialogue 4 (1 point)	❏	❏	❏	❏	❏	❏

2. Compréhension des écrits

Exercice 4 de l'épreuve (7 points)

Vous lisez cet article dans un journal français.

Santé au travail

Être assis derrière un bureau toute la journée n'est pas bon pour notre corps. Le Docteur Peccari donne des conseils et des exercices à faire pour limiter les problèmes.

« Vous devez vous lever toutes les deux heures et faire des pas dans le bureau. C'est parfait pour le dos. Contre les tensions dans les jambes, la position la plus efficace est de travailler debout. Il faut aussi étirer les bras et fermer les yeux pendant 1 minute pour les reposer. »

Le plus difficile c'est en hiver. Le corps est plus fatigué, il a besoin d'aide. « *Je vous conseille de boire des tisanes avec du thym ou de l'eucalyptus. Elles sont très efficaces contre les rhumes. Si vous êtes stressé au travail, prenez du romarin, il donne du tonus.* »

Manger gras ne permet pas de bien travailler mais faire la sieste, oui !

Pour répondre aux questions, cochez la bonne réponse.

1 | Quel conseil donne le Docteur Peccari contre le mal de dos ? (2 points)

- **A** ❏ S'étirer.
- **B** ❏ Marcher.
- **C** ❏ Se reposer.

2 | Changer de position de travail est bon pour… (1 point)
  A ❑ les bras.
  B ❑ les yeux.
  C ❑ les jambes.

3 | Le thym soigne les maladies de l'hiver. (1 point)
  A ❑ Vrai. **B** ❑ Faux.

4 | Le romarin est efficace contre… (2 points)
  A ❑ l'anxiété.
  B ❑ les rhumes.
  C ❑ les allergies.

5 | Quelle bonne habitude aide à mieux travailler ? (1 point)
  A ❑ Manger léger.
  B ❑ Sortir dehors.
  C ❑ Se coucher tôt.

3. Production écrite

Exercice 1 de l'épreuve (12,5 points)

Vous avez fait un stage santé pour être en meilleure forme. Vous écrivez à un(e) ami(e) français(e) pour lui raconter le stage (lieu, activités). Vous lui donnez aussi vos impressions. (60 mots minimum)

4. Production orale

Partie 3 de l'épreuve : monologue suivi (2 minutes environ)

Sujet : Le sport
Quelle est votre activité sportive préférée ? Quand, où et avec qui la pratiquez-vous ?
Pourquoi est-ce que vous aimez cette activité ? Quel sport n'aimez-vous pas ? Pourquoi ?

Jeux

1
Associez 2 étiquettes pour retrouver 5 mots.

MÉDE · RAQUE · TION · PAT · CINE · MI · SYMP · INFEC · TOMES · GRAINE

a. ....
b. ....
c. ....
d. ....
e. ....

2
Complétez la grille pour trouver le mot mystère.

a. Quand on ne peut pas dormir la nuit, on a une … .
b. C'est une maladie qui empêche de respirer. C'est l'… .
c. Elle arrive très vite quand il y a un accident. C'est une … .
d. Quand on a beaucoup de travail, on est …… .
e. Le mot mystère est : ....

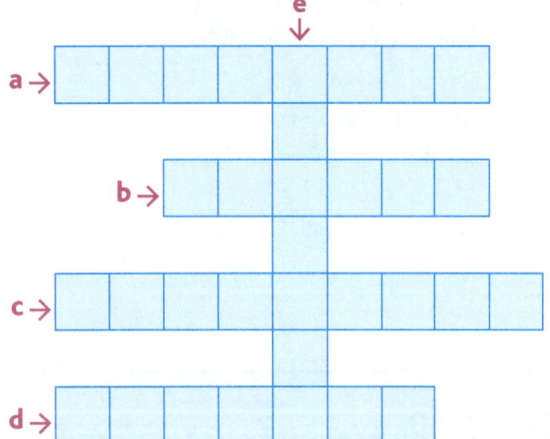

3
Enlevez toutes les lettres « x » pour retrouver les phrases.

a. Ilestxmalxadeetilxfautxappxelerxlesurgxences. ....
b. Ellexaxfait beaucoupxdexsportxetxaxdesx courbatures. ....
c. Ilssefontxmaxssertouteslesxsemxaines. ....
d. Irmaeststrexsséeexelleabeauxcoupdetenx sionsmusxcuxlaires. ....

4
Quel désordre !

Remettez de l'ordre dans les expressions : gardez le premier mot et cherchez le second mot dans les autres expressions.

a. fatigue d'urgence → ....
b. colonne cardiaque → ....
c. corps physique → ....
d. transport vertébral → ....
e. rythme humain → ....

5
Le pendu

Par groupe de 2 (ou de 4). Le joueur A choisit un mot de l'unité. Il écrit la première et la dernière lettre du mot et trace un tiret par lettre. Les autres joueurs proposent des lettres. Si la lettre se trouve dans le mot, le joueur A l'écrit sur le(s) tiret(s) correspondant(s). Si la lettre n'est pas dans le mot, il dessine un trait du pendu. Le joueur qui trouve le mot gagne et il choisit un mot.

Exemple : A _ _ _ _ _ _ E (allergie)

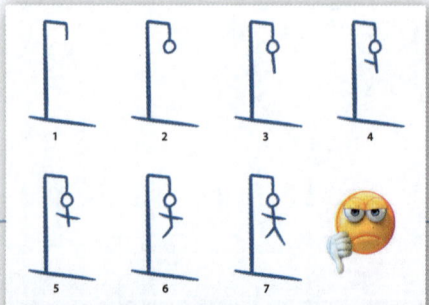

86 | quatre-vingt-six

Unité 8

Dans les médias

Grammaire

▸ La cause et la conséquence — p. 114

1. Reliez les phrases pour exprimer une conséquence.

a. Les jeunes préfèrent le smartphone pour s'informer…
b. Mon grand-père ne sait pas utiliser Internet…
c. *La Revue Dessinée* propose des sujets passionnants…
d. Il a aimé le titre…
e. Elle s'intéresse à l'écologie…
f. Je déteste la rubrique sport…

1. c'est pourquoi il ne suit pas l'actualité en ligne.
2. c'est pour ça que je reçois ce magazine tous les trois mois.
3. c'est pour cela que je n'achète plus ce journal.
4. donc ils ne regardent plus la télé.
5. donc il a acheté cette revue.
6. alors elle passe son temps à regarder des documentaires.

2. Complétez les phrases en utilisant les expressions suivantes : *grâce à/aux, car, à cause de*.

a. Je n'ai pas pu regarder ce documentaire **car** ma télé ne fonctionne plus.
b. .... cet article, j'ai appris beaucoup de choses.
c. Le présentateur doit être malade .... le journal est présenté par quelqu'un d'autre.
d. Je ne lis plus ce magazine .... son point de vue politique.
e. Le reportage est intéressant .... il parle des réseaux sociaux.
f. La chaîne a beaucoup de succès .... reportages sur l'actualité régionale.

3. Écoutez et cochez les phrases qui expriment la cause ou la conséquence.

	a	b	c	d	e	f	g
Cause	X						
Conséquence							

4. Entourez l'élément qui convient.

a. La nouvelle génération adore le journalisme numérique (***c'est pourquoi*** / *grâce à*) tous les grands journaux ont une version en ligne.
b. Tu peux regarder France 2 (*parce que* / *à cause de*) cette chaîne parle d'économie.
c. Je m'intéresse aux sujets d'actualité (*parce que* / *c'est pourquoi*) je suis abonnée à de nombreux médias.
d. J'aime beaucoup cette présentatrice (*alors* / *parce que* / *c'est pourquoi*) je regarde tout le temps son émission.
e. Ce journal est gratuit (*grâce à* / *c'est pourquoi*) il est donné dans le métro.

Vocabulaire

▷ L'info, la presse, la télé _____ p. 115

1. Presse écrite ou télévision ? Classez les mots suivants : *l'article, le magazine, le JT, la dessinatrice, la chaîne, le titre, l'émission*.

La presse écrite	La télévision
l'article	

2. Séparez et remettez les mots dans l'ordre.

  a. articleunpublier → ***publier un article***

  b. vueledepoint → ....

  c. numériquejournalismele → ....

  d. laenlignepresse → ....

  e. l'suivreactualité → ....

  f. revuelapressede → ....

3. Entourez la réponse correcte.

  a. (**Le documentaire** / *Le dessinateur*) est passionnant. Il parle des jeunes et de leur utilisation des réseaux sociaux.

  b. As-tu lu la dernière (*revue de presse* / *chaîne*) de Martina Lafeuille ?

  c. (*J'ai écouté* / *Je me suis abonné à*) ce journal en ligne.

  d. Les journalistes ont tous un (*point de vue* / *numéro*) politique différent.

  e. (*Tu publies un article* / *Tu es au courant de*) la situation en France ?

  f. Ce soir, à la télé, il y a un match de handball (*en direct* / *dans la presse écrite*).

4. a. Écoutez et associez un enregistrement à une image.

  b. Placez les mots suivants sous les images correspondantes : *écologie, culture, sport, météo, économie*.

a. économie

Grammaire

▸ Le subjonctif (nécessité, opinion) —————————— p. 117

1. Associez les éléments.

a. que je
b. que tu
c. qu'il
d. que nous
e. que vous
f. qu'elles

1. écoutes la radio tous les matins.
2. se connectent plus souvent.
3. suiviez les réseaux sociaux.
4. poste une photo.
5. aille sur Internet.
6. soyons en contact avec elle.

2. Entourez la forme verbale qui convient.

a. C'est bien que vous (**soyez** / êtes) au courant de l'actualité.
b. Il faut que les personnes âgées (soient / sont) de plus en plus connectées.
c. Il est important que nous (allons / allions) jusqu'à la fin de cet épisode.
d. C'est normal que cette émission (ait / a) une forte audience.
e. Il ne faut pas que cette radio (fait / fasse) de la politique.
f. Il est indispensable que les gens (aillent / vont) se renseigner sur différents médias.
g. Il n'est pas important que nous (regardons / regardions) toutes les vidéos.

3. Écoutez et cochez si les phrases expriment une opinion ou une nécessité.

	a	b	c	d	e	f
Opinion						
Nécessité	X					

4. Conjuguez les verbes entre parenthèses au subjonctif présent.

a. Il ne faut pas que je (commenter) **commente** son message.
b. Il est important que tu (avoir) .... Instagram, c'est à la mode.
c. C'est normal que Sophie (surveiller) .... les informations partagées sur Facebook.
d. C'est bien que tes parents (utiliser) .... les livres audios.
e. Il faut que nous (arrêter) .... de poster des vidéos.
f. Il est indispensable que vous (garder) .... votre téléphone portable avec vous.
g. Il ne faut pas que j'(aller) .... sur Internet avant de dormir.

Vocabulaire

▸ Les médias audios et les réseaux sociaux ———— p. 119

1. Remettez les différentes étapes dans l'ordre.

a. commenter ses vidéos
b. fermer son compte
c. suivre une personne sur un réseau
d. ouvrir un compte sur un réseau social
e. être en contact avec cette personne

1	2	3	4	5
d.	......	......	......	......

2. Écoutez et associez les phrases au média qui convient. 79

	a	b	c	d	e	f
	x					

3. Barrez l'intrus.

a. être connecté – être en contact – suivre quelqu'un – écouter de la musique
b. la radio – le podcast – le réseau social – l'émission
c. l'auditeur – le contenu sonore – l'internaute – l'écoute
d. raconter – commenter – poster – regarder
e. sensibiliser un public – diffuser une information – quitter un réseau social – transmettre des connaissances

4. Complétez le dialogue avec les mots suivants : *outil de communication, auditeurs, podcast, émission de radio, épisode, sensibiliser le public*.

– Tu as écouté l'**émission de radio** *Belle* de France Inter sur le rôle de la femme dans la société ?
– Non. Pourquoi ?
– J'ai été surprise par le sujet de l'émission, sur l'égalité homme-femme. Beaucoup d'.................... ont réagi en direct.
– C'est normal ! France Inter essaie de .... J'écoute le .... ce soir.
– Demain, écoute la radio à 13 heures, il y a un deuxième .... La radio est vraiment un formidable ....

Grammaire

▶ La place des pronoms COD et COI ───────── p. 121

1. Remettez les mots dans l'ordre pour former des phrases.

a. souvent. / le / J' / ce film, / adore / je / regarde

b. payons / Nous / leur / un abonnement.

c. souvent, / c'est / l' / Je / passionnant. / écoute

d. répondu. / a / ne / lui / pas / L'auditeur

e. vus. / les / ai / pas / ne / Je

f. Instagram. / suivons / vous / Nous / sur

2. Écoutez et cochez si vous entendez un pronom COD ou COI.

	a	b	c	d	e	f	g
Pronom COD	X						
Pronom COI							

3. Répondez aux questions. Remplacez les mots soulignés par un pronom COD ou COI.

a. Vous avez aimé le dernier film avec Romain Duris ? → **Non, nous ne l'avons pas aimé.**

b. Ce présentateur accepte les critiques ?

c. Est-ce que tu as parlé à ce journaliste ?

d. Cette vidéo intéresse ton frère ?

e. Tu connais la dessinatrice Pénélope Bagieu ?

f. Vous allez voir le film *Eiffel* ?

g. Est-ce que tu as conseillé l'émission à tes parents ?

4. Complétez le texte avec les pronoms COD ou COI suivants : *le, les, l', la, lui* ou *leur*.

Ce journaliste travaille sur TF1. Je **le** connais bien, il présente le JT tous les soirs. Les gens ……… aiment bien car il parle de sujets passionnants. Il reçoit souvent des célébrités. Il ……… pose de bonnes questions et il ……… écoute. Les invités ……… répondent facilement. C'est le seul programme que je regarde sur cette chaîne. Je ne ……… trouve pas intéressante pour les documentaires.

Phonie-graphie

▷ Les lettres muettes p. 122

Discrimination

1. Écoutez et cochez le groupe de mots que vous entendez. 🔊 81

	Mots avec la consonne finale prononcée	Mots avec la consonne finale non prononcée
a	☑ une petite histoire en ligne	☐ un petit document en papier
b	☐ une recherche importante	☐ un résultat important
c	☐ une bonne critique	☐ un bon jugement
d	☐ une grosse dépense	☐ un gros budget
e	☐ une enquête intéressante	☐ un sujet intéressant
f	☐ une dernière nouvelle	☐ un dernier numéro
g	☐ une mémoire étonnante	☐ un média étonnant

Articulation

2. Écoutez et barrez les lettres non prononcées. Puis, répétez les phrases. 82

   a. Les médias en ligne ou traditionnels proposent toutes sortes de sujets.
   b. Sur Internet, on peut aussi s'informer sur l'économie, la culture, la politique et le sport.
   c. Les réseaux sociaux permettent aux scientifiques de mieux communiquer et de partager les résultats de leurs recherches.
   d. Les jeunes lisent les nouvelles en ligne et n'achètent plus de journal papier.
   e. Les Français font de moins en moins confiance aux médias.

Graphies

3. Écoutez le texte et barrez toutes les lettres non prononcées. Puis, lisez le texte à voix haute. 83

Depuis une vingtaine d'années, Internet et les technologies de l'information et de la communication ont transformé le paysage des médias. Nous avons accès à beaucoup plus d'informations, nous pouvons échanger, critiquer, commenter. Mais sommes-nous mieux informés ?

Interprétation

4. Écoutez le texte puis lisez-le à voix haute. 84

Comment s'informent les jeunes aujourd'hui ? Pour suivre l'actualité, ils utilisent différents supports. Ils préfèrent les réseaux sociaux et Internet et ne sont pas attirés par les médias traditionnels. Grâce à leur smartphone, les jeunes sont toujours en contact avec l'actualité. Ils consultent très souvent des textes courts ou des vidéos mais ne lisent pas les articles en entier.

Compréhension écrite

Les Français et l'information

Lisez le document et répondez aux questions.

1. Choisissez la bonne réponse.

Ce document est :
- a. ❑ une infographie.
- b. ❑ un témoignage.
- c. ❑ une publicité.

2. Combien de fois par jour les Français s'intéressent à l'actualité ?

....

Les Français, très informés !

Des médias variés

Télé, radio, Internet, journaux… chaque média a sa façon de transmettre l'information. Aux Français de faire leur choix.

L'info à toute heure

S'informer, ça aide à comprendre le monde dans lequel on vit. Ainsi, une majorité de Français se tiennent au courant de l'actualité au moins une fois par jour.

- 7 Français sur 10 regardent la télé
- 6 sur 10 consultent Internet
- 4 sur 10 écoutent la radio
- 2 sur 10 lisent les journaux

6 h – 9 h Tôt le matin, c'est le moment où beaucoup de Français choisissent d'écouter la radio ou de lire les journaux.

13 h En milieu de journée, c'est l'heure du journal télé !

20 h Le soir, un autre journal télé très regardé…

Quelle que soit l'heure, les Français s'informent sur leur tablette ou leur smartphone.

© 1jour1actu

3. Vrai ou faux ?

	Vrai	Faux
a. Les Français préfèrent Internet à la télévision.	❑	❑
b. 6 Français sur 10 n'écoutent pas la radio.	❑	❑
c. Les gens aiment lire la presse écrite.	❑	❑

4. Entre 6 heures et 9 heures, les Français :

❑ ne s'intéressent pas à l'actualité. ❑ écoutent la radio. ❑ regardent les informations à la télé.

5. À quelle heure les chaînes diffusent le journal télévisé en France ? (*2 réponses*)

....

Production orale

JEUX DE RÔLE

À deux. Choisissez la fiche A ou B. Prenez connaissance des informations de votre fiche et jouez la scène avec votre partenaire.

Apprenant A
Vous discutez avec un(e) ami(e) des réseaux sociaux. Vous êtes contre l'utilisation des réseaux sociaux pour s'informer. Pour vous, ils peuvent diffuser des infox et être dangereux. Vous exprimez votre préférence pour les médias traditionnels. Votre ami(e) n'est pas d'accord avec vous.

Apprenant B
Vous discutez avec un(e) ami(e) des réseaux sociaux. Vous êtes tout le temps connecté(e) pour vous informer. Vous exprimez votre préférence pour les réseaux sociaux. Vous expliquez les avantages de suivre l'actualité en direct et de pouvoir commenter l'actualité. Votre ami(e) n'est pas d'accord avec vous.

Unité 8

Bilan linguistique

.... / 40

Grammaire

1. **Cause ou conséquence ? Entourez l'expression qui convient.** .... / 7

    a. (*Grâce à* / *Alors*) Twitch, tout le monde peut faire des vidéos.

    b. Marie déteste ce JT (*à cause de* / *donc*) la voix du présentateur.

    c. Ce film est une bonne surprise (*parce que* / *alors*) le scénario est original.

    d. Ils ont lu un article très intéressant dans *La Revue Dessinée*, (*donc* / *grâce à*) ils vont s'abonner.

    e. La rubrique « Culture » de ce magazine me passionne (*car* / *c'est pourquoi*) elle parle des événements de la région.

    f. L'auditeur voulait partager son point de vue, (*alors* / *à cause de*) il a pris la parole.

    g. Ce podcast est ennuyeux (*parce que* / *c'est pourquoi*) je ne l'ai pas écouté en entier.

2. **Conjuguez les verbes être parenthèses au subjonctif présent.** .... / 7

    a. Il est important que le journaliste (*parler*) .... correctement.
    b. Il est indispensable que vous (*s'abonner*) .... à cette revue.
    c. C'est bien que nous (*écouter*) .... cette radio.
    d. Il ne faut pas que tu (*avoir*) .... plusieurs comptes sur Internet.
    e. C'est normal qu'ils (*aller*) .... voir ce très bon film.
    f. Il faut que ma sœur (*arrêter*) .... de poster des photos.
    g. C'est très bien que tu (*limiter*) .... ton temps sur Internet.

3. **Remplacez les mots soulignés par un pronom COD ou COI.** .... / 6

    a. Christelle aime particulièrement <u>ce dessinateur</u>.

    b. Le présentateur répond <u>à ses auditeurs</u>.

    c. Elles regardent <u>ce programme</u> à la télévision.

    d. J'ai offert un abonnement de cinéma <u>à mon frère</u>.

    e. Je lis <u>la rubrique « Économie »</u> dans cette revue spécialisée.

    f. Philippe commente <u>les vidéos</u>.

Vocabulaire

1. Placez autour de l'image les mots suivants : *la journaliste, la rubrique, papier, le titre, l'article*. ...... / 5

La presse ....

c'est du SPORT !

Jeudi 3 mars 2022 | 11

Charlotte protège la cage

Charlotte Cagigos, 21 ans, est gardienne de but de l'équipe masculine de hockey sur glace des Drakkars de Caen. Ne cherchez pas des crosses à cette future professeure des écoles !

Charlotte est la seule fille gardienne d'une équipe de garçons. Photo © C. Cagigos

Pourquoi avoir choisi le hockey ?

« À 3 ans, j'accompagnais souvent mon grand frère à l'entraînement de hockey sur glace. J'ai essayé et j'ai accroché direct. Quand on est petit, on passe tous au poste de gardien. En plus, l'équipement était super attirant. Moi, j'aimais ça. Et vers 8-9 ans, je n'ai plus voulu bouger de la cage ! »

Gardien, c'est un rôle à part dans l'équipe ?

« Être gardien, c'est pratiquer un sport individuel dans un sport d'équipe. C'est un poste clé où il faut être patient et surveiller le palet. Où il faut être agressif pour protéger la cage. Mais aussi toujours se tenir prêt. En même temps, il faut avoir une grande force dans sa tête, parce qu'on a beaucoup de responsabilités devant la cage. Il ne faut pas se laisser abattre lorsqu'on prend des buts. Le gardien doit montrer sa confiance. C'est important ! »

Ça se passe bien avec vos coéquipiers ?

« Fille ou garçon, l'important, c'est le sport ! Pour moi, ça se passe très bien. Avec les garçons, c'est plus simple. Je m'entraîne avec l'équipe pro mais je n'en fais pas encore partie. Je joue avec l'équipe des moins de 20 ans et aussi avec l'équipe masculine en division 3. Ça me fait de sacrées semaines ! Cela me permet de m'entraîner et de me perfectionner pour être encore meilleure en équipe de France féminine. »

Il n'y a pas de risque à jouer avec des garçons ?

« Le hockey sur glace est un sport où il y a beaucoup de contacts, donc ça peut être dangereux. La Fédération française permet aux femmes de jouer au poste de gardien quand elles évoluent en senior. C'est aussi parce qu'en France il n'y a pas assez de joueuses suffisamment fortes pour créer un championnat. Il faut que les petites filles aillent jouer avec les garçons et qu'... n'aient pas peur de ça quand... leur club. Ensuite, elles p... des équipes de filles p... compétitions féminin... pour qu'il y ait des ...éminines plus fortes. »

Propos recueillis par Edith Alberts

Senior : catégorie sportive pour les + de 18 ans.

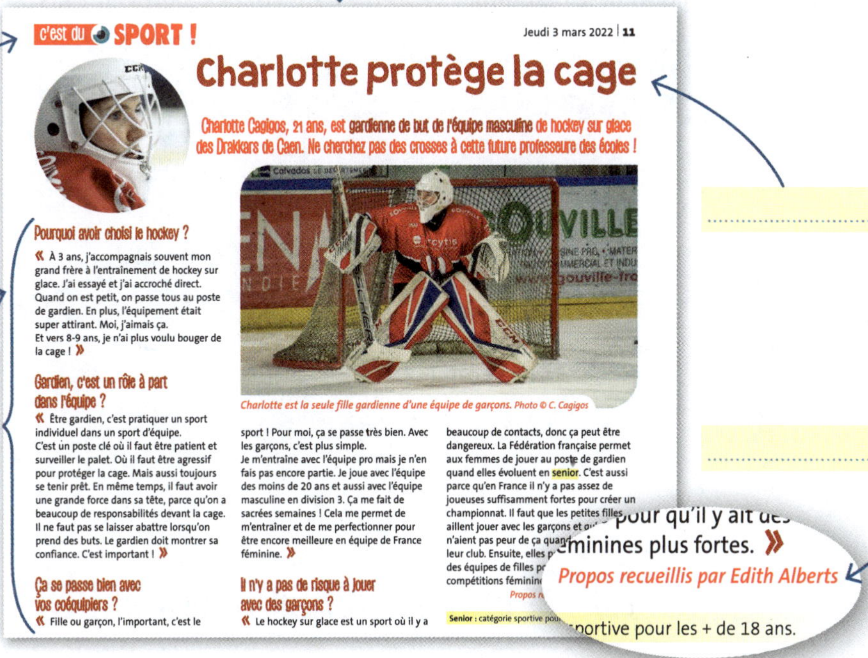

© Le Journal des Enfants

....

....

....

....

2. Retrouvez le nom des rubriques de l'info. ...... / 5

a. _ _ _ N _ M _ E

b. _ O _ I _ T _

c. _ _ L _ T _ Q _ _

d. _ _ T _ O

e. _ _ L _ U _ E

3. Trouvez des expressions qui ont le même sens. ...... / 5

a. les fausses nouvelles → ....

b. un outil de communication → ....

c. écrire un commentaire → ....

d. ouvrir un compte sur un réseau social → ....

e. une émission de radio enregistrée → ....

4. Vrai ou faux ? ...... / 5

	Vrai	Faux
a. L'auditeur utilise sa voix.	❑	❑
b. L'écoute est importante pour poster une photo.	❑	❑
c. La radio diffuse des informations.	❑	❑
d. Certains journalistes racontent leur expérience à la radio.	❑	❑
e. La musique, les podcasts, les émissions : ce sont des contenus sonores.	❑	❑

Unité 8

1. Compréhension de l'oral

Exercice 4 de l'épreuve (7 points)

Vous écoutez 4 dialogues. Cochez pour associer chaque dialogue à la situation correspondante. Attention : il y a 6 situations mais seulement 4 dialogues. Lisez les situations. Écoutez les dialogues puis répondez.

	A Féliciter	B Inviter	C Proposer de l'aide	D Raconter un événement	E S'excuser	F Remercier
Dialogue 1 (2 points)	❑	❑	❑	❑	❑	❑
Dialogue 2 (2 points)	❑	❑	❑	❑	❑	❑
Dialogue 3 (2 points)	❑	❑	❑	❑	❑	❑
Dialogue 4 (1 point)	❑	❑	❑	❑	❑	❑

2. Compréhension des écrits

Exercice 3 de l'épreuve (6 points)

Vous lisez ces documents sur votre lieu de travail. Pour répondre aux questions, cochez la bonne réponse.

Document 1

Création d'un compte « Info'monde »
Pour créer un compte, vous devez :
1. Allez sur le site *infomonde.fr* ;
2. Dans la rubrique « Connexion », cliquez sur « Créer un compte ».
3. Vous devez entrer votre adresse professionnelle pour que l'abonnement au quotidien soit gratuit.
4. Entrez votre nom en entier pour pouvoir être reconnu (pas de pseudo).
5. Vous pouvez emprunter en ligne 10 magazines et télécharger 20 podcasts par mois.

1 | Avec votre adresse de travail, vous aurez… (1 point)
- A ❑ une inscription sans frais.
- B ❑ un abonnement mensuel.
- C ❑ accès illimité aux ressources.

2 | Vous devez indiquer… (1 point)
- A ❑ votre vrai nom.
- B ❑ votre adresse personnelle.
- C ❑ vos préférences de magasines.

Document 2

Bonjour,
Je ne serai pas au bureau aujourd'hui. J'ai laissé sur la table le journal d'hier : tu peux prendre des notes et rédiger un rapport pour la direction. Le journal d'aujourd'hui sera envoyé vers 8 h 30. Attention, il faut contacter la journaliste de France Bleue pour l'interview politique de demain. Demande-lui les questions en avance pour les transmettre au responsable. On se retrouve pour la réunion demain à 10 h 30.
Bon courage !
Daniel

3 | Vous devez… (1 point)
- A ❑ regarder une interview.
- B ❑ lire un journal quotidien.
- C ❑ écrire un article de presse.

4 | Vous allez participer à une réunion avec… (1 point)
- A ❑ un collègue.
- B ❑ un journaliste.
- C ❑ un responsable.

Document 3

Pour rédiger une bonne critique de film
Pour partager votre passion cinématographique, il y a quelques éléments à savoir :
1. Indiquez toutes les informations utiles (titre, acteurs, date de sortie…).
2. Écrivez un résumé.
3. Ne racontez pas la fin ! Laissez un peu de secret.
4. Donnez votre avis personnel avec des exemples de vos scènes préférées.
5. Finissez par un peu d'humour.
6. Indiquez toutes les ressources utiles pour que le lecteur se renseigne.

5 | Avant de donner votre avis, vous devez… (1 point)
- A ☐ raconter le début du film.
- B ☐ partager une histoire drôle.
- C ☐ parler de votre moment préféré.

6 | À la fin, vous devez… (1 point)
- A ☐ donner votre avis.
- B ☐ écrire une conclusion.
- C ☐ indiquer d'autres sources.

 ## 3. Production écrite

Exercice 2 de l'épreuve (12,5 points)

Vous avez reçu un courriel de votre amie Emma.

Lire les mails	Écrire
De :	
À :	
Objet :	

Salut,
Le mois prochain je vais au Festival du film francophone dans la ville d'Angoulême, en France. Tu viens ? Le Festival dure 5 jours et il y a des films de mes réalisateurs préférés ! Ça va être super !
Réponds-moi vite !
Emma

Vous répondez à Emma. Vous acceptez son invitation. Vous demandez des informations sur le festival et les films au programme. (60 mots minimum)

 ## 4. Production orale

Partie 3 de l'épreuve : exercice en interaction (3 à 4 minutes)

Informations
Vous êtes en vacances en France. Vous voulez acheter des magazines et des journaux pour vos ami(e)s et votre famille. Vous êtes dans un magasin, vous demandez des conseils au vendeur et vous vous renseignez sur les prix.
L'examinateur joue le rôle du vendeur.

Unité 8

Jeux

1. Retrouvez 6 réseaux sociaux cachés dans cette grille.

I	D	T	W	I	T	C	H	E
N	G	W	P	D	E	C	K	I
S	V	I	D	E	B	R	S	T
T	C	T	I	K	T	O	K	S
A	A	T	C	G	U	A	R	D
G	G	E	V	A	G	I	O	M
R	E	R	Y	O	U	B	R	O
A	S	N	A	P	C	H	A	T
M	U	S	I	C	A	T	R	E
E	F	A	C	E	B	O	O	K

2. Charades

Qu'est-ce qu'est ?

a. Mon premier est le contraire de « nuit » : ....
Mon deuxième est la première syllabe de « nager » : ....
Mon troisième est une suite de mots ou de chiffres : ....
Mon tout est un métier : ....

b. Mon premier est la première lettre de l'alphabet : ....
Mon deuxième est le féminin de « bon » : ....
Mon troisième est le verbe « mentir » conjugué au présent (3ᵉ pers. du sing.) : ....
Mon tout est quelque chose qu'on paie tous les mois : ....

3. Quiz

Êtes-vous accro aux réseaux sociaux ? Pour le savoir, répondez aux questions et comptez vos points !

1. Sur combien de réseaux sociaux avez-vous un compte ?
a. Plus de cinq. ②
b. Entre un et trois. ①
c. Plus de sept. ③

2. Les dates d'anniversaire de votre famille sont :
a. dans votre tête. ①
b. sur un agenda papier. ②
c. sur Facebook. ③

3. En vacances :
a. vous n'utilisez pas votre téléphone, il reste à l'hôtel. ①
b. vous vérifiez vos e-mails et lisez l'actualité. ②
c. aucune différence, vous êtes connecté(e) tout le temps. ③

4. Vous recevez une excellente nouvelle.
a. Vous téléphonez à vos ami(e)s. ②
b. Vous l'annoncez sur vos réseaux. ③
c. Vous attendez de voir vos proches. ①

5. Vous avez une jolie photo de vous. Que faites-vous ?
a. Elle est postée rapidement. ②
b. Vous la changez un peu avant de la poster. ③
c. Vous la gardez dans votre téléphone. ①

Entre 5 et 8 : Vous n'êtes pas accro à votre téléphone ! Vous vous déconnectez pour vivre le moment présent. La réalité est plus importante qu'Internet.
Entre 9 et 12 : Les réseaux sociaux prennent de la place dans votre vie, mais vous savez trouver un équilibre. Gardez-le !
Plus de 12 : Accro ! Accro ! Accro ! C'est difficile pour vous de vivre sans votre téléphone ! Attention, vous pouvez manquer de beaux moments !

Unité 9

Consommer responsable

Grammaire

▶ Le conditionnel présent (1) — p. 128

1. Écoutez et cochez le temps utilisé dans chaque phrase. 🎧 86

	a	b	c	d	e	f	g
Futur simple							
Conditionnel présent	X						

2. Entourez le verbe conjugué au conditionnel présent.

a. j'emprunte – *j'emprunterais* – j'emprunterai – j'empruntais

b. nous aurons – nous avons – nous avions – nous aurions

c. elles pouvaient – elles pourront – elles pourraient – elles peuvent

d. tu dirais – tu diras – tu dis – tu disais

e. vous aimez – vous aimiez – vous aimeriez – vous aimerez

f. on offrira – on offrait – on offre – on offrirait

3. a. Ajoutez aux verbes les terminaisons du conditionnel présent.
b. Dites si c'est une proposition, un conseil, un souhait ou une demande polie.

a. Tu devr**ais** acheter des produits en promotion.
→ *un conseil*

b. Ils voudr……… apprendre à résister.
→ ....

c. Ça te dir……… de m'aider à choisir ?
→ ....

d. Je pourr……… essayer ces chaussures ?
→ ....

e. Il faudr……… changer la couleur.
→ ....

f. Excusez-moi, vous aur……… une autre taille ?
→ ....

g. Tu viendr……… voir les meubles avec moi ?
→ ....

4. Transformez les phrases en utilisant le conditionnel présent.

a. Il doit revendre ces objets. → ***Il devrait revendre ces objets.***

b. Je veux emprunter ton ordinateur. ....

c. Pierre souhaite être riche. ....

d. Nous pouvons acheter ces produits. ....

e. Ils ont besoin d'un manteau neuf. ....

f. Il ne faut pas aller au supermarché. ....

g. Pouvez-vous m'expliquer ce défi ? ....

Vocabulaire

► La consommation p. 129

1. Remettez les lettres dans l'ordre pour trouver les catégories de produits.

  a. D P U O R T I D E T E B A E U → le ***produit de beauté***
  b. E O M N A T A T L I I N → l'_____
  c. B E M L U E → le _____
  d. T S M E V E T N E → le _____
  e. G M E N E C O R L E A R T E → l'_____
  f. I E M U M T I D A L → le _____

2. Écoutez. Pour chaque situation, associez un verbe de la liste à une image : *jeter – acheter – partager – économiser – louer – négocier – ~~emprunter~~ – vendre – dépenser*.
Attention, il y a trois intrus dans cette liste.

a. *emprunter*   b. ....   c. ....

d. ....   e. ....   f. ....

3. Trouvez le féminin des noms suivants.

  a. le client → ***la cliente***   d. le consommateur → ....
  b. le vendeur → ....   e. l'acheteur → ....
  c. l'utilisateur → ....

4. Classez dans le tableau les mots suivants : *prix – taille – couleur – ~~objet~~ – promotion – marque*.

a. l'***objet***	robe
b. la	beige
c. la	38
d. la	BOYA
e. le	100 euros
f. la	50 %

Grammaire

▶ Le gérondif

p. 131

1. Lisez les phrases et dites si les verbes au gérondif expriment deux actions simultanées ou la manière.

	Deux actions simultanées	Manière
a. Il a acheté cette machine à coudre en faisant les courses.		X
b. J'ai vendu mon aspirateur en postant une annonce.		
c. Elle décore sa maison en chantant.		
d. En surfant sur Internet, j'ai trouvé cette promotion.		
e. Tu devrais donner cette table en vendant les chaises.		
f. Nous créons en imaginant la mode de demain.		

2. Écoutez et cochez les phrases avec un verbe au gérondif.

	a	b	c	d	e	f	g
Gérondif	X						

3. Associez les éléments pour former des phrases.

a. Elle regarde la télévision   1. en changeant la pièce cassée.
b. Ils obtiennent des informations   2. en tricotant.
c. Mon père bricole   3. en louant mes vêtements sur Internet.
d. Mathieu répare la tondeuse   4. en fabriquant ses produits.
e. Je gagne de l'argent   5. en écoutant de la musique.
f. Il économise   6. en discutant avec le vendeur.

4. Trouvez le gérondif des verbes suivants.

a. fabriquer → **en fabriquant**   e. payer → ....
b. savoir → ....   f. avoir → ....
c. regarder → ....   g. travailler → ....
d. être → ....

5. Transformez les phrases en utilisant le gérondif.

a. J'achète du tissu. Je vais à la mercerie. → **J'achète du tissu en allant à la mercerie.**

b. Je décore mon salon. J'installe une bibliothèque.

c. Mon oncle coupe du bois. Il utilise une scie.

d. J'apprends le bricolage. Je répare de vieux meubles.

e. Marie crée des vêtements. Elle s'intéresse au mélange de matières.

f. Tu abîmes la lampe. Tu ne fais pas attention.

Vocabulaire

▸ Le travail manuel

p. 133

1. Reliez les objets aux matières.

a. des chaussures   1. en plastique
b. une bouteille   2. en fer
c. une veste   3. en cuir
d. une assiette   4. en laine
e. une maison   5. en carton
f. une table   6. en bois

2. Associez les mots suivants aux images : *l'échelle – l'outil – la ponceuse – la scie – la tondeuse*.

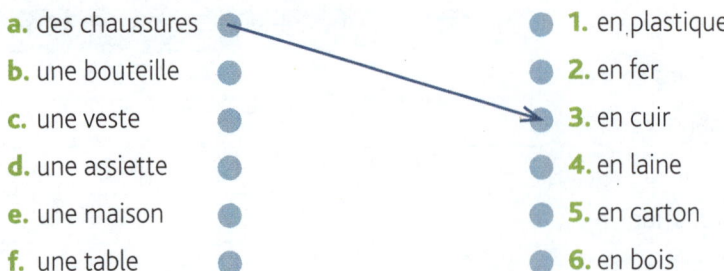

a. *l'outil*

b. ....

c. ....

d. ....

e. ....

3. De quels travaux manuels s'agit-il ? Écoutez et associez. 🎧 89

a	b	c	d	e	f	g
1	.....	.....	.....	.....	.....	.....

4. Entourez l'élément qui convient.

a. J'ai besoin d'**une échelle** / *une tondeuse* pour peindre les murs.

b. Tu dois appeler un technicien pour *réparer* / *créer* ta télévision.

c. Il faut *changer* / *poncer* la pièce de la voiture.

d. J'aimerais apprendre à *bricoler* / *tricoter*, mais je n'ai aucun outil.

e. Ce canapé est *abîmé* / *en panne*.

f. Regarde le *tutoriel* / *l'atelier* pour comprendre comment ça fonctionne.

Grammaire

▶ Le conditionnel présent (2) — p. 135

1. Associez.

Dans un monde parfait…

a. nous — 2. réparerions nos objets cassés.
b. il y
c. tu
d. tout le monde
e. vous

1. serais mieux payé.
2. réparerions nos objets cassés.
3. pourrait avoir un jardin.
4. créeriez des produits recyclables.
5. aurait plus de magasins de location.

2. Conjuguez les verbes au conditionnel présent.

	Tu	Elle	Nous	Ils
a. faire	ferais	ferait	ferions	feraient
b. acheter				
c. devenir				
d. savoir				
e. aller				
f. finir				
g. vendre				

3. Écoutez et cochez si la situation entendue est réelle ou imaginaire. 🎧 90

	a	b	c	d	e	f
Situation réelle						
Situation imaginaire	✗					

4. Conjuguez les verbes entre parenthèses au conditionnel présent.

a. Dans un monde où les livres n'*(exister)* **existeraient** pas, on *(regarder)* **regarderait** beaucoup plus la télévision.

b. Dans un monde où on *(parler)* .... une seule langue, on *(communiquer)* .... facilement.

c. Dans un monde où on ne *(travailler)* .... pas, les gens *(faire)* .... plus d'activités manuelles.

d. Dans un monde où il n'y *(avoir)* .... pas Internet, ce *(être)* .... difficile de trouver des informations.

e. Dans un monde où on *(vivre)* .... du troc, l'argent n'*(exister)* .... pas.

f. Dans un monde où les gens *(savoir)* .... jardiner, on *(cultiver)* .... nos fruits et légumes.

Phonie-graphie

▸ Les sons [g] et [ʒ]   p. 136

Discrimination

1. Écoutez et dites dans quel ordre vous entendez les sons [g] et [ʒ] ? 🎧91

	a	b	c	d	e	f	g
[g] est avant [ʒ]	✗						
[ʒ] est avant [g]							

Articulation

2. Écoutez et répétez les dialogues. 🎧92

a. – Tu voyages souvent dans la région ?
– Oui, j'aime bien voir de nouveaux paysages.
– Moi aussi ! On pourrait faire du covoiturage ?
– Ce serait génial !

b. – J'ai créé un blog avec des règles pour lutter contre le gaspillage.
– Ah oui ? Et qu'est-ce que tu proposes comme règles ?

– D'abord, il faut arrêter de jeter des objets et essayer de les réparer. Ensuite, il faut consommer raisonnablement et ne pas gaspiller, des aliments par exemple. Et enfin, il faut échanger des services et faire du troc.
– Je suis intéressé par ton blog. Je vais le consulter et le partager avec d'autres personnes.

Dictée

3. Écoutez le texte et complétez les mots. 🎧93

Pour économiser de l'ar……ent, pensez au troc, à l'échan……e d'ob…ets et de services dans votre voisina……e. Pour éviter le ……aspilla……e, ……ardez vos appareils électroména……ers, ne les ……etez pas et faites-les réparer. C'est plus écolo……ique !

Interprétation

4. Écoutez le texte puis lisez-le à voix haute. 🎧94

Si vous voulez essayer le « fait maison », voici cinq activités à choisir selon vos goûts !
❶ La couture pour réparer vos vêtements ou créer des sacs, par exemple.
❷ La cuisine pour manger mieux et plus équilibré et la pâtisserie pour faire des gâteaux originaux.
❸ Les loisirs créatifs pour fabriquer des objets de décoration ou des bijoux.
❹ Le bricolage pour installer des étagères dans votre logement, par exemple.
❺ Le jardinage pour cultiver des fruits et des légumes sur votre balcon.

Toutes ces activités sont ludiques et agréables, plus économiques et écologiques !

Compréhension orale

Consommer en recyclant

Écoutez le document et répondez aux questions.

1. Que propose d'écouter le document ?

☐ **a.** Un flash info. ☐ **b.** Une émission de radio. ☐ **c.** Une publicité.

2. Complétez la phrase.

Des hommes et des femmes nous expliquent comment ils ont adopté un mode de vie plus
.................................., bien .... pour l'environnement et plus ....

3. Vrai ou faux ?   Vrai   Faux

    a. Sarah récupère des objets qu'elle transforme.   ☐   ☐

    b. Elle achète des objets qui coûtent cher.   ☐   ☐

    c. Le bois est un matériau solide.   ☐   ☐

    d. Le bois n'est pas facile à peindre.   ☐   ☐

4. Après la transformation, Sarah obtient un objet (2 réponses) :

    a. nouveau.   **b.** gratuit.

    c. original.   **d.** utile.

Production écrite

Vous recevez le message d'une amie. Vous lui répondez et lui donnez des conseils. (70 mots)

Lire les mails | **Écrire**

De :
À :
Objet :

Chère Camille,
Je déménage la semaine prochaine et j'ai des travaux à faire. Je dois aussi acheter tout mon électroménager. Mais je n'ai pas beaucoup d'argent. Aurais-tu des conseils à me donner pour économiser ?
Je te remercie.
Bises,
Katia

Bilan linguistique

.... / 40

Grammaire

1. **Transformez les phrases en utilisant le conditionnel présent.** ..... / 7

a. Tu veux t'inscrire à cet atelier ?
....

b. Nous aimons jardiner.
....

c. Il faut changer nos habitudes.
....

d. Je souhaite décorer mon appartement.
....

e. Vous pouvez me prêter ce livre ?
....

f. Ils doivent prendre une belle photo.
....

g. Elle choisit le vélo en promotion.
....

2. **Reformulez avec un gérondif.** ..... / 7

a. J'ai voulu cuisiner ce plat quand j'ai vu la vidéo.
....

b. Martin a abîmé sa voiture quand il est venu prendre un café.
....

c. Il s'est fait mal quand il a installé le meuble.
....

d. Nadège propose du covoiturage quand elle va au travail.
....

e. Les gens consomment plus quand ils ont de l'argent.
....

f. Elle s'est mise au troc quand elle a entendu ses voisins en parler.
....

g. Tu achèteras ces chaussures quand tu reviendras de vacances.
....

3. **Entourez la forme qui convient.** ..... / 6

Dans un monde idéal…

a. je *gagnerais / gagnerai* beaucoup d'argent.
b. mes parents *arrêteront / arrêteraient* de travailler.
c. nous *aurions / aurons* une grande maison.
d. j'*ouvrirai / ouvrirais* un magasin de vêtements d'occasion.
e. les gens *viendraient / viendront* troquer leurs affaires.
f. les bouteilles en plastique n'*existeront / existeraient* plus.

Vocabulaire

1. Barrez l'intrus.   ..... / 5

   a. acheter – dépenser – payer – vendre
   b. d'occasion – en promotion – cher – gratuit
   c. le particulier - la couleur – la marque – la taille
   d. négocier – jeter - emprunter – louer
   e. l'acheteur – le consommateur – le vendeur – l'utilisateur

2. Où acheter ces produits ? Trouvez à quelle catégorie ils appartiennent.   ..... / 5

a. ....   b. ....   c. ....

d. ....   e. ....

3. Lisez la définition et trouvez la matière correspondante.   ..... / 5

   a. On écrit et on dessine dessus. → ....
   b. On achète cette matière à la mercerie. On peut créer des vêtements. → ....
   c. On utilise souvent cette matière pour boire. Elle se casse facilement. → ....
   d. C'est une matière douce qui vient d'une plante. On peut l'acheter avec les produits de beauté.
      → ....
   e. Les pantalons et les vestes sont souvent faits avec cette matière. La couleur principale est le bleu.
      → ....

4. Complétez le texte avec les mots suivants : *une ponceuse – l'atelier – en bois – réparer – outils*.   ..... / 5

Tu viens avec moi à ...., j'ai un problème avec une chaise et je n'ai pas les bons .... J'ai besoin d'... Comme elle est ...., je peux facilement la ....

1. Compréhension de l'oral

Vous allez écouter plusieurs documents. Pour répondre aux questions, cochez ⊠ la bonne réponse.

Exercice 1 de l'épreuve — 6 points

Vous écoutez des annonces publiques. Lisez les questions. Écoutez les documents puis répondez.

Document 1

1 | Qu'est-ce que vous pouvez recevoir au troc ? *(1 point)*

 A ☐  B ☐  C ☐

Document 2

2 | Qu'est-ce que vous pouvez acheter à petit prix ? *(1 point)*
- A ☐ De l'alimentation.
- B ☐ De l'électroménager.
- C ☐ Des produits de beauté.

Document 3

3 | Qu'est-ce que vous pouvez faire cet après-midi ? *(1 point)*
- A ☐ Réparer un appareil.
- B ☐ Recoudre un vêtement.
- C ☐ Faire des loisirs créatifs.

Document 4

4 | Quel service veulent les résidents ? *(1 point)*

 A ☐  B ☐  C ☐

Document 5

5 | Qu'est-ce que vous pouvez louer ? *(1 point)*

 A ☐  B ☐  C ☐

Document 6

6 | Pour monter votre meuble, qu'est-ce que vous devez faire ? *(1 point)*
- A ☐ Regarder un tutoriel.
- B ☐ Lire le mode d'emploi.
- C ☐ Attendre un technicien.

2. Compréhension des écrits

Exercice 4 de l'épreuve (7 points)

Vous lisez cet article dans un journal français.

Les loisirs créatifs, l'activité préférée des Français

On se souvient de nos grand-mères qui faisaient de la couture ou du tricot le dimanche, en regardant la télé. Ce loisir est redevenu à la mode. Magosha, 26 ans, aime fabriquer elle-même des objets parce que cela lui permet de faire des économies. « *J'ai dû prendre des cours parce que je ne savais rien faire. Maintenant, je peux coudre, fabriquer des lampes et même utiliser la ponceuse et la scie, c'est super !* »
Claire, 38 ans, vient d'ouvrir une boutique de loisirs créatifs. On y trouve tout le matériel utile. Elle vend aussi des objets de décoration fait maison et propose des tutoriels en ligne très pratiques, pour apprendre à réparer un vieux fauteuil, par exemple. « *Avec ma boutique, je voulais développer des pratiques écologiques. Mais les gens viennent ici parce qu'ils aiment les activités manuelles !* »

Pour répondre aux questions, cochez la bonne réponse.

1 | Comment s'occupaient les femmes le dimanche ? (1 point)
- A ☐ Elles tricotaient.
- B ☐ Elles discutaient.
- C ☐ Elles cuisinaient.

2 | Magosha fait des loisirs créatifs pour… (2 points)
- A ☐ recycler ses vieux objets.
- B ☐ réparer ce qui est abîmé.
- C ☐ dépenser moins d'argent.

3 | Magosha sait bricoler. (1 point)
- A ☐ Vrai. B ☐ Faux.

4 | Que propose Claire ? (1 point)
- A ☐ De créer des vêtements.
- B ☐ D'expliquer le bricolage.
- C ☐ De décorer des maisons.

5 | Que veulent les clients de Claire ? (2 points)
- A ☐ Acheter du fait maison.
- B ☐ Travailler avec leurs mains.
- C ☐ Faire attention à la planète.

3. Production écrite

Exercice 2 de l'épreuve (12,5 points)

Vous avez reçu ce message de votre ami Fred.

> Salut !
> J'aimerais proposer mes services à l'association de mon quartier mais je ne sais pas quoi faire. Tu voudrais venir avec moi ? Qu'est-ce que nous pourrions proposer ? J'attends tes idées !
> À bientôt.
> Fred

Vous répondez à Fred. Vous acceptez sa proposition. Vous demandez des informations sur cette association et vous proposez des idées de services. (60 mots minimum)

4. Production orale

Partie 3 de l'épreuve : exercice en interaction (3 à 4 minutes)

Le troc

Vous êtes étudiant(e) en France. Vous voulez organiser un troc dans votre université. Vous allez voir le responsable de l'association des étudiants. Vous discutez de l'organisation du troc et des objets et services que vous pourriez échanger.
L'examinateur joue le rôle du responsable de l'association des étudiants.

Jeux

1. Associez 2 étiquettes pour retrouver 4 expressions.

consommation · manuels · responsable · fait · objets · travaux · d'occasion · maison

....
....

2. Code secret

Henri imagine un monde meilleur. Pour y entrer, vous devez découvrir son message.

LISEZ CE MESSAGE. BIENVENUE
DANS MON MONDE PARFAIT !

Dans ce monde, on n'aurait pas besoin d'argent. On ferait du troc. On profiterait de la vie. Ça vous dirait ?

3. Time's up !

Faites deux équipes. Écrivez sur des papiers 7 catégories de produits. À tour de rôle, chaque équipe tire un papier et donne en 30 secondes un maximum d'objets appartenant à cette catégorie. L'équipe qui trouve le plus d'objets gagne la partie. Attention ! Si vous vous trompez, c'est au tour de l'autre équipe de tirer un papier.

4. Quiz ! Seriez-vous prêt(e) à mieux consommer ? Cochez une réponse.

1. Accepteriez-vous le défi « rien de neuf » ? ☐ Oui ☐ Non ☐ Déjà fait
2. Pourriez-vous fabriquer vos produits de beauté ? ☐ Oui ☐ Non ☐ Déjà fait
3. Achèteriez-vous des produits d'occasion sur Internet ? ☐ Oui ☐ Non ☐ Déjà fait
4. Apprendriez-vous à tricoter vos vêtements ? ☐ Oui ☐ Non ☐ Déjà fait
5. Utiliseriez-vous le covoiturage ? ☐ Oui ☐ Non ☐ Déjà fait
6. Fabriqueriez-vous un meuble ? ☐ Oui ☐ Non ☐ Déjà fait
7. Vendriez-vous les objets que vous ne voulez plus ? ☐ Oui ☐ Non ☐ Déjà fait

Un maximum de :
« **Déjà fait** » : Vous êtes sur la bonne voie d'une consommation responsable. Vous essayez de changer vos habitudes et vous n'aimez pas jeter. L'environnement vous remercie ! « **Oui** » : Vous souhaitez consommer mieux. Parlez-en à votre famille, vos amis, c'est toujours plus facile d'être ensemble pour commencer quelque chose de nouveau ! « **Non** » : Le changement est difficile et vous n'êtes pas encore prêt(e). Pensez à l'argent que vous pourriez économiser, c'est déjà une première motivation !

Unité 10

Envies d'ailleurs ?

Grammaire

▶ Le passé composé et l'imparfait dans le récit _____ p. 142

1. Associez les situations et les actions pour former des phrases.

Situations
a. Il pleuvait quand
b. Les enfants avaient très faim quand
c. Je pensais partir en Asie quand
d. Nous voulions faire le tour de France quand

Actions
1. mes amis ont proposé un circuit au Vietnam.
2. la mère a commencé à préparer le déjeuner.
3. je suis rentré chez moi.
4. nous sommes partis à vélo.

2. Soulignez la forme correcte.
a. *Je demandais* / ***J'ai demandé*** des précisions sur mon vol qui ***n'était pas*** / *n'a pas* été direct.
b. Quand nous *avons atterri* / *atterrissions* à l'aéroport de Montréal, nous *avons été* / *étions* très fatigués du voyage.
c. On *déjeunait* / *a déjeuné* à la terrasse de l'hôtel. Tout à coup, la pluie *tombait* / *est tombée*.
d. Au musée d'histoire de Chine, ils *ont vu* / *voyaient* une énorme sculpture en pierre, *c'était* / *ça a été* un moment fort de leur voyage.
e. *Je réservais* / *J'ai réservé* mon vol sur le site Internet. Tout à coup, mon ordinateur *s'éteignait* / *s'est éteint*.

3. Écoutez et cochez. 97

	a	b	c	d	e	f
Imparfait						
Passé composé	✗					

4. Transformez le texte au passé. Utilisez le passé composé et l'imparfait.
Il est minuit quand notre avion décolle de l'aéroport de Tokyo. Il fait mauvais et soudain nous sentons un fort coup de vent. Nous avons un peu peur quand l'avion fait un grand bruit. Heureusement, ce n'est pas grave et, après 13 heures de vol, nous atterrissons sans problème à Vienne.

....
....
....
....

cent onze | 111

Vocabulaire

▸ Le voyage
 p. 143

1. Associez.

a. passer — 2. la nuit
b. le vol
c. la compagnie
d. le tour
e. l'auberge
f. la pension

1. aérienne
2. la nuit
3. de jeunesse
4. complète
5. du monde
6. direct

2. Barrez l'intrus.

a. l'avion – atterrir – décoller – le petit déjeuner
b. l'habitant – la destination – la direction – le départ
c. l'hôtel – l'aéroport – le camping – l'auberge de jeunesse
d. la demi-pension – l'avion – la pension complète – le petit déjeuner
e. compris – les bagages – le billet – le vol
f. l'itinéraire – le circuit – le repas – le voyage

3. Complétez avec les mots suivants :

~~simple~~ – inclus – circuits – double – départ – croisière

a. À l'hôtel, je prends toujours une chambre **simple** parce que je voyage seul.
b. Une chambre d'hôtel pour deux personnes est une chambre ....
c. Julie adore les bateaux. Pour ses vacances, elle a choisi de faire une ....
d. La pension complète veut dire que tous les repas sont .... dans le prix de l'hôtel.
e. Tu as regardé l'heure du .... sur nos billets ?
f. Notre agence de voyage propose des .... touristiques au Maroc.

4. Écoutez la conversation et complétez la note sur la réservation de M. Norin.

Attention changement de réservation pour M. Norin :

Il a réservé une .... simple du 15 au 18 mars.

Mais il arrivera le 16 avec sa femme et a besoin d'une ....

Il passera toujours 2 .... à l'hôtel Solis.

Le .... est .... dans le prix.

M. Norin ne prend pas ses .... à l'hôtel.

112 | cent douze

Grammaire

▶ L'accord du participe passé — p. 145

1. Souslignez la forme correcte.

   a. Tu as *visitée* / *visitées* / **visité** Paris ?
   b. Elle s'est *occupés* / *occupé* / *occupée* des excursions.
   c. Nous avons *proposés* / *proposées* / *proposé* un itinéraire différent.
   d. La randonnée que j'ai *fait* / *faite* / *faites* était très longue.
   e. Philippe et toi, vous êtes *allés* / *allé* / *allées* au musée d'art ?
   f. Ils se sont *déplacées* / *déplacé* / *déplacés* en bus amphibie.

2. Réécrivez les phrases avec les mots proposés.

   a. Paul s'est inscrit sur un forum des voyageurs.
      → Léa ***s'est inscrite sur un forum des voyageurs.***
   b. Ce sont les amis que j'ai rencontrés en Suisse.
      → Ce sont les amies _____
   c. Antonia s'est installée chez nous.
      → Jérôme _____
   d. Les papiers ? Je les ai mis sur la table.
      → Les cartes ? Je les _____
   e. Le resto que j'ai réservé est très moderne.
      → La chambre _____
   f. Le visa que tu as demandé est arrivé.
      → Les informations _____

3. Complétez avec « e », « es » ou « s » si nécessaire.

   a. Les billets que tu m'as offert**s** étaient très chers.
   b. L'audioguide que j'ai pris_____ donnait de bonnes explications.
   c. Elles se sont inscrit_____ à une visite qui a duré_____ 1 heure.
   d. Cette ville est fantastique, je l'ai découvert_____ l'année passée.
   e. Nous avons apprécié_____ les commentaires que nous avons lu_____ sur Internet.
   f. Le vol que j'ai pris_____ est arrivé_____ en retard.

4. Écoutez les questions et répondez à l'oral. Puis, écoutez les réponses pour vérifier et écrivez-les.

   a. *Oui, **nous l'avons écrite.***
   b. Oui, _____
   c. Oui, _____
   d. Oui, _____
   e. Oui, _____
   f. Oui, _____

Vocabulaire

▸ Le tourisme

p. 147

1. **Cochez la bonne réponse.**

a. Le bus touristique est…
- ☒ un service pour visiter une région.
- ☐ un véhicule lent.

b. À l'office de tourisme,
- ☐ on trouve des informations sur les excursions.
- ☐ on réserve les billets d'avion.

c. Pendant la visite guidée, on peut poser des questions…
- ☐ à l'audioguide. ☐ au guide.

d. Quand on parle de l'histoire,
- ☐ on donne des informations pratiques.
- ☐ on raconte le passé.

e. Dans la brochure touristique, on trouve…
- ☐ des idées de visites de la ville.
- ☐ des prix des appartements en ville.

2. **Classez les phrases suivantes dans le tableau.**

a. En voyage, il est important de ne pas se presser pour tout voir.

b. J'ai adoré faire toutes les visites à pied, c'est plus écologique !

c. Ma région a une histoire très riche, on peut même voir des ruines romaines.

d. Pour les vacances, nous choisissons toujours l'hébergement chez l'habitant pour prendre le temps de rencontrer les locaux.

e. À l'étranger, je m'intéresse aussi aux problèmes d'écologie.

f. Nous préférons voyager dans notre pays pour découvrir le patrimoine.

Le tourisme lent	Le tourisme durable	Le tourisme local
a		

3. **Écoutez et associez les phrases aux images.**

a

Grammaire

▶ Les pronoms démonstratifs — p. 149

1. Remettez les mots dans l'ordre pour faire des phrases.

a. n'aimons / guide, / nous / Nous / ce / pas / préférons / celui-ci.

....

b. faire, / celle-ci / vous / voulez / Quelle / celle-là ? / visite / ou

....

c. audioguide, / Je / celui-ci / un autre / voudrais / cassé. / est

....

d. l'indice 50+ ? / Où / celle / est / avec / ma crème,

....

e. utile. / celle / s'orienter / Parmi / est / mes applications, / qui / permet de

....

f. cet / voyagent / bien / qui / Ceux / hôtel. / connaissent

....

2. Remplacez les mots entre parenthèses par un pronom démonstratif.

a. Elle a visité toutes les capitales européennes et elle a adoré (la capitale) **celle** d'Autriche.

b. Notre agence propose différents circuits au Maroc. (Le circuit) .... dans le désert est très populaire.

c. Les visites au musée sont parfois ennuyeuses pour les enfants mais (la visite) .... avec Martine les intéresse toujours.

d. Les séjours à l'étranger coûtent cher, surtout (les séjours) .... à l'hôtel 5 étoiles.

e. Tous les vols sont annulés à cause de la météo sauf (le vol) .... pour New-York.

f. En France, les touristes visitent toutes les régions mais (les régions) .... où on mange bien ont le plus de succès.

3. Complétez avec un pronom démonstratif.

a. J'ai fait le circuit historique à Bordeaux, **celui** qui est organisé par la mairie de la ville.

b. Pourriez-vous me conseiller d'autres excursions ? J'ai déjà fait .... proposées par l'office de tourisme ?

c. Je ne sais pas encore quel itinéraire choisir, peut-être .... qui est déjà indiqué sur ma carte.

d. Nous avons acheté deux cartes postales : .... pour ma mère et .... pour Coralie.

e. C'est la même visite guidée que .... de l'année dernière ?

f. Nous aimons beaucoup les musées, particulièrement .... de Paris.

4. Écoutez et écrivez une question comme dans l'exemple. Puis écoutez pour vérifier. 🎧 101

a. *Quelle brochure, celle-ci ou celle-là ?*

b. ....

c. ....

d. ....

e. ....

Phonie-graphie

▷ Les sons [ə] [e] [ɛ] — p. 150

Discrimination

1. Écoutez et dites si vous entendez deux sons identiques ou différents. 🎧102

❶ [ə] [e]	a	b	c	d	e	f
=						
≠	✗					

❷ [e] [ɛ]	a	b	c	d	e	f
=						
≠	✗					

Articulation

2. Écoutez et répétez le dialogue. 🎧103

– Pour aller au Vietnam, tu préfères quel circuit ?
– Les deux circuits sont intéressants, mais j'ai une préférence pour le circuit culturel.
– J'ai trouvé deux billets pas chers et directs Paris-Hanoï.
– Super ! Tu es parfait !
– Pour dormir, que souhaites-tu ? Loger à l'hôtel ou dans une auberge de jeunesse ?
– J'aime mieux dormir à l'hôtel.
– Et pour les visites, le mieux est de les organiser sur place quand on arrivera. Tu es d'accord ?
– Oui, tu as raison !

Dictée

3. Écoutez le texte et complétez les mots. 🎧104

La Réunion ou « l'île intense » » .... une île franç........se situ........e dans l'Océan Indien. C'........ un volcan encore tr........s actif, le Piton de la Fournaise, qui offre un sp........tacle exceptionn........ . Avec une flore .... une faune uniques au monde, c'........ l........ paradis d........ amoureux d........ la nature. Vous pourr........ aussi profit........ d........ s........ b........es plages d........ sable blanc, mais aussi d........ s........ côtes plus sauvages.

Interprétation

4. Écoutez le texte puis lisez-le à voix haute. 🎧105

Pour ceux qui voyagent sans voiture, pour les amateurs de randonnées à pied ou à vélo, cette application est faite pour vous ! Tous les itinéraires, randonnées, promenades sont présentés de manière pratique et ludique. Vous pourrez trouver de nombreux conseils et choisir votre parcours personnalisé selon vos goûts, votre condition physique, la météo. Vous aurez la possibilité de donner votre avis pour enrichir la communauté de cette application. N'attendez pas ! Rejoignez-nous !

Compréhension écrite

Bienvenue à bord !

Lisez le texte et répondez aux questions.

1. Le document est...
   a. ❏ une page internet d'une agence de voyage.
   b. ❏ une publicité d'un office de tourisme.
   c. ❏ un blog touristique.

2. Son objectif est...
   a. ❏ de rencontrer des professionnels du tourisme.
   b. ❏ de raconter les histoires et montrer des photos de voyages.
   c. ❏ d'aider les voyageurs à acheter des billets de train.

| En Suisse | À pied ou à vélo | Les villes | L'Europe en train | À propos |

Les escaliers de Fribourg
Publié le 6 juin

En avril dernier, je suis « montée » à Fribourg avec mon appareil photo, mes lunettes de touriste et l'envie de redécouvrir la cité. La jolie ville se trouve tout près de chez moi, à une demi-heure de bus environ.
C'est justement dans ces jolies rues anciennes que j'avais envie de m'aventurer. J'ai donc regardé ce que l'office de tourisme proposait sur son site internet et opté pour la promenade intitulée « Fribourg et ses escaliers ». En un peu moins de trois heures, on parcourt un très joli itinéraire qui descend jusqu'en Basse-Ville et permet de voir des endroits magnifiques.

Je m'appelle Camille et je suis touriste professionnelle (entre autres). J'ai créé *Lève l'encre* en 2017 pour partager le récit et les images de mes voyages à la découverte des paysages de Suisse et d'ailleurs. J'espère te donner envie de voyager, en privilégiant le train – pour la planète, mais aussi parce que c'est une expérience exceptionnelle.

© *Lève l'encre* – levelencre.com

3. En avril, Camille...
   a. ❏ a visité Fribourg.
   b. ❏ est partie à l'étranger.
   c. ❏ est montée dans un bus.

4. Pour organiser son activité, elle...
   a. ❏ est allée à l'office du tourisme.
   b. ❏ a regardé sur Internet.
   c. ❏ a lu une brochure *Fribourg et ses escaliers*.

5. Vrai ou faux ? L'itinéraire de Camille dure plus de deux heures.
   ❏ Vrai.   ❏ Faux.

6. VOCABULAIRE
« J'ai opté pour la promenade intitulée *Fribourg et ses escaliers* » signifie :
   a. ❏ J'ai aimé la promenade qui s'appelle *Fribourg et ses escaliers*.
   b. ❏ J'ai choisi la promenade qui s'appelle *Fribourg et ses escaliers*.
   c. ❏ J'ai aimé la promenade qui est basée sur le livre *Fribourg et ses escaliers*.

Production orale

JEUX DE RÔLE
À deux. Choisissez la fiche A ou B. Lisez les informations de votre fiche et jouez la scène avec votre partenaire.

Apprenant A
Avec votre ami(e), vous avez fait la visite touristique *Les Escaliers de Fribourg*. Vous n'étiez pas en bonne forme physique et vous n'avez pas aimé la difficulté de cette excursion. Racontez votre expérience négative.

Apprenant B
Avec votre ami(e), vous avez fait la visite touristique *Les Escaliers de Fribourg* que vous avez appréciée. Écoutez d'abord votre ami(e). Puis, donnez votre appréciation positive.

Bilan linguistique

.... / 40

Grammaire

1. **Conjuguez les verbes au passé composé ou à l'imparfait. Attention aux accords.** ..... / 7

Alors ce voyage en Bourgogne ?

a. C'(être) .... magique ! Ana (faire) .... un voyage de rêve.

b. Ses copains (ne pas pouvoir) .... partir, alors elle (partir) .... en solo.

c. Elle (ne pas avoir) .... beaucoup d'argent, elle (prendre) .... le bus pour faire un circuit de trois jours.

d. Le premier jour du voyage, quand son bus (arriver) .... à destination, il (faire) .... déjà nuit.

e. Mais elle (voir) .... tout de suite son hôtel qui (se trouver) .... au centre-ville.

f. Le lendemain, Ana (profiter) .... du petit déjeuner qui (être) .... délicieux.

g. Après trois jours de visites extraordinaires, elle (ne plus vouloir) .... repartir ! Elle (décider) .... de retourner en Bourgogne l'année prochaine.

2. **Associez.** ..... / 7

a. Les vacances,
b. La famille Heintz
c. Bruno
d. Ils
e. Sarah et Julie
f. La destination
g. Le visa

1. que nous avons choisie est exotique.
2. vous les avez prises en août ?
3. se sont rencontrées dans un bus.
4. est partie à vélo.
5. que j'attendais est enfin arrivé.
6. se sont retrouvés au Canada.
7. a fait une visite originale.

3. **Répondez avec un pronom démonstratif.** ..... / 6

a. – Où sont mes billets ?
   – Ils sont avec .... de ton frère.

b. – Tu peux me montrer cette appli ?
   – .... pour trouver les bonnes plages ?

c. – Est-ce que vous aimez mon projet ?
   – .... de partir en solo ? Oui !

d. – Quelles photos tu as choisies ?
   – .... du musée Picasso, elles sont exceptionnelles.

e. – Il veut faire cette croisière ?
   – Oui, il a choisi .... sur la mer Baltique.

f. – Quels guides de voyage tu me conseilles ?
   – .... des éditions du Routard.

Vocabulaire

1. Classez les mots suivants dans le tableau. ..... / 5

hôtel – chambre double – demi-pension – repas inclus – auberge de jeunesse

Les prestations du séjour	Les types d'hébergement
....	....
....	....
....	....

2. Regardez le document et répondez aux questions. ..... / 5

a. Dans quelle ville se trouve l'aéroport de départ ?
....

b. Quelle est la destination du vol ?
....

c. Quelle est la date du départ ?
....

d. À quelle heure l'avion décolle ?
....

e. À partir de quelle heure on ne peut plus enregistrer ses bagages ?
....

3. Lisez les phrases et répondez par vrai ou faux. ..... / 5

	Vrai	Faux
a. La cascade descend de la montagne.	❏	❏
b. Les ruines antiques ne sont pas des lieux de visites touristiques.	❏	❏
c. Pour traverser une rivière, on passe sur un pont.	❏	❏
d. Les falaises se trouvent toujours en ville.	❏	❏
e. Le volcan n'est pas une montagne.	❏	❏

4. Barrez l'intrus. ..... / 5

a. l'audioguide – les informations pratiques – l'excursion – la fontaine

b. les ruines – le patrimoine – le pont – l'hébergement

c. de proximité – le guide – le bus – la visite

d. l'histoire – le volcan – l'excursion – la brochure touristique

e. l'office de tourisme – la guide – les touristes – les bagages

DELF A2

1. Compréhension de l'oral

106 Exercice 4 de l'épreuve — 7 points

Vous écoutez 4 dialogues. Cochez pour associer chaque dialogue à la situation correspondante.
Attention : il y a 6 situations mais seulement 4 dialogues. Lisez les situations. Écoutez les dialogues puis répondez.

	A Demander des renseignements	B Inviter quelqu'un	C Donner des instructions	D Raconter une expérience	E Proposer de l'aide	F Refuser une invitation
Dialogue 1 (2 points)	❑	❑	❑	❑	❑	❑
Dialogue 2 (2 points)	❑	❑	❑	❑	❑	❑
Dialogue 3 (2 points)	❑	❑	❑	❑	❑	❑
Dialogue 4 (1 point)	❑	❑	❑	❑	❑	❑

2. Compréhension des écrits

Exercice 3 de l'épreuve — 6 points

Vous lisez ces documents sur votre lieu de travail. Pour répondre aux questions, cochez la bonne réponse.

Document 1

Étapes pour enregistrer les nouveaux clients par téléphone

1. Complétez le formulaire en ligne avec toutes les informations.
2. Cochez la case « Circuit standard » ou « Circuit sur mesure ».
3. Précisez la durée et la période du séjour.
4. Proposez un entretien sur place.
5. Pour les circuits sur mesure, relevez les centres d'intérêt et proposez des circuits thématiques (nature / gastronomie / sport / culture).
6. Carte de fidélité à 30 euros, seulement en agence.

1 | Pour tous les nouveaux clients, vous devez… (1 point)
- A ❑ donner une carte de fidélité.
- B ❑ proposer un rendez-vous en agence.
- C ❑ offrir un circuit touristique personnalisé.

2 | Les voyages sur mesure sont proposés en fonction… (1 point)
- A ❑ des goûts.
- B ❑ du budget.
- C ❑ de la météo.

120 | cent vingt

Document 2

Bonjour,
Je pars en vacances pour 15 jours.
Tu trouveras sur ton bureau le dossier de la famille Da. Ils veulent un circuit de 12 jours au Bénin, pour 2 adultes et 2 enfants. Ils habitent dans une grande ville et veulent un séjour au calme : visite de parc et promenade sur la plage.
Pour le logement, trouve une petite maison de village. Ils n'aiment pas les grands hôtels.
Salut !
Stéphanie

3 | Quel est le thème du circuit ? *(1 point)*
- A ☐ Le sport.
- B ☐ L'histoire.
- C ☐ La nature.

4 | La famille Da choisit... *(1 point)*
- A ☐ un camping familial.
- B ☐ un hôtel très confortable.
- C ☐ une chambre d'hôte locale.

Document 3

**Hôtel le Lys :
règles à indiquer aux nouveaux clients :**

1. Arrivée avant 12 h : local disponible pour déposer les bagages à la réception.

2. Petits déjeuners non-compris dans le prix de la chambre. Buffet au restaurant de l'hôtel, entre 7 h et 9 h.

3. Utilisation de la piscine : uniquement entre 14 h et 18 h. Les enfants de moins de 15 ans doivent être accompagnés d'un adulte.

5 | Un nouveau client arrive le matin, il peut... *(1 point)*
- A ☐ s'installer dans sa chambre.
- B ☐ aller se baigner à la piscine.
- C ☐ déposer sa valise à l'accueil.

6 | Le petit déjeuner est... *(1 point)*
- A ☐ offert à tous les clients.
- B ☐ servi dans les chambres.
- C ☐ proposé à un horaire fixe.

 ## 3. Production écrite

Exercice 1 de l'épreuve *(12,5 points)*

Vous êtes parti(e) en voyage avec vos ami(e)s. Vous écrivez à un(e) ami(e) francophone pour lui raconter vos vacances. Vous lui donnez aussi vos impressions. (60 mots minimum)

 ## 4. Production orale

Partie 2 de l'épreuve : monologue suivi *(2 minutes environ)*

Sujet : Vacances

Racontez votre meilleur souvenir de vacances. Où êtes-vous allé(e) ? Qu'avez-vous visité ? Décrivez ce que vous avez vu et donnez vos impressions sur la ville/le pays que vous avez visité.

Unité 10

Jeux

1. Associez 2 étiquettes pour retrouver 5 sites touristiques.

a. ....
b. ....
c. ....
d. ....
e. ....

2. Mots croisés du voyage

Verticalement :
a. Synonyme de « inclus ».
b. Le contraire de « départ ».
c. Les avions en décollent.
d. Le contraire de « décoller ».

Horizontalement :
1. On la prend dans un office de tourisme.
2. On la choisit pour partir en voyage.
3. On l'achète pour prendre l'avion.
4. Type d'hébergement.

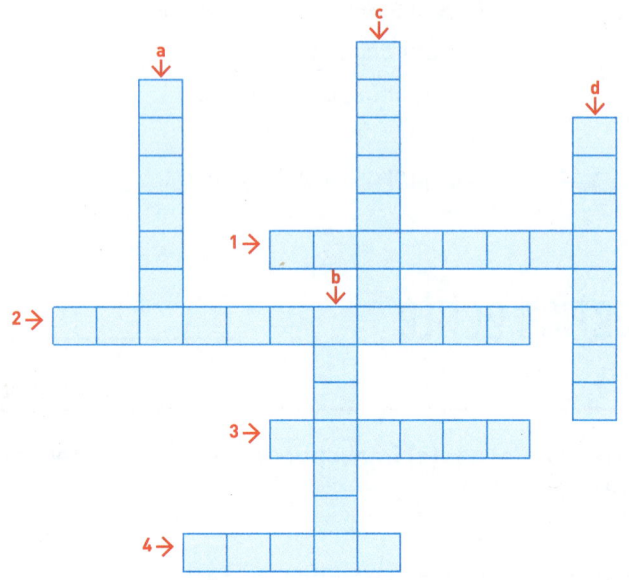

3. Remettez les lettres dans l'ordre pour retrouver les mots.

a. INDIRECTO   D _ _ _ _ _ _ _ _ _
b. RENIIÉRAIT   I _ _ _ _ _ _ _ _ _ _
c. OIRTHIES   H _ _ _ _ _ _ _
d. ONCRISEUX   E _ _ _ _ _ _ _ _
e. SAPER   R _ _ _ _ _

4. À l'agence de voyage

À deux, vous jouez les rôles de l'agent et du/de la client(e). Le/La client(e) pose des questions sur les activités disponibles. L'agent cherche une solution parmi les propositions données.

Exemple : – Qu'est-ce que vous proposez aux Français qui ne partent pas à l'étranger ?
           – Pour ceux qui ne partent pas à l'étranger, on propose le tourisme local.

a. Les voyageurs qui aiment écouter le guide.
b. Les personnes qui visitent en solo.
c. Les touristes qui préfèrent dormir dans la nature.
d. Les voyageuses qui sont sensibles à l'écologie.
e. Les gens qui adorent le bateau.
f. Les personnes qui n'ont pas peur.
g. Les sportifs.

- un audioguide
- le tourisme local
- le camping
- une excursion de nuit avec un guide-fantôme
- les visites guidées
- les croisières
- la découverte de la ville sur les toits
- le tourisme durable

Unité 11

De jolis parcours

Grammaire

▷ La mise en relief .... p. 156

1. Écoutez et cochez. 🎧 107

	a	b	c	d	e	f
C'est + nom/pronom + qui						
C'est + nom/pronom + que (qu')	X					

2. Remettez les mots dans l'ordre pour former des phrases.

a. qui / Juliette / C'est / a eu / note. / la meilleure
....
....

b. à l'université / t'inscrire. / que / C'est / tu peux
....
....

c. la formation / c'est / me plaît, / en alternance. / Ce qui
....
....

d. que / Ce sont / recherchons. / les diplômes / nous
....
....

3. Répondez aux questions avec un pronom tonique mis en relief.

a. C'est toi qui as appelé le lycée ? → **Oui, c'est moi qui ai appelé.**

b. C'est toi qui as fait un bac scientifique ? → Oui, ... ce bac.

c. C'est au directeur de master que je dois parler de mon examen ? → Oui, ...
.... de ton examen.

d. Ce sont les personnes qui ont réussi la première année de droit ? → Oui, ...
.... leur examen.

e. Ce sont tes amis qui font un master en économie ? → Oui, ...
.... ces études.

4. Mettez en relief les mots soulignés.

a. La mention « bien » est importante. → **C'est la mention « bien » qui est importante.**

b. Nous choisissons les matières scientifiques.
....
....

c. Je veux devenir un enseignant motivant.
....
....

d. L'année de césure m'a fait du bien.
....
....

e. Les études ont changé sa vie.
....
....

f. À la fin de l'année, on passe un examen de droit.
....
....

Vocabulaire

▷ Les études
p. 157

1. Associez les lieux de la liste aux images : *l'école primaire* – *le collège* – *l'université* – *la salle de classe* – *le lycée*.

a. *l'école primaire* **b.** .... **c.** ....

d. .... **e.** ....

2. Trouvez les mots qui correspondent aux définitions suivantes.

a. Le diplôme qui valide la fin des études à l'école secondaire. → **le bac**

b. Une personne qui enseigne à l'université. → ....

c. Ne pas réussir ses examens. → ....

d. Le diplôme national qui correspond à bac + 3. → ....

e. Refaire une année d'études. → ....

3. Complétez les phrases avec les mots suivants : *mauvaises* – *bien* – *de césure* – *réussir* – *commencer*.

a. Nous avons de bonnes notes et vous avez toujours de **mauvaises** notes.

b. Après son bac, elle a décidé de continuer ses études, mais sa meilleure amie a fait une année ....

c. J'ai arrêté mes études à l'université et je veux .... une formation.

d. Il risque de rater ses examens, mais les autres étudiants vont ....

e. J'ai eu mon bac sans mention, mais ma sœur a obtenu la mention ....

4. Qui parle ? Écoutez et cochez.  108

	a	b	c	d	e
Un élève	X				
Un enseignant de lycée					
Une étudiante					
Un professeur d'université					
La mère d'un élève à l'école primaire					

Grammaire

▶ Le discours rapporté au présent

p. 159

1. Lisez les phrases et cochez.

	Discours direct	Discours indirect
a. Ce que je veux, c'est un travail intéressant.	X	
b. Je ne sais pas si ce job est pour moi.		
c. Tu es sûr que c'est nécessaire ?		
d. Il dit que son entretien est à 9 heures.		
e. Vous devez lui demander ce qu'elle en pense.		
f. Je serais très content si on me proposait cet entretien d'embauche.		

2. Retrouvez la question directe.

a. Elle veut savoir comment prendre contact avec un employeur. → ***Comment prendre contact avec un employeur ?***

b. Elle demande si je veux créer mon profil professionnel.
....

c. Tu te demandes ce qui est utile dans un CV.
....

d. Il aimerait savoir pourquoi je m'intéresse à cet emploi.
....

e. Je demande ce qu'il dit.
....

f. Nous aimerions savoir ce que nous devons faire pour obtenir ce poste.
....

3. Complétez les phrases avec *qu', ce que, s', pourquoi, ce qui, que*.

a. Le candidat explique ***qu'***il n'a pas beaucoup d'expérience professionnelle.
b. La recruteuse demande au candidat .... il connaît le site internet de l'entreprise.
c. Les employeurs veulent savoir .... motive les candidats.
d. Le candidat ne comprend pas .... on lui pose des questions.
e. Expliquez-moi .... vous avez fait pour devenir travailleur indépendant.
f. Il affirme .... les réseaux professionnels sont vraiment efficaces.

4. Écoutez et rapportez les paroles des personnes à l'écrit. 109

a. Il affirme ***que ce n'est pas son profil***.
b. Elle demande ....
c. Il explique ....
d. Elle veut savoir ....
e. Il demande ....
f. Elle dit ....

Vocabulaire

▸ Le monde du travail — p. 161

1. Entourez cinq mots du monde de l'entreprise.

licence   société   cours   salariée
sport   employé   beauté   coworking
centres d'intérêt   formation   horaires

2. Classez les mots de la liste dans le tableau : le manucure – le tatoueur – le nettoyage – le numérique – l'entrepreneur – le bien-être.

Les secteurs professionnels	Les professions
	le manucure

3. Écoutez et complétez les informations sur le CV. 110

François Jenny

06 26 59 21 05 • francois.jenny@gmail.com

■ ....

Passionné de communication,
j'adore travailler en équipe.

■ .... **professionnelle**

• **Mars 2020 à ce jour :**
  Travailleur ....

• **Juin 2017-mars 2020 :**
  .... de direction chez Payotte

■ **Formation**
2015-2017
  • .... de communication (Université de Strasbourg)
  • Baccalauréat scientifique (Lycée Pasteur, Strasbourg), 2015

■ ....
  • **Langues :** espagnol, niveau B2 ; anglais, niveau B1
  • .... : Excel, Word

■ .... : Tennis, judo

4. Vrai ou faux ? Cochez.

	Vrai	Faux
a. Un chef d'entreprise est un entrepreneur.	☐	☐
b. Les formateurs travaillent dans le secteur du management.	☐	☐
c. Le job est un mot familier pour dire « emploi ».	☐	☐
d. Le travail en équipe n'est pas collaboratif.	☐	☐
e. Travailler en présentiel signifie venir dans les bureaux de l'entreprise.	☐	☐

Grammaire

▸ Le pronom COI *y* p. 163

1. Entourez quels mots le pronom *y* remplace.

a. Nous sommes prêts à réfléchir **à cette formation**, nous allons y réfléchir ensemble.

b. Après le déménagement, ils commencent à s'habituer à leur nouvelle vie, mais ils s'y habituent très lentement.

c. C'est facile à dire que vous croyez à cette candidature, mais y croyez-vous sérieusement ?

d. Je ne cherche pas à renoncer à mes rêves d'enfant, y renoncer serait triste.

e. Tu réponds toujours à temps aux messages urgents, il faut donc que tu y répondes avant la fin de la journée.

f. Elle continue à penser à son travail même le week-end, elle y pense tout le temps.

2. Associez les questions et les réponses qui conviennent.

a. Tu joues au basket avec quelle équipe ?
b. Vous vous intéressez aux maths ?
c. Il a fait attention à toi ?
d. Vous vous intéressez aux entrepreneurs indépendants ?
e. Tu as fait attention à ta lettre de motivation ?
f. Tu réfléchis à ma proposition ?

1. Pas du tout, il n'a pas fait attention à moi.
2. Oui, je m'intéresse à eux.
3. Oui, j'y ai fait bien attention.
4. J'y joue souvent avec les Rockets.
5. Bien sûr, j'y réfléchis beaucoup.
6. Non, je ne m'y intéresse pas.

3. Remettez les mots dans l'ordre pour former des phrases.

a. Les / difficiles. / de travail, / sont / conditions / y

....

b. C'est / tu / vrai / y / que / renonces / n' / pas ?

....

c. votre / Faites / pendant / y / entretien. / attention

....

d. pensez / facile / vous / pas. / C'est / y / quand / n'

....

e. Pour / d'y / réussir / est / croire. / il / important

....

f. jouons / avec / est / nous / Le foot / un sport d'équipe, / y / des collègues.

....

4. Écoutez les questions et répondez à l'écrit. Utilisez le pronom *y*. 111

a. Oui, *j'y pense.*
b. Non, il ....
c. Non, ils ....
d. Oui, nous ....
e. Oui, j'..
f. Non, il ....

Phonie-graphie

▶ Les sons [ø] [o] [u] ———————————————— p. 164

Discrimination

1. Écoutez et entourez le mot que vous entendez deux fois. 🎧112

	[ø] de « bleu »	[o] de « mot »	[u] de « cours »
a.	bœufs	beau	bout
b.	eux	haut	où
c.	le	l'eau	loup
d.	ne	nos	nous
e.	peu	peau	pou
f.	jeu	jo	joue

Articulation

2. Le travail et vous. Écoutez et répétez les phrases suivantes, 🎧113 puis donnez votre avis.

	C'est vrai pour vous.	C'est faux pour vous.	Vous ne savez pas.
a. Pour être heureux, il faut l'être au travail.	❏	❏	❏
b. Pour réussir sa vie, il faut avoir deux métiers dans sa carrière professionnelle.	❏	❏	❏
c. Le travail est mieux réalisé en coworking que tout seul dans un bureau.	❏	❏	❏
d. Les relations entre collègues sont toujours plus importantes que le salaire.	❏	❏	❏
e. On peut s'épanouir dans un nouveau métier à n'importe quel âge.	❏	❏	❏

Dictée

3. Écoutez le texte et complétez les mots. 🎧114

Bonj……r, j…… m'appelle Denisa. J……… suis r………maine. J'ai obt………nu mon dipl………me du bac cette année ……… lycée français d……… Bucarest ……… j'ai étudié pendant six ans. Mon pr………jet pr………fessionnel est d……… d………v………nir traductrice français-r………main, ……… niv………ropéen. J……… v………x v………nir en France, à Toulouse, p………r c………mmencer une licence et continuer avec un master.

Interprétation

4. Écoutez le texte, puis lisez-le à voix haute. 🎧115

Beaucoup de jeunes diplômés aiment travailler en coworking. Pourquoi ?
Ce système venu des États-Unis propose un grand espace où des entrepreneurs
se réunissent pour travailler. Dans ce lieu, on peut échanger, partager
des connaissances et des expériences. C'est une alternative qui permet d'avoir
des relations sociales et qui est moins coûteuse que des locaux classiques.

Compréhension orale

Le travail rapproché

Écoutez le document et répondez aux questions. 116

1. Le document est :
   a. ❏ une émission de radio qui parle du travail.
   b. ❏ une publicité à la radio.
   c. ❏ une conférence sur le thème du travail.

2. Vrai ou faux ? Le thème principal est le coworking.   ❏ Vrai.   ❏ Faux.

3. On parle d'un projet qui a lieu :
   a. ❏ en France, à Paris.
   b. ❏ en Europe de l'Ouest.
   c. ❏ en France, à côté de Nantes.

4. Dans ce projet :
   a. ❏ on ferme les bureaux d'entreprise aux employés extérieurs.
   b. ❏ on ouvre ses bureaux aux employés extérieurs.
   c. ❏ on partage les bureaux entre les salariés de la même entreprise.

5. Pour aller au travail, les salariés qui participent au projet :
   a. ❏ font plusieurs kilomètres à pied.
   b. ❏ vont dans les bureaux les plus proches de chez eux.
   c. ❏ passent beaucoup de temps à vélo.

6. Vrai ou faux ?   Vrai Faux
   a. Les employés utilisent le site Airbnb.   ❏   ❏
   b. Les réservations sont faciles à faire.   ❏   ❏

Production écrite

Vous écrivez à l'entreprise qui loue ses bureaux à d'autres sociétés. Vous demandez des informations pratiques (conditions de réservation, prix, horaires). Faites attention aux formules d'un message formel (70 mots).

```
Lire les mails  Écrire
De :
À :
Objet :
```

Unité 11

cent vingt-neuf | 129

Bilan linguistique   .... / 40

Grammaire

1. Répondez aux questions en mettant en relief les mots soulignés.   .... / 7

   a. Qu'est-ce qui vous motive dans les études ? (le diplôme)
   ....

   b. Qu'est-ce que vous appréciez dans une formation ? (l'enseignement)
   ....

   c. Qu'est-ce que vous regardez dans un CV ? (le parcours professionnel)
   ....

   d. Qu'est-ce qui vous plaît dans votre travail ? (la communication)
   ....

   e. Quelle matière vous détestez ? (la littérature)
   ....

   f. Qu'est-ce qui vous attire dans le métier de coiffeur ? (le contact avec les clients)
   ....

   g. Quelle profession vous trouvez difficile ? (le métier de pâtissier)
   ....

2. Transformez au discours rapporté les questions et les réponses d'un entretien d'embauche.   .... / 7

> **Le recruteur :** Comment vous avez connu notre entreprise ?
>
> **Le candidat :** Je suis allé sur votre site internet.
>
> **Le recruteur :** Quand est-ce que vous pouvez commencer ?
>
> **Le candidat :** Je suis disponible tout de suite.
>
> **Le recruteur :** Est-ce que vous vous avez des questions ?
>
> **Le candidat :** Qu'est-ce que l'entreprise propose comme formations internes ?
>
> **Le recruteur :** Notre programme est très riche !

   a. Le recruteur demande ....

   b. Le candidat répond ....

   c. Le recruteur veut savoir ....

   d. Le candidat déclare ....

   e. Le recruteur aimerait savoir ....

   f. Le candidat demande ....

   g. Le recruteur affirme ....

3. Répondez aux questions en utilisant le pronom *y*.   .... / 6

   a. Est-ce que vous renoncez à ce job ? Oui, nous ....

   b. Tu t'es habitué à ton nouveau formateur ? Oui, je ....

   c. Il s'habitue à son poste ? Non, il ....

   d. Votre entreprise s'intéresse au coworking ? Oui, elle ....

   e. Elles se sont intéressées à tous les candidats ? Non, elles ....

   f. Est-ce que nos employés pensent aux activités extraprofessionnelles ? Non, ils ....

Vocabulaire

1. Associez. ..... / 5

a. la fac
b. la mention
c. une formation
d. l'année
e. l'école

1. de césure
2. de droit
3. très bien
4. primaire
5. en alternance

2. Entourez le mot qui convient. ..... / 5

a. Étudiante en *maternelle / informatique*, elle est impatiente de commencer l'année.
b. Toute notre classe stresse avant de *passer / arrêter* le bac.
c. J'ai décidé de suivre *un examen / une formation* en alternance.
d. Mon professeur de français *apprend / enseigne* sa matière au lycée.
e. Après trois ans d'études, ils vont obtenir *une licence / un master* en droit.

3. Retrouvez le nom des professions. ..... / 5

  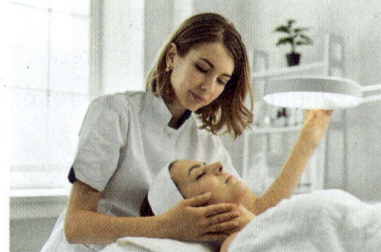

a. _ _ _ _ É _ _ _ _ U _ E
b. C _ _ _ _ F _ _ _
c. _ _ T _ _ _ _ _ C _ _ _ _ E

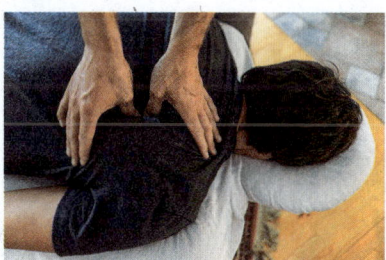 

d. M _ _ _ _ _ _ R
e. _ _ _ _ M _ _ R _ C _

4. Remettez dans l'ordre le parcours de Léa. ..... / 5

a. Elle a fait son curriculum vitae.
b. Elle a passé un entretien d'embauche.
c. Elle a obtenu un poste de salariée dans une entreprise du numérique.
d. Après son master en informatique, Léa cherchait du travail.
e. Elle a répondu à plusieurs annonces d'emploi.

a	b	c	d	e
......	......	......	1	......

1. Compréhension de l'oral

Vous allez écouter un document. Pour répondre aux questions, cochez ☒ la bonne réponse.

🔊 117 **Exercice 3 de l'épreuve** — 6 points

Vous écoutez ce message sur un répondeur téléphonique. Lisez les questions. Écoutez le document puis répondez.

1 ▎Dans quel secteur travaille M. Slimane ? — 1 point
- A ☐ Marketing.
- B ☐ Informatique.
- C ☐ Communication.

2 ▎Quelle activité extraprofessionnelle intéresse M. Slimane ? — 1 point

 A ☐
 B ☐
 C ☐

3 ▎Le poste proposé est… — 1 point
- A ☐ en télétravail.
- B ☐ en présentiel.
- C ☐ en télétravail et présentiel.

4 ▎Pour le poste, vous devrez organiser… — 1 point
- A ☐ des projets.
- B ☐ des réunions.
- C ☐ des formations.

5 ▎Quand est-ce que vous avez rendez-vous avec M. Slimane ? — 1 point
- A ☐ Le 16.
- B ☐ Le 17.
- C ☐ Le 18.

6 ▎Comment est-ce que vous devez répondre à M. Slimane ? — 1 point

 A ☐
 B ☐
 C ☐

2. Compréhension des écrits

Exercice 1 de l'épreuve — 6 points

Vous voulez conseiller une sortie à vos ami(e)s français(es). Vous lisez le programme de la ville de Grenoble.

Document 1
Pour la semaine du goût, les meilleurs cuisiniers vous donnent rendez-vous à la Maison du chocolat pour des dégustations et des cours.

Document 2
Écologie et vacances, c'est le thème de notre prochaine conférence. La spécialiste, Candice Delloin, nous expliquera comment voyager en respectant la planète.

Document 3
Vous aimez dessiner ? Vous voulez en faire votre profession ? Ce cours vous permettra de découvrir de nouvelles matières et techniques de dessin.

Document 4
Massage des pieds, yoga, relaxation, remèdes traditionnels… c'est le programme du Salon des médecines douces le 26 mars.
Séance de massage gratuite !

Document 5
Concours Lépine. Les participants présenteront leurs inventions technologiques : appareils connectés, applications numériques, objets du futur… Le meilleur inventeur recevra un prix !

Document 6
L'université Grenoble Alpes ouvre ses portes samedi 17 juin. Futurs étudiants, venez rencontrer les professeurs et découvrir des idées de métiers passionnants.

Associez chaque document à la personne correspondante. Attention : il y a 8 personnes mais seulement 6 documents. Cochez ☒ une seule case pour chaque document.

Personnes	Document 1 (1 point)	Document 2 (1 point)	Document 3 (1 point)	Document 4 (1 point)	Document 5 (1 point)	Document 6 (1 point)
A Baptiste est ingénieur du numérique.	❑	❑	❑	❑	❑	❑
B Élise voudrait devenir tatoueuse.	❑	❑	❑	❑	❑	❑
C Samuel s'intéresse au bien-être.	❑	❑	❑	❑	❑	❑
D Hélène enseigne la littérature.	❑	❑	❑	❑	❑	❑
E Leila part faire le tour du monde.	❑	❑	❑	❑	❑	❑
F Florian voudrait ouvrir sa pâtisserie.	❑	❑	❑	❑	❑	❑
G Alexandre a envie de se reconvertir.	❑	❑	❑	❑	❑	❑
H Stéphanie adore la musique.	❑	❑	❑	❑	❑	❑

3. Production écrite

Exercice 1 de l'épreuve

12,5 points

Vous venez de changer de travail. Vous écrivez à un(e) ami(e) français(e) pour lui parler de votre nouveau travail (lieu, collègues, activités…). Vous donnez aussi vos impressions. (60 mots minimum)

4. Production orale

Partie 2 de l'épreuve : monologue suivi

2 minutes environ

Sujet : Les études

Parlez de vos études. Qu'est-ce que vous avez étudié ? C'était où ? Qu'est-ce que vous avez préféré ? Qu'est-ce que vous n'avez pas aimé dans vos études ?

1 Retrouvez les 5 mots du travail cachés dans la grille.

M	N	E	T	T	O	Y	A	G	E
A	C	I	A	R	C	U	F	M	D
N	B	F	R	E	Y	L	R	X	Ç
U	M	E	I	R	J	B	P	H	L
C	S	N	F	B	E	Y	Q	J	C
U	R	G	U	T	C	N	L	Ç	N
R	M	L	M	U	E	Z	O	H	P
E	G	T	Q	C	W	S	C	T	K
A	N	E	M	Q	R	Z	A	L	C
M	A	T	E	R	I	E	L	V	X

2 Trouvez les lettres manquantes des mots du monde professionnel.

a. C _ MP _ T _ _ _ E
b. E _ _ AU _ _ E
c. H _ _ _ _ _ RES
d. T _ _ OU _ _ R
e. M _ R _ E _ _ _ _ G

3 Charades

Qu'est-ce que c'est ?

a. Mon premier est synonyme de « à quelle heure ? » :
....

Mon deuxième est synonyme de « il parle » :
(il) ....

Mon troisième indique le jour de ma naissance :
....

Mon tout est une personne qui participe à un entretien d'embauche :
....

b. Mon premier est synonyme de « joli » :
....

Mon deuxième est une boisson :
....

Mon tout est un secteur professionnel :
....

4 Quiz

Par petits groupes. Testez vos connaissances sur les études et le monde du travail en France. Le groupe qui donne le plus de bonnes réponses gagne.

1 Le bac + 4 correspond à :
 a. ☐ une licence.
 b. ☐ un master 1.
 c. ☐ un master 2.

2 L'enseignement supérieur signifie étudier :
 a. ☐ au lycée.
 b. ☐ au collège.
 c. ☐ à l'université.

3 Une personne en troisième année va :
 a. ☐ à la fac.
 b ☐ à l'école primaire.
 c. ☐ au lycée.

4 Une agente d'entretien travaille dans le secteur :
 a. ☐ de l'informatique.
 b. ☐ de la communication.
 c. ☐ du nettoyage.

5 Pendant un entretien d'embauche, le candidat :
 a. ☐ parle de ses compétences.
 b. ☐ demande un curriculum vitae.
 c. ☐ cherche le local de la société.

6 « Parler de son parcours » signifie présenter son parcours :
 a. ☐ sportif.
 b. ☐ scolaire et/ou professionnel.
 c. ☐ politique.

Unité 12

Soif de nature

Grammaire

▶ L'impératif et les pronoms ———— p. 170

1. Les pronoms en gras remplacent des mots. Lesquels ? Cochez la bonne réponse.

   a. Prends-**le** à la place de la voiture.
      ☐ les transports en commun ☒ le vélo

   b. N'**en** achetez pas !
      ☐ des produits polluants ☐ les sacs en plastique

   c. Réparez-**le** !
      ☐ le lave-vaisselle ☐ la télévision

   d. Sauve-**la** !
      ☐ les animaux ☐ la planète

   e. Protégeons-**la** !
      ☐ la biodiversité ☐ le changement climatique

   f. Ne **les** jette pas par terre !
      ☐ les déchets ☐ la cigarette

2. Remplacez les mots soulignés par un pronom. Faites les transformations nécessaires.

   a. Respectez la faune ! → Respectez-**la** !

   b. Trions les déchets !
      → ....

   c. Protégeons l'environnement !
      → ....

   d. Ne gaspille pas l'eau !
      → ....

   e. N'utilisez pas de pesticides !
      → ....

   f. Donnons de l'argent aux associations !
      → ....

3. Transformez les phrases à l'impératif. Remplacez les mots soulignés par un pronom.

   a. Il faut jeter nos déchets à la poubelle.
      → ***Jetons-les à la poubelle !***

   b. Il est nécessaire de nous mobiliser pour l'environnement.
      → ....

   c. Il ne faut pas prendre l'avion.
      → ....

   d. Il est important de penser à nos gestes quotidiens.
      → ....

   e. Il est nécessaire de limiter la pollution.
      → ....

   f. Il ne faut pas utiliser de produits polluants.
      → ....

4. Écoutez et associez une recommandation à chaque personne. 🎧 118

   a. Nadia ●——————● 1. Recycle-les !

   b. Sandra ●   ● 2. Eteins-la avant de sortir !

   c. David ●   ● 3. Explique-leur !

   d. Malik ●   ● 4. Fabrique-les !

   e. Anne ●   ● 5. Ne la prends pas !

   f. Arnaud ●   ● 6. Ne leur donne pas à manger !

cent trente-cinq | 135

Vocabulaire

▸ La géographie et l'environnement — p. 171

1. Placez les verbes suivants dans les phrases : ~~valoriser~~ – *protéger – se mobiliser – disparaître – trier – polluer.*

a. Dans ce parc, on nous demande de **valoriser** la biodiversité.

b. On encourage les citoyens à .... leurs déchets.

c. Pour ne pas ...., il est conseillé de prendre le vélo ou les transports en commun.

d. Il est essentiel de .... ensemble pour sauver la planète.

e. À cause du réchauffement climatique, certaines espèces vont ....

f. Pour .... l'environnement, chaque action compte.

2. Associez chaque mot à leur définition.

a. le lagon   1. un grand espace de sable
b. le parc naturel   2. un ensemble d'arbres
c. l'archipel   3. un espace vert protégé
d. le désert   4. un petit lac d'eau salé
e. la forêt   5. une grande étendue d'eau salée
f. l'océan   6. un groupe d'îles

3. Remettez les lettres dans l'ordre pour former des mots.

a. Le (TCNAGHMNEE) **changement** climatique est une préoccupation mondiale.

b. Les (SEPISITEDC) _ _ _ _ _ _ _ _ _ _ sont des produits chimiques utilisés en agriculture.

c. La diversité des espèces vivantes dans un milieu naturel est la (ÉDOIREISTBVI) _ _ _ _ _ _ _ _ _ _ _ _ .

d. La Terre est une (TÈALPNE) _ _ _ _ _ _ _ .

e. Il faut éviter le (GIPAGESLAL) _ _ _ _ _ _ _ _ _ _ alimentaire.

f. Il est essentiel de lutter contre la surexploitation des (SUCRSEORSE) _ _ _ _ _ _ _ _ _ _ .

4. Écoutez et associez les phrases aux images correspondantes. 🎧 119

e

....

....

....

....

Grammaire

▶ L'expression du but —————————————————————— p. 173

1. Associez chaque action au but qui correspond.

a. L'hippopotame remonte à la surface...
b. Le caméléon change de couleur...
c. Les animaux font des cris différents...
d. Cette association a besoin d'argent...
e. Le rat cherche le contact avec les humains...
f. Dans certains pays, on limite la pêche...

1. pour protéger les animaux marins.
2. pour se cacher.
3. pour communiquer.
4. pour qu'ils jouent avec lui.
5. pour que ses projets continuent.
6. pour respirer.

2. Soulignez l'expression du but qui convient.

a. Mon chat miaule pour / **pour que** je lui donne à manger.
b. Avant l'été, on diffuse des publicités *pour / pour que* les propriétaires ne laissent pas leur animal de compagnie pendant les vacances.
c. Les abeilles dansent *pour / pour que* indiquer aux autres un lieu intéressant.
d. Cette application a été créée *pour / pour que* reconnaître les plantes.
e. Nous faisons de longues promenades avec notre chien *pour / pour qu'* il soit heureux.
f. *Pour / pour que* ne pas menacer la biodiversité, il faut respecter toutes les espèces.

3. Écoutez et associez le témoignage de chaque personne à la phrase correcte. 🎵 120

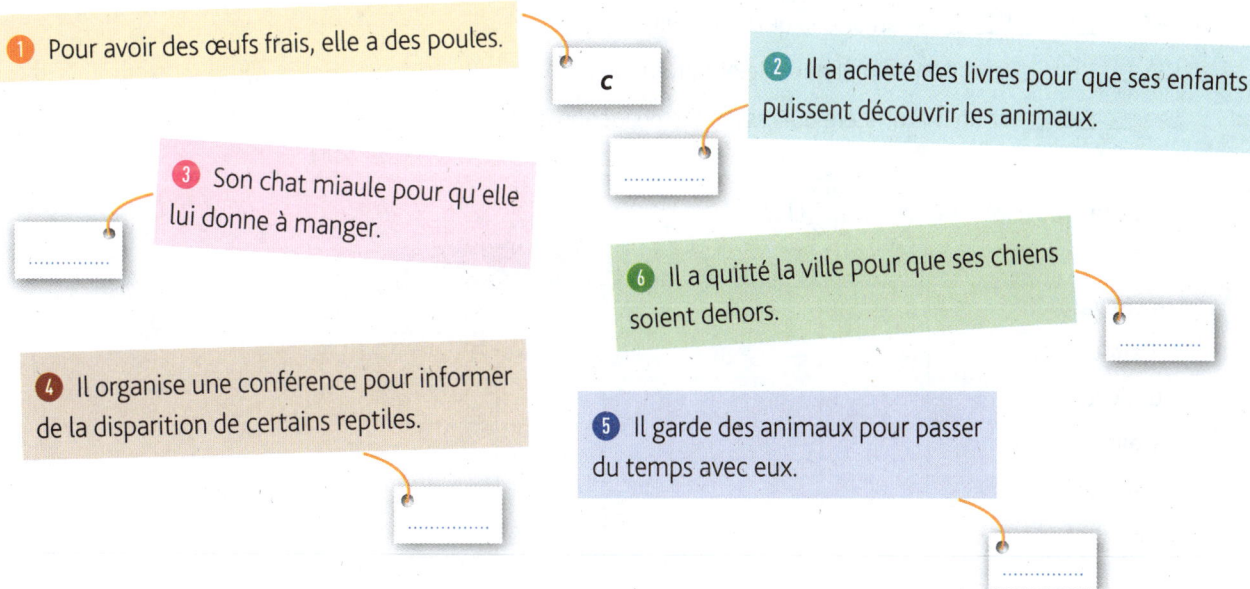

4. Entourez la bonne réponse.

a. Mon chien aboie pour que nous (*jouons* / ***jouions***) avec lui.
b. Notre voisin organise une réunion pour que tous les habitants de l'immeuble (*font / fassent*) le tri des déchets.
c. Il insiste pour que nous (*regardons / regardions*) la danse des abeilles.
d. J'ai déplacé la gamelle pour que mon chat (*se sent / se sente*) bien.
e. Le rôle des parents est essentiel pour que les enfants (*savent / sachent*) respecter l'environnement.
f. On peut fabriquer ses produits ménagers pour qu'ils ne (*sont / soient*) pas polluants.

Unité 12

Vocabulaire

▸ Les animaux _____ p. 175

1. Identifiez les animaux sur les photos.

a. *un chien*

b. ....

c. ....

d. ....

e. ....

2. Complétez les mots pour trouver l'animal.

a. La T**ortue** est un animal qui peut vivre sur la terre ou dans l'eau.

b. Le C _ _ _ L _ _ _ _ est un reptile qui change de couleur avec son milieu.

c. Le D _ _ P _ _ _ _ est un mammifère qui vit dans l'eau.

d. La C _ _ _ _ _ T _ _ _ est un oiseau qui vit la nuit.

e. L' A _ _ I _ _ _ _ est un animal qui vole et fait du miel.

f. Le S _ _ G _ est un mammifère qui ressemble beaucoup à l'homme.

3. Écoutez les phrases et cochez. 🎧 121

	a	b	c	d	e	f
le cheval						
l'aigle						
le tigre						
l'araignée						
la poule						
l'escargot	✗					

4. Vrai ou faux ? Cochez la bonne réponse.

	Vrai	Faux
a. Le chat a plus de quatre pattes.	❏	☒
b. Le coq chante tôt le matin.	❏	❏
c. L'escargot est un mammifère très rapide.	❏	❏
d. Le serpent est un animal à plumes.	❏	❏
e. L'hippopotame est un animal de jardin.	❏	❏
f. Le canard a deux pattes et des plumes.	❏	❏

Grammaire

▷ La forme passive .... p. 177

1. Écoutez et dites si les phrases sont à la forme active ou passive. 🎧 122

	a	b	c	d	e	f
Forme active						
Forme passive	x					

2. Remettez les mots dans l'ordre pour faire des phrases.

a. Des ateliers / par / organisés / d'écologie / l'école. / sont
....

b. protégées. / Dans / toutes / ce parc naturel, / les / sont / espèces
....

c. notre / projet écologique / association. / Ce / financé / sera / par
....

d. Des centaines d'arbres / plantés / mairie. / par / été / la / ont
....

e. ces / menacée / constructions. / La / est / biodiversité / par
....

f. chant du coq. / réveillées / Elles / du / sont / matins / les / tous / par / le
....

3. Entourez la forme correcte du participe passé.

a. Les légumes sont cultivé / **cultivés** par des professionnels.
b. Des actions écologiques sont *financés / financées* par ces associations.
c. Les arbres doivent être *respecté / respectés*.
d. Le festival du film animalier sera *organisé / organisée* l'été prochain.
e. Un article sur notre association a été *publié / publiés* dans une revue spécialisée.
f. Une nouvelle espèce d'oiseau a été *découvert / découverte*.

4. Transformez les phrases à la forme passive.

a. Les associations protègent la faune et la flore. → ***La faune et la flore sont protégées par les associations.***

b. La mairie organise une campagne de sensibilisation.
....

c. Le changement climatique menace la planète.
....

d. Les bateaux polluent les océans.
....

e. Les biologistes feront de nouvelles recherches.
....

Phonie-graphie

▷ Le *e* muet

p. 178

Discrimination

1. Écoutez et dites si vous entendez le son [ə]. 🎧 123

	J'entends [ə]	Je n'entends pas [ə]
a. La nature est belle et fragile.		X
b. La Terre est en danger.		
c. Je ne ferai rien contre la biodiversité.		
d. Protégeons notre environnement !		
e. Tu recycleras tes déchets.		
f. Les jeunes adultes agissent pour l'avenir.		

Articulation

2. Écoutez et répétez chaque phrase 🎧 124
deux fois, de manière formelle et informelle.

a. Je ne gaspille rien.
b. Tu feras le tri des déchets.
c. Il utilisera des produits écologiques.
d. Nous consommerons moins d'énergie.
e. Vous vous déplacerez à vélo.
f. Elles mangeront des produits locaux.

Graphies

3. Écoutez le texte et barrez les « e » non 🎧 125
prononcés. Puis lisez le texte à voix haute.

Le chat est l'animal de compagnie le plus populaire chez les Français pour de nombreuses raisons. C'est un animal propre et autonome. Il peut être heureux dans un appartement et rester seul dans votre logement pendant la journée. Mais il apprécie la compagnie de ses maîtres et peut être très affectueux. Enfin, il chasse les souris, ce qui est utile quand on a un jardin.

Interprétation

4. Écoutez le texte puis lisez-le à voix haute. 🎧 126

Charlotte — il y a 5 heures

Bonjour !
Je viens de découvrir votre site et je suis très intéressée par l'idée de cojardiner. J'habite dans le centre de Lyon, dans un appartement, mais avant j'habitais chez mes parents à la campagne. Je les aidais à cultiver notre potager. J'ai donc de bonnes compétences en jardinage ! L'idée de partager les fruits et les légumes est excellente car nous pouvons consommer ce que nous faisons pousser. Si vous habitez dans la région lyonnaise et que vous avez un jardin, je veux bien vous aider à le cultiver.
Charlotte

❤ J'aime | Répondre   10 réponses

Compréhension écrite

Le changement climatique : infos ou infox ?

C'est difficile parfois de faire la différence entre les infox et les informations sérieuses sur le changement climatique. Voici 5 infox qui circulent sur le Web.

Lisez le document et répondez aux questions.

1. Vrai ou faux ?   Vrai   Faux

   a. Le progrès scientifique est la
      solution au changement climatique.   ❑   ❑
   b. Avec le changement climatique,
      les températures baissent.   ❑   ❑
   c. Le climat change seulement
      en France.   ❑   ❑
   d. Certaines populations doivent
      quitter leur pays.   ❑   ❑
   e. Tous les humains doivent se
      mobiliser pour le climat.   ❑   ❑

1. Les scientifiques ont des avis différents.
Faux ! Les scientifiques du monde entier (GIEC, groupe d'experts des Nations Unies) sont d'accord pour dire que les pays doivent limiter leur pollution pour éviter le changement climatique.

2. Les progrès de la science, une solution.
Peut-être un jour. Grâce au progrès scientifique, nous pourrons peut-être vivre sur une autre planète. Mais la science ne peut pas sauver la Terre.

3. Le changement climatique, ce n'est pas pour tout de suite.
Faux ! La planète a chaud ! Les températures ont tellement augmenté que les habitants vont devoir quitter leur pays. Quand le climat d'un pays change, on dit que le climat se dérègle.

4. Pas de changement climatique en France.
Faux ! Le changement climatique, c'est pour toute la planète. En France, la faune et la flore pourraient disparaître dans certaines régions.

5. Agir pour l'environnement, ça ne sert à rien.
Faux ! Dans notre quotidien, nous pouvons nous mobiliser et changer nos modes de vie. Pour participer à la protection de l'environnement, chaque geste compte.

Sources : www.geo.fr/environnement

2. D'après le texte, le changement climatique a des conséquences sur… (plusieurs réponses possibles) :
   a. ❑ les humains.   b. ❑ les animaux.
   c. ❑ les végétaux.

3. Selon les scientifiques, les pays doivent :
   a. ❑ polluer moins.
   b. ❑ s'adapter au changement de température.
   c. ❑ sensibiliser les citoyens.

4. VOCABULAIRE
« Changer nos modes de vie » signifie :
   a. ❑ habiter à la campagne.
   b. ❑ manger seulement des produits bio.
   c. ❑ vivre de façon plus écologique.

Production orale

JEUX DE RÔLE
À deux. Choisissez la fiche A ou B. Prenez connaissance des informations de votre fiche et jouez la scène avec votre partenaire.

Apprenant A
Votre université/entreprise n'a pas un comportement écologique : bouteilles en plastique, gaspillage d'électricité, consommation de papier, aucun tri des déchets, etc. Vous parlez avec le directeur/la directrice pour signaler les problèmes et protester.

Apprenant B
Un(e) étudiant(e)/salarié(e) vous parle des problèmes écologiques de l'université/entreprise et proteste. Vous le/la rassurez et lui proposez des solutions.

Bilan linguistique
..../ 40

Grammaire

1. Lisez ces recommandations et transformez-les avec un impératif et un pronom. ..../ 7

Pour sauver la planète, nous devons :
• recycler nos déchets,
• éviter le gaspillage,
• limiter la pollution,
• planter des arbres,
• aider les associations,
• préserver la biodiversité,
• protéger les animaux.

Sauvons notre planète !
a. ....
b. ....
c. ....
d. ....
e. ....
f. ....
g. ....

2. Conjuguez les verbes entre parenthèses si nécessaire. ..../ 7

a. Pour que les enfants (*adopter*) .... des gestes écologiques, montrons-leur !
b. Pour (*polluer*) .... moins, fabriquons nos produits ménagers !
c. Pour (*protéger*) .... les animaux sauvages, ne leur donnons pas à manger !
d. Pour que les citoyens (*se mobiliser*) ...., expliquons-leur !
e. Pour (*comprendre*) .... le réchauffement climatique, regardons ce documentaire !
f. Pour que les villes (*être*) .... plus vertes, plantons des arbres !
g. Pour que nous (*respecter*) .... la biodiversité, il y a des règles à suivre dans ce parc naturel.

3. Complétez le tableau. ..../ 6

Forme active	Forme passive
Les associations protègent les espèces menacées.	a. ....
b.	Le tri des déchets n'est pas fait par tous les habitants.
Les écoles du quartier commenceront bientôt ce projet écocitoyen.	c. ....
d.	Les meilleures initiatives vertes seront récompensées par le jury.
La mairie a organisé des conférences sur le climat.	e. ....
f.	Les pesticides ne sont pas utilisés par ces agriculteurs.

Vocabulaire

1. Complétez les phrases avec les mots de la liste :   ..... / 5
danger – disparaître – ressources – archipels – protégé.

  a. Ce parc naturel est un espace ....
  b. Il est essentiel de s'engager contre la surexploitation des ....
  c. La Nouvelle-Calédonie est un ensemble d'îles et d'............................... .
  d. Les pesticides sont un .... pour notre santé.
  e. À cause du réchauffement climatique, des espèces animales vont ....

2. Trouvez le mot correspondant à la définition.   ..... / 5

  a. C'est une matière qu'on utilise pour les bouteilles d'eau par exemple : le ....
  b. Un produit qui crée de la pollution est un produit ....
  c. C'est la transformation d'un déchet : le ....
  d. C'est la science de l'environnement : l'............................... .
  e. Il s'agit d'un type d'animal ou de végétal : une ....

3. Barrez l'intrus.   ..... / 5

  a. le mouton – l'abeille – la vache – le lapin
  b. l'aigle – le canard – le rat – la chouette
  c. le cheval – le dauphin – le poney – l'âne
  d. le chien – la panthère – le chat – le cheval
  e. le coq – le caméléon – la poule – le canard

4. Associez les images aux descriptions.   ..... / 5

  a. C'est un animal à plumes qui a une excellente vue.
  b. C'est un insecte qui a de nombreuses pattes.
  c. C'est un animal de la ferme qui court très vite.
  d. C'est un mammifère qui vit principalement dans l'eau.
  e. C'est un reptile long et mince.

DELF A2

1. Compréhension de l'oral

Vous allez écouter plusieurs documents. Pour répondre aux questions, cochez ☒ la bonne réponse.

Exercice 2 de l'épreuve (6 points)

Vous écoutez la radio. Lisez les questions. Écoutez les documents puis répondez.

Document 1

1 | Que vous propose l'équipe de la librairie ? (1 point)
- A ☐ D'écouter une lecture.
- B ☐ De participer à un débat.
- C ☐ De découvrir un écrivain.

2 | Pour participer, il faut... (1 point)
- A ☐ téléphoner.
- B ☐ aller à la librairie.
- C ☐ envoyer un message.

Document 2

3 | Les enfants vont dessiner... (1 point)

A ☐   B ☐   C ☐

4 | L'atelier est... (1 point)
A ☐ le matin.   B ☐ l'après-midi.   C ☐ le soir.

Document 3

5 | Cette émission porte sur... (1 point)
- A ☐ les plantes.
- B ☐ la nourriture.
- C ☐ les animaux.

6 | Vous pouvez gagner... (1 point)

A ☐   B ☐   C ☐

2. Compréhension des écrits

Exercice 2 de l'épreuve (6 points)

Vous recevez ce courriel de votre amie Magali.

De :	magalidelgarde@gmail.com
À :	
Objet :	Mobilise-toi avec nous !

Salut,
Le 9 avril, je participe à la grande Marche pour le Climat organisée dans ma ville avec ma sœur, Léa. Tu viens avec nous ?
Je te propose de venir avant chez moi pour préparer des affiches. Mes enfants ne sont pas là. Je prépare des burgers végans et Léa prépare des jus à la myrtille. Tu peux apporter ta spécialité : ta délicieuse mousse au chocolat !
Le soir, il y a un film sur la défense des animaux à la Maison des associations. Après le film, il y a une conférence sur le gaspillage alimentaire avec une scientifique célèbre. Elle a écrit un livre pour aider chacun à économiser les ressources dans la vie quotidienne.
J'espère que tu vas venir !
Magali

Pour répondre aux questions, cochez la bonne réponse.

1 | Magali vous écrit pour… (1 point)
- A ❏ vous inviter.
- B ❏ vous féliciter.
- C ❏ vous remercier.

2 | Magali va à la marche avec… (1 point)
- A ❏ sa sœur.
- B ❏ sa mère.
- C ❏ ses enfants.

3 | Qu'est-ce qu'a préparé Léa ? (1 point)

A ❏   B ❏   C ❏

4 | Quel est le thème du film ? (1 point)
- A ❏ La protection des animaux.
- B ❏ La nourriture végétarienne.
- C ❏ Les modes de vie responsables.

5 | La scientifique va parler de… (1 point)

A ❏

B ❏

C ❏

6 | La scientifique est connue pour… (1 point)
- A ❏ un livre.
- B ❏ un podcast.
- C ❏ un documentaire.

3. Production écrite

Exercice 2 de l'épreuve (12,5 points)

Vous avez reçu un courriel de votre ami Zahi.

```
Lire les mails   Écrire
De :    binlueve@gmail.fr
À :
Objet : Vacances !

Coucou,
Samedi prochain, je vais visiter le Parc animalier Planète Sauvage. Tu viens ? Nous pouvons partir tôt le matin et préparer un pique-nique pour le midi. Retour en fin d'après-midi, avant 18 h.
Réponds-moi vite !
Zahi
```

Vous répondez à Zahi. Vous acceptez son invitation et vous posez des questions sur l'organisation. (60 mots minimum)

4. Production orale

Partie 3 de l'épreuve : exercice en interaction (3 à 4 minutes)

Animal de compagnie
Vous êtes en France. Vous voulez offrir un animal de compagnie à votre meilleur(e) ami(e). Vous êtes dans un magasin, vous demandez des conseils au vendeur et vous vous renseignez sur les animaux.
L'examinateur joue le rôle du vendeur.

1 Trouvez 6 actions pour l'environnement.

Verticalement :

1. .... la biodiversité
2. .... le papier
3. .... l'environnement

Horizontalement :

a. .... ensemble
b. .... la planète
c. .... ses déchets

2 Retrouvez les phrases.

a. Cetteassociationfinancelaprotectiondesmilieux naturels.
....
....

b. Unsitedecojardinageaétécrééilyaquelquesannées.
....
....

c. Nousdevonstousnousmobiliserpoursauverlaplanète.
....
....

3 Devinette

Je suis menacée par le réchauffement climatique. De nombreuses espèces animales et végétales m'habitent. Les citoyens se mobilisent pour me sauver. Je suis une planète. Qui suis-je ?

....

4 Petit bac de l'environnement

En petit groupe. Un joueur récite l'alphabet dans sa tête. Un autre joueur lui dit « stop ». Le premier joueur dit la lettre. Pour chaque catégorie, chaque groupe cherche un mot qui commence par cette lettre. Quand un groupe a complété toutes les catégories, la partie s'arrête. Le premier groupe avec 10 points a gagné ! Recommencez avec d'autres lettres.

Lettre	Les animaux	La nature	L'écologie	Points
			Total des points	....

2 points par mot trouvé par un seul groupe, 1 point par mot trouvé par un autre groupe. Pas de points si les joueurs n'ont pas trouvé de mot.

Transcriptions Documents audios

Unité 1 Nouvelles vies

1 Page 3, Grammaire, Activité 1
a. Julia se marie dimanche. – b. Mes parents se sont installés en France dans les années 70. – c. Mon frère est parti en Erasmus. – d. L'album « Mesdames » de Grand Corps Malade est sorti en 2020. – e. J'ai déménagé l'année dernière. – f. Je fais un stage dans une entreprise étrangère.

2 Page 4, Vocabulaire, Activité 4
a. Adnan et Célia, vous formez vraiment un beau couple ! – b. Je vous déclare mari et femme. – c. Et nous avons ici, avec nous, Yseult, auteure-interprète française… Bonjour Yseult ! – d. La vie de famille, oui, c'est super ! Mais parfois ça demande de l'organisation ! – e. Elle a obtenu son diplôme. – f. Avec mes meilleurs amis, on a fini nos études.

3 Page 5, Grammaire, Activité 4
a. Tu fais du jardinage parfois ? – b. Avec qui tu vas au concert ? – c. Qu'est-ce que tu as dit ? – d. Tu as encore de l'argent ? – e. Quelqu'un parle italien ici ? – f. Tu as déjà vu ce spectacle ?

4 Page 6, Vocabulaire, Activité 1
Édouard : Salut Nicole ! Tu fais quoi ce soir ? Je vais voir une pièce de théâtre, ça te dit de venir avec moi ?
Nicole : Ce soir, je ne peux pas, je vais au cirque avec ma meilleure amie.
Édouard : Ah… et tu es libre demain après-midi ? Tu viens jouer aux jeux vidéo chez moi ?
Nicole : Demain après-midi ? Euh… non, ce n'est pas possible, je fais de la peinture avec ma sœur.
Édouard : Et ce week-end, on fait une via ferrata ?
Nicole : Non, Édouard, je vais rester à la maison, je vais jardiner avec mes parents.
Édouard : Bon, d'accord. J'ai compris !

5 Page 7, Grammaire, Activité 4
a. Hier, j'ai joué au foot de 13 heures à 15 heures. – b. Nous sommes en 2022. En 2020, nous sommes allées au Festival du Vercors. – c. J'ai arrêté la compétition l'an dernier. – d. Annabelle a fait un séjour Erasmus à Berlin de janvier à juin. – e. Nous sommes le 15 septembre. J'ai commencé à travailler ici le 5 septembre. – f. Je connais mon meilleur ami depuis 22 ans.

6 Page 8, Phonie-Graphie, Activité 1
a. Tu as préparé toutes tes affaires. – b. Hier vous avez vu un film. – c. Dans un bar, debout, j'ai bu un cocktail de fruits. – d. Il a lu à son fils l'histoire du loup. – e. Sa moto à trois roues est dans la rue. – f. Elle a su gérer son stress et ne pas être sous pression.

7 Page 8, Phonie-Graphie, Activité 2
a. – C'est sûr ? – Non, c'est fou !
b. – Mon livre, tu l'as lu ? – Non, je vais le lire tout de suite !
c. – C'est à Jules ? – Non, c'est à vous.
d. – C'est dur ? – Non, c'est mou.
e. – Le jus de pomme, tu l'as bu ? – Oui, il est bon et il est doux !

8 Page 8, Phonie-Graphie, Activité 3
Salut Jules, au mois d'août, nous avons dû annuler nos vacances. Nous avons eu un gros problème. Et toi tu pars où pour les vacances ? À bientôt. Louis.

9 Page 8, Phonie-Graphie, Activité 4
Je m'appelle Coumba, je suis camerounaise. J'ai participé aux Jeux de la Francophonie de 2017 en Côte d'Ivoire. Il y avait plus de 4000 jeunes sportifs et artistes venus de 84 pays francophones. Nous avons pu participer à beaucoup de compétitions et concours. C'était une expérience inoubliable !

10 Page 9, Compréhension orale
La journaliste : Certains d'entre vous ont rencontré Abd Al Malik mais pas n'importe où… mais au Musée d'Orsay à l'occasion de l'exposition *Le modèle noir, de Géricault à Matisse*, Abd Al Malik y a été invité pour présenter son nouveau spectacle.
Le journaliste : Le rappeur, poète, écrivain, et réalisateur nous accueille devant le tableau *Le Jeune noir à l'Épée* de Pierre Puvis de Chavannes.
Abd Al Malik : Moi, j'ai eu envie de raconter l'histoire de ce jeune homme, de ce jeune noir, j'ai eu envie de le raconter aujourd'hui, au XXIe siècle.
Le journaliste : Abd Al Malik a choisi ce tableau peint en 1850 pour écrire un album de chanson et réaliser une performance artistique.
Abd Al Malik : Donc ce jeune homme-là, mais aujourd'hui… qui est en prison, et en prison il se rend compte de l'importance du savoir et de l'éducation pour pouvoir transcender sa condition. On le suit, on suit son parcours où il se pose des questions sur lui, ce qu'il est en termes d'identité. Il est noir, certes, mais il est né en France, il est français, il est européen.

11 Page 12, DELF A2, Compréhension de l'oral, Exercice 1
Document 1
Dimanche, journée spéciale Afrique. Notre cinéma accueille le musicien Gaël Faye pour parler de son nouvel album. Les spectateurs peuvent recevoir un exemplaire signé de son dernier roman. Entrée gratuite !
Document 2
Votre attention, s'il vous plaît ! Un spectateur a oublié son sac dans le théâtre, sous le fauteuil K9. Merci de venir le chercher au guichet, à gauche du café, avant la fermeture.
Document 3
Le club d'escalade organise une sortie à la montagne. L'année dernière, l'accrobranche était au programme. Cet été, nous proposons de la descente de rivière en canoë-kayak. Appelez-nous pour vous inscrire !
Document 4
Si vous vous intéressez à l'art, inscrivez-vous aux prochains Jeux de la Francophonie ! Les concours de peinture et de photographie sont complets mais nous recherchons des artistes en sculpture.
Document 5
Pour les journées du patrimoine, le château de Versailles propose une visite guidée inédite des cuisines. Le soir, un orchestre joue de la musique classique au milieu des jardins.
Document 6
Attention, la compétition va commencer. Merci de ne pas rester près des sportifs. Vous pouvez leur parler à la fin de la course. Les photos sans flash sont autorisées.

Unité 2 Je me souviens

12 Page 15, Grammaire, Activité 1
a. J'aime regarder les photos de famille. – b. Quand j'étais petit, j'allais à l'école à pied. – c. Chez ma grand-mère, ça sent toujours très bon. – d. Avec mes parents, nous voyagions beaucoup. – e. J'ai beaucoup de bons souvenirs de mes dernières vacances. – f. À cette époque-là, vous vouliez habiter en ville.

13 Page 16, Vocabulaire, Activité 4
a. Quand j'avais 16 ans, je sortais beaucoup avec mes amis ! – b. Quand j'étais petite, j'aimais écouter le chant des oiseaux. – c. Dans ma classe, il n'y avait pas beaucoup de garçons. – d. À Noël, on se retrouvait toujours chez mes grands-parents, avec mes cousins, cousines, tantes, oncles… c'était sympa ! – e. Quand mes enfants étaient petits, on partait toujours à la mer au mois de juillet. – f. Regarde cette photo, chéri, on était beaux, jeunes, amoureux !

14 Page 17, Grammaire, Activité 3
a. Vous allez souvent à la mer ? – b. Léon est revenu du Canada ? – c. Ta sœur est sur le port ? – d. Ton père est parti de l'aéroport ? – e. Tu es allée sur la côte ? – f. Tes amis sont rentrés du Sénégal ? – g. Elles sont toujours à l'étranger ?

15 Page 18, Vocabulaire, Activité 4
1. – Oh là là, quelle chaleur !
– Oui, la température est très élevée. Il fait 40 degrés !
2. – Regarde maman, la mer est très loin !
– Oui, mon chéri, dans quelques heures elle va être de nouveau tout près.
3. – Il n'y a pas beaucoup de pluie en ce moment.
– Oui, tu as raison, il ne fait pas très humide en ce moment.
4. – Ah, j'adore marcher pieds nus dans le sable et me reposer au soleil.
– Allez, tu viens te baigner ? L'eau est très bonne !
5. – Il fait quel temps chez toi ?

cent quarante-sept | 147

– Il ne fait pas très beau. Il n'y a pas de soleil, le ciel est gris… ils annoncent de la pluie pour cet après-midi.
6. – Dans mon pays, nous avons seulement deux saisons : une saison de pluie et une saison très chaude.
– Dans mon pays, c'est différent. Nous avons quatre saisons : le printemps, l'été, l'automne et l'hiver.

16 Page 19, Grammaire, Activité 1
a. On a passé un séjour merveilleux. – b. C'est un mauvais souvenir d'école. – c. Il y a beaucoup de touristes étrangers dans cette ville. – d. J'aime goûter des spécialités locales. – e. Tu connais un bon restaurant par ici ? – f. C'est un poster très coloré. – g. Nous avons une jolie vue.

17 Page 20, Phonie-graphie, Activité 1
a. Nous avons dormi dans un petit hôtel en Italie. – b. On habite dans un grand appartement magnifique. – c. Les enfants ont réalisé un petit album cet hiver. – d. En automne nous étions tout excités de venir chez elle. – e. Mélina et Nino, sont-ils partis avec des amis en Espagne ?

18 Page 20, Phonie-graphie, Activité 2
a. – Vous partiez en vacances quand vous étiez petit ?
– Oui, en été, dans un petit hôtel en Italie.
b. – Vous avez déménagé cet été ?
– Oui, avec ma famille, nous habitons dans un grand appartement maintenant !
c. – Vous avez fait quelles activités ce week-end ?
– Avec mes enfants, nous avons réalisé un petit album photos de notre dernier voyage.
d. – Cet automne, vous venez chez Louise, mon amie ?
– Oui, nous sommes tout excités de venir chez elle.
e. – Mélina et Nino, sont-ils partis avec des amis en Espagne ?
– Non, ils sont partis sans ami.

19 Page 20, Phonie-graphie, Activité 3
Avec mes amis, nous avons voyagé dans un pays, en Algérie. Nous avons dormi chez un ami. Nous avons pris un petit hélicoptère pour aller dans le désert. Nous avons marché six jours et sommes rentrés en avion en France.

20 Page 20, Phonie-graphie, Activité 4
J'ai beaucoup de souvenirs de mon enfance. Quand j'avais six ans, tous les dimanches, j'allais au cinéma avec ma grand-mère. J'attendais ce moment avec impatience. À 10 heures, je me préparais et ma grand-mère venait me chercher à 11 heures. Nous allions d'abord dans un petit restaurant. Puis, nous allions dans une salle de cinéma à côté de chez elle. Nous passions un bon après-midi !

21 Page 24, DELF A2, Compréhension de l'oral, Exercice 2
Document 1
Ce dimanche à la médiathèque, venez à l'exposition *Souvenirs d'enfance*. Vous découvrirez les photographies et les souvenirs d'enfance de trois auteurs de BD. Rencontre avec les auteurs à partir de 16 heures. Inscription obligatoire sur le site de la médiathèque.
Document 2
Bienvenue dans notre émission ! Aujourd'hui, partagez avec nos auditeurs les meilleurs et les pires souvenirs de vos vacances en famille. Appelez-nous au 00 66 212 28 pour tout nous raconter. Consultez notre page internet pour plus d'information.
Document 3
Concours de photographie culinaire organisé par la mairie de Rouen. Ouvert à tous, à partir de 12 ans. Participez en ligne jusqu'au 17 juin. Le gagnant recevra un an d'abonnement au magazine *Saveurs Nature*. Bonne chance à tous !

Unité 3 Comme à la maison

22 Page 27, Grammaire, Activité 1
a. La pièce que je préfère, est mon bureau. – b. C'est la résidence où j'ai habité pendant deux ans. – c. La chambre qui se trouve à droite du couloir, est très bruyante. – d. L'assurance qu'on a, est très bien. – e. L'abonnement Internet que j'ai, n'est pas cher. – f. L'immeuble où se trouve mon studio, est très ancien. – g. L'appartement qui est à vendre, est un T3.

23 Page 28, Vocabulaire, Activité 4
a. Il y a beaucoup de lumière dans ma chambre ! – b. J'habite dans le centre-ville, il y a du bruit toute la journée dans ma rue. – c. Dans mon immeuble, le chauffage n'est pas inclus dans les charges. – d. Avec les autres étudiants, on a une cuisine commune, on prépare souvent les repas ensemble. – e. J'ai acheté mon studio il y a un an. – f. On s'entend bien avec mon colocataire, la cohabitation est très simple.

24 Page 29, Grammaire, Activité 5
a. Cet abonnement est moins cher ? – b. Dans cette ville, il y a autant d'espaces verts ? – c. C'est moins bien ici ? – d. Ta nouvelle couette est plus grande ? – e. Il y a autant de magasins dans ta rue ? – f. Tu travailles moins qu'avant ?

25 Page 30, Vocabulaire, Activité 1
Adèle : Alors voilà, tu vas dormir sur le canapé-lit, la couette se trouve ici et tu peux utiliser ce coussin. Il faut pousser la table basse qui est devant… et si tu veux lire un peu, tu as la lampe juste à côté. Voilà.
Son amie : Et je peux regarder la télé ?
Adèle : Oui, oui, bien sûr ! Ah oui, pour le petit déjeuner, tout est dans le frigo et voici la machine à café !
Son amie : Super, merci beaucoup Adèle !

26 Page 31, Grammaire, Activité 2
a. Si tu viens chez moi, passe par la rue de la République. – b. Si vous êtes d'accord, on peut visiter la maison ensemble. – c. Si tu ne trouves pas d'appartement tout de suite, ne t'inquiète pas ! – d. Si vous êtes intéressé par notre annonce, contactez-nous au 06 87 89 09 09. – e. Si les charges ne sont pas incluses, ne loue pas cet appartement. – f. Si vous n'avez plus d'assurance, c'est un grand problème ! – g. Si tu pars d'ici, tu vas où ?

27 Page 32, Phonie-graphie, Activité 1
1. a. bille – b. qui – c. riz – d. fille ; 2. a. nuit – b. su – c. pluie – d. tu ; 3. a. loue – b. quoi – c. moins – d. oui

28 Page 32, Phonie-graphie, Activité 2
a. riz / riez – b. pi / pied – c. nu / nuit – d. su / suite – e. lou / louer – f. sous / souhait

29 Page 32, Phonie-graphie, Activité 3
Une jeune fille habite dans un foyer où il y a plusieurs étudiantes de nationalités différentes.

30 Page 32, Phonie-graphie, Activité 4
Au mois de juillet, huit amis mangent des fruits dans une cuisine sans faire de bruit.

31 Page 32, Phonie-graphie, Activité 5
Nous avons trois choix : louer un appartement moins cher mais plus loin, un studio plus cher mais moins loin, une colocation dans un endroit mieux situé.

32 Page 32, Phonie-graphie, Activité 6
Le premier jour de sa croisière, Juliette s'installe dans la cabine 118 : une belle cabine, avec un lit couvert d'une couette bleu nuit, un coin cuisine et une petite salle d'eau. Elle a fait le choix de partir seule, loin de tous pour se reposer, réfléchir et prendre un nouveau départ !

33 Page 33, Compréhension orale
La journaliste : Bonjour, Lionel Thomson !
Le journaliste : Bonjour, Mathilde !
La journaliste : « Les Kolocations à Projets Solidaires », elles permettent à des étudiants de se loger pour un loyer modeste dans des quartiers prioritaires. Et en échange, ils font de l'aide scolaire et animent la vie du quartier, exemple à Nice.
Le journaliste : Nice qui était une des villes universitaires, qui ne possédait pas encore ses KAPS, développées depuis une dizaine d'années par l'Association de la Fondation Étudiante pour la Ville, l'AFEV. Depuis septembre quatre étudiants partagent un appartement dans la cité des Moulins.
Parmi eux, Guillaume, 21 ans, qui vient de terminer une licence de Langues et a rejoint récemment la colocation.
Guillaume : On a un T5. Du coup, on a quatre chambres, une grande cuisine avec un petit balcon juste derrière. On a un grand, grand salon, donc ça fait salle à manger aussi et puis une salle de bain assez grande quand même au bout.
Le journaliste : Un appartement meublé pour moins de 200 euros par mois et par colocataire, un loyer assez imbattable à Nice. En échange, les quatre étudiants doivent donner cinq heures de leur temps par semaine pour proposer des animations et faire du soutien scolaire auprès de jeunes du quartier.

34 Page 36, DELF A2, Compréhension de l'oral, Exercice 3
Bonjour, c'est Zahra. Tout va bien à

l'agence ? M. Florimond est intéressé par l'appartement dans le quartier Brimborion. Pas le studio, le T2 ! Il connaît le loyer, mais il voudrait des renseignements sur la superficie et les pièces. Il va venir cet après-midi. Je visite la maison d'un client jusqu'à 17 heures. Pourriez-vous lui montrer les photos ? Il y en a 19. Pour notre réunion de 18 heures avec les propriétaires, j'ai écrit les annonces, merci de les imprimer.

Unité 4 Tous pareils, tous différents

35 Page 39, Grammaire, Activité 1
a. Ils ont les mêmes cheveux. – b. Tu parles aussi bien français que lui. – c. Ils n'ont pas du tout le même corps. – d. Cet acteur sourit autant dans la vie que sur les photos. – e. Vous n'avez pas les cheveux aussi longs que Pénélope. – f. Vos manteaux sont pareils ! – g. Tu n'as pas autant de vêtements que Noé !

36 Page 40, Vocabulaire, Activité 1
a. Je suis blonde. J'ai les cheveux longs et j'ai les yeux bleus. J'ai un petit nez. Je suis très jeune. – b. Je suis brun, j'ai les cheveux courts. J'ai les yeux noirs et je suis barbu. J'ai des fossettes quand je souris. Je suis jeune. – c. J'ai les cheveux longs et blancs, je ne suis plus très jeune, j'ai les yeux clairs. – d. Je suis barbu et je suis dégarni. J'ai les cheveux blancs et les yeux bleus. Je suis âgé. – e. Je suis brune et j'ai les cheveux longs. J'ai les yeux noirs. J'ai une fossette quand je souris.

37 Page 41, Grammaire, Activité 1
a. Patrick dit toute la vérité. – b. Pauline est spontanée avec tous ses amis. – c. Il bavarde toute la journée ! – d. Tous ces profils sont sur ce grand réseau social professionnel. – e. Tout le monde sait qu'il est indépendant. – f. Toute sa famille a bonne mine.

38 Page 42, Vocabulaire, Activité 1
a. Jules est très bruyant ! Je ne peux pas travailler ! – b. Perrine est chaleureuse ! – c. Émile est très fidèle. – d. Je n'invite plus Henri, il est sans-gêne. – e. Vous êtes travailleuse ! – f. Quel prétentieux ce Bernard ! – g. Justine est têtue, tu as remarqué ? – h. Sonia est vraiment ordonnée.

39 Page 43, Grammaire, Activité 1
a. La sienne est réussie. – b. Les leurs sont en noir et blanc. – c. Le tien est original. – d. Les vôtres changent souvent. – e. Montre-moi la tienne ! – f. Apporte les siens ! – g. Regardez le nôtre !

40 Page 44, Phonie-graphie, Activité 1
1. a. le mien – b. elles viennent – c. le sien ; 2. a. des grammes – b. une dent – c. il pense ; 3. a. le monde – b. elle est bonne – c. ils sont

41 Page 44, Phonie-graphie, Activité 2
a. – Ce téléphone, c'est le tien ?
– Non, c'est le mien. Mais cette veste, c'est la tienne !
b. – C'est un mannequin qui a beaucoup de charme !
– Il a eu aussi beaucoup de chance !
c. – C'est une bonne coach ?
– Ah oui, ses conseils sont très bons !
d. – Toutes ces personnes viennent pour défiler ?
– Non, une seule personne vient pour le défilé. Les autres sont là pour l'accompagner.
e. – La mode, c'est ta passion ?
– Ah oui, ça me passionne !
f. – C'est un homme très ordonné.
– Oui, il a beaucoup de qualités. On adore travailler avec lui !

42 Page 44, Phonie-graphie, Activité 3
Être mannequin est un métier qui fait rêver. En général, Il faut être grand, jeune et mince. Mais heureusement le monde change et les mannequins différents sont mieux acceptés et ont beaucoup de succès !

43 Page 44, Phonie-graphie, Activité 4
« La mode n'est pas quelque chose qui existe uniquement dans les vêtements. La mode est dans l'air, portée par le vent. On la devine. La mode est dans le ciel, dans la rue. », *Gabrielle Chanel*

44 Page 48, DELF A2, Compréhension de l'oral, Exercice 1
Document 1
Mesdames et Messieurs, une maman attend son petit garçon à l'entrée du magasin. Il est roux, il a les yeux bleus et il mesure 1,30 m. Merci !
Document 2
Vous adorez Leila Nda, cette mannequin belge aux yeux marron de 32 ans ? Elle sera notre invitée sur RadioBV, mercredi. Posez-lui toutes vos questions au 32 46 12.
Document 3
Votre magasin de photos offre un portrait de famille gratuit pour tout achat de plus de 50 euros en boutique. Venez vite réaliser ce cliché souvenir avec notre photographe !
Document 4
Vous êtes inquiets ? Paresseux ? Peureux ? Notre coach propose des séances pour régler vos petits défauts et développer positivement votre caractère. Prise de rendez-vous sur le site internet *moncoach.fr*.
Document 5
L'agence *Qualité+* recherche un agent discret, honnête et indépendant pour des missions d'évaluation dans la restauration. Envoyez vos candidatures à qualité+@agence.fr et rendez-vous sur notre site internet pour plus d'informations.
Document 6
Café artistique dimanche à l'atelier Lesart. Places limitées à 25 participants. Inscriptions par téléphone au 07 27 88 33 66. Chacun pourra discuter avec les artistes de la région et déguster des jus de fruits de saison.

Unité 5 En route vers le futur !

45 Page 51, Grammaire, Activité 1
a. Je me déplace à vélo. – b. Demain, ils regarderont un film sur leur tablette. – c. Vous regardez souvent la télévision ? – d. Un jour, nous viendrons te voir en soucoupe volante ! – e. Ce sera une invention très utile pour la planète. – f. Nous ne regardons pas souvent la télévision. – g. Bientôt, les maisons auront des robots dans chaque pièce.

46 Page 52, Vocabulaire, Activité 2
a. Regarde ! Paul fait sa conférence à Paris mais on le voit aussi à Bordeaux ! – b. J'ai installé un nouveau programme dans mon ordinateur, il est très utile pour mon travail ! – c. À l'aéroport, nous n'aurons plus besoin de passeport parce qu'il existe déjà un système qui nous identifie. – d. Dans ce roman de science-fiction, Juan est transporté dans un autre endroit, c'est magique ! – e. On ne peut pas se perdre avec lui, il m'indique parfaitement le chemin. – f. Grâce à cette machine, on obtient une voiture en plusieurs dimensions.

47 Page 53, Grammaire, Activité 1
a. Si tu veux décrocher des écrans, lis un bon roman ! – b. Si vous ne voulez plus jouer sur votre téléphone portable, vous pouvez jouer à des jeux de société avec vos amis. – c. Si vous allez chez Samia, elle vous préparera de bons petits plats. – d. S'il ne vient pas ce soir, tu lui enverras un SMS. – e. Si tu viens à Paris, je te conseille de prendre ton GPS. – f. Laisse ta tablette chez toi si tu te promènes près de chez toi !

48 Page 54, Vocabulaire, Activité 2
a. Je vais mettre mon téléphone en marche pour lire mes messages. – b. Je t'ai envoyé une invitation, tu peux m'écrire pour me dire si tu viens. – c. Si vous avez un problème, téléphonez à votre médecin. – d. Au cinéma, n'oublie pas d'arrêter ton téléphone. – e. Chut ! On rentre en classe, tu dois arrêter ta communication. – f. Ton téléphone sonne, tu peux répondre !

49 Page 55, Grammaire, Activité 2
a. On a pris ma tablette ! – b. On a acheté un robot de cuisine. – c. On utilise une navette pour se déplacer dans ce film ! – d. On va télécharger cette vidéo si tu veux. – e. On a volé l'imprimante de son bureau. – f. On organise des réunions en visio dans les entreprises. – g. Max et moi, on t'enverra un mail.

50 Page 56, Phonie-graphie, Activité 1
a. drap – b. croit – c. prend – d. brun – e. très – f. gris

51 Page 56, Phonie-graphie, Activité 2
Exemple : – En 2050, est-ce que vous vivrez dans un autre pays que le vôtre ? – Oui, je vivrai dans un autre pays quelques années puis je reviendrai dans mon pays. En 2050… a. Est-ce que vous apprendrez encore le français ? – b. Est-ce que vous travaillerez dans un bureau virtuel ? – c. Est-ce que vous aurez des grands robots chez vous ? – d. Est-ce que vous mangerez des comprimés ? – e. Est-ce que vous voyagerez dans le monde plus librement ? – f. Est-ce que vous vous déplacerez en transport volant ?

Page 56, Phonie-graphie, Activité 3
Dans notre monde très accro aux technologies, il est important d'utiliser moins souvent votre téléphone portable et de ne pas répondre immédiatement aux messages. Laissez-le une grande partie de la journée à la maison. Vous pouvez prendre rendez-vous avec vos amis par courriel ou téléphone fixe. Faites d'autres activités : pratiquer un sport, écouter de la musique, se promener. Vous serez plus libre !

 Page 56, Phonie-graphie, Activité 4
Claudie Haigneré est une grande célébrité française. Après une brillante carrière, elle s'est préparée à devenir astronaute et a été la première femme française et européenne dans l'espace. Aujourd'hui ambassadrice de l'Agence spatiale européenne, elle explique aux jeunes filles, dans des conférences, qu'il faut croire en ses rêves. Elle a pu réaliser le sien : atteindre les étoiles.

 Page 57, Compréhension orale
La journaliste : Sur les hauteurs de la Pernelle, en plein service de ce restaurant gastronomique, un drôle de serveur se faufile entre les tables : un robot en forme de chat qui transporte les plats et intrigue les clients.
Un client : C'est moderne, c'est bien, c'est l'évolution !
Une cliente : Je ne m'attendais pas à voir ça ici, dans un restaurant, je trouve incroyable !
La journaliste : Des visiteurs séduits par l'attraction, les serveurs sont eux aussi ravis de ce nouveau collègue de travail. Entre la cuisine et la salle, il fait plus de 10 km chaque jour à leur place et soulage leur quotidien.
Une serveuse : Ça nous apporte donc les pas en moins, les kilomètres en moins, les allers-retours inutiles dans la cuisine…
La journaliste : 19 salariés travaillent à temps plein pour 150 couverts ici et le propriétaire va continuer à recruter malgré ces outils dernier cri.
Le propriétaire : L'humain est toujours bien présent car c'est lui qui nous permet tout l'ensemble de notre travail, mais nous sommes tout simplement aidés par la technologie pour nous apporter plus de confort et dans notre organisation du travail.
La journaliste : Ce petit robot fabriqué en Chine coûte 11 000 euros et c'est une première dans un restaurant gastronomique.

 Page 60, DELF A2, Compréhension de l'oral, Exercice 2
Document 1
Le 10 juin, nous recevrons dans notre émission Thomas Pesquet, de retour sur Terre après 6 mois dans la station spatiale. Notre journaliste santé lui posera des questions sur son alimentation dans l'espace. Nous espérons qu'il nous donnera des conseils !
Document 2
La mairie propose un service gratuit de réparation d'appareils informatiques ! Si votre appareil tombe en panne, les techniciens vous attendent au café Marchenoir, avec leurs outils. Attention, ce service ne fonctionne pas pour les vélos et les imprimantes 3D.
Document 3
Demain, c'est la journée sans téléphone portable ! Pour ne pas l'utiliser, laissez-le à la maison, dans un placard, c'est plus sûr qu'une poche ou un sac. Sortez marcher demain, c'est meilleur pour votre santé que le cinéma ou la lecture !

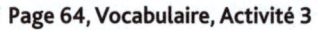
Unité 6 En cuisine

Page 63, Grammaire, Activité 3
a. Des fruits ? Ils n'en mangent pas ! – **b.** Il n'aime pas le safran et il n'en mange pas. – **c.** Tu veux manger des crevettes ? Mais… je n'en ai pas acheté ! – **d.** Tu as acheté de la menthe ? Non, je n'en ai pas trouvé ! – **e.** J'adore la soupe de courge, mais je n'en cuisine jamais ! – **f.** Vous consommez beaucoup de viande ? Non, nous n'en consommons pas.

Page 64, Vocabulaire, Activité 3
Pour faire un cake aux légumes… D'abord préchauffez le four à 210 degrés. Après, dans un saladier, mélangez le lait avec la farine et les œufs. Puis, ajoutez les légumes cuits. Ah, j'ai oublié… Mettez un peu de beurre ou d'huile dans le plat. Versez le mélange dans le plat et enfournez !

Page 65, Grammaire, Activité 4
a. Il faut toujours utiliser de l'eau potable. – **b.** Vous ne devez pas boire de café le soir ! – **c.** Il est défendu de préparer les plats à la maison. – **d.** Ce restaurant est très connu, il est nécessaire de réserver. – **e.** N'oubliez pas de préchauffer le four ! – **f.** Il faut respecter les horaires.

Page 66, Vocabulaire, Activité 3
1. – Ce week-end, Magali et John veulent aller au restau avec nous. Je vais réserver une table.
   – N'oublie pas qu'ils ne mangent pas de viande !
2. – Ce soir je voudrais bien manger un bœuf bourguignon ou un pot-au-feu !
   – D'accord ! Je sais où je vais t'emmener dîner !
3. – Pour les 18 ans de Sara, je vais réserver un restaurant étoilé. Tu es d'accord ?
   – Oui ! On va se régaler !
4. – Ça te dit de goûter une tartiflette ce soir ?
   – Oui, mais tu sais la faire ?
   – Non, je vais chez Dupuis, il a de très bons plats à emporter.

Page 67, Grammaire, Activité 2
a. Ce traiteur ne fait que des plats épicés. – **b.** Paul est serveur dans deux bistrots ! – **c.** Ils ne sont pas què gourmands, ils sont aussi gourmets ! – **d.** Elle est végétarienne et elle ne cuisine que des légumes. – **e.** Le soir, nous ne mangeons pas avant 10 heures. – **f.** Nous n'aimons que les plats cuisinés !

Page 68, Phonie-graphie, Activité 1
a. Ah oui ! – **b.** Oh zut ! – **c.** Super ! – **d.** Zut alors ! – **e.** Oh la la ! – **f.** Waouh ! – **g.** Oh non ! – **h.** Bof !

Page 68, Phonie-graphie, Activité 2
a. C'est bien ? / C'est bien ! – **b.** Tu n'aimes pas ? / Tu n'aimes pas. – **c.** C'est cher ! / C'est cher ! – **d.** Vous avez fini ? / Vous avez fini. – **e.** On a encore le temps ? / On a encore le temps ! – **f.** C'est interdit ? / C'est interdit !

Page 68, Phonie-graphie, Activité 3
Connaissez-vous le mot « bistrot » ? Ce mot peut être associé à quelle grande ville française ? Êtes-vous déjà allés dans un bistrot ? Dans cette brasserie, on peut boire un verre, ou manger quelque chose, dans une ambiance agréable. Voilà pourquoi les bistrots parisiens ont beaucoup de succès !

Page 68, Phonie-graphie, Activité 4
Connaissez-vous l'histoire du film *Délicieux* ? La voici : en 1789, un homme, chef cuisinier dans un château, est renvoyé car sa cuisine, très créative, n'est pas assez noble ! Il rencontre une jeune femme qui va changer sa vie. Elle veut apprendre à cuisiner et ensemble ils vont créer le premier restaurant de France ! C'est une idée géniale ! Et pour vous, quel aliment est délicieux ? Quelle est votre cuisine préférée ?

Page 72, DELF A2, Compréhension de l'oral, Exercice 3
Bonjour, je suis Monsieur Mahou, je voudrais organiser un dîner pour mes collègues jeudi prochain, à 19 heures. Nous serons 20 personnes, et avec moi, nous serons 21. J'aimerais un repas avec du couscous et pour le dessert des glaces aux fruits. C'est possible d'écouter un groupe de musiques traditionnelles pendant le repas ? Vous pouvez me rappeler au 07 81 41 39 78. À bientôt !

Unité 7 À votre santé !

Page 75, Grammaire, Activité 4
a. On lui conseille de boire beaucoup d'eau. – **b.** Est-ce que Paul leur répondu ? – **c.** Je les écoute tous les jours à la radio. – **d.** Ce médecin lui donne toujours beaucoup de remèdes. – **e.** Mon frère vient la voir tous les soirs. – **f.** Il a oublié de le dire à sa mère.

Page 76, Vocabulaire, Activité 3
a. Quand j'attends le bus, je suis debout. – **b.** Quand je lis, je suis assise. – **c.** Après une sieste, je me sens légère. – **d.** Quand je me sens fatiguée, je m'allonge. – **e.** Cette nuit, j'ai bien dormi. Aujourd'hui, je me sens reposé.

Page 77, Grammaire, Activité 3
a. Ce traitement pour la grippe est le moins bon de tous. – **b.** Acheter un bon matelas est ce qu'il y a de mieux pour bien dormir. – **c.** Pour moi, le romarin est vraiment la meilleure plante. – **d.** C'est dans un canapé que je dors le moins bien ! – **e.** La course à pied la plus longue du monde a débuté à New-York. – **f.** Cet accident est le moins grave de tous.

Page 78, Vocabulaire, Activité 4
a. Virginie est très fatiguée. Depuis

un mois, elle a des insomnies toutes les nuits. – **b.** Bonjour Genny, je ne viendrai pas travailler aujourd'hui, j'ai une migraine terrible ! – **c.** Au printemps de nombreuses personnes souffrent d'allergies. – **d.** Ce week-end, Chloé ne viendra pas skier avec nous, elle a une indigestion. – **e.** Julia doit aller aux urgences. Elle fait une crise d'asthme et ne peut plus respirer.

 Page 79, Grammaire, Activité 4
a. De ces deux solutions, tu préfères laquelle ? – **b.** De tous les bars à sieste, je ne sais pas lequel il a choisi. – **c.** De tous les symptômes, lesquels sont les plus douloureux ? – **d.** Laquelle d'entre vous a besoin de voir une infirmière ? – **e.** Le numéro d'appel d'urgence européen, c'est lequel, s'il te plaît ? – **f.** Tes élèves sont tous arrivés ? Lesquels sont malades aujourd'hui ?

71 Page 80, Phonie-graphie, Activité 1
a. la plus efficace / le plus efficace – **b.** les plus importantes / les plus importants – **c.** le plus célèbre / la plus célèbre – **d.** les plus compétents / les plus compétentes – **e.** la plus économique / le plus économique – **f.** les plus sérieuses / les plus sérieux – **g.** la plus urgente / le plus urgent

 Page 80, Phonie-graphie, Activité 2
a. – Tu as essayé cette crème ?
– Oui, c'est la crème la plus calmante pour le mal de dos.
b. – Vous croyez aux remèdes naturels ?
– Oui, certains sont plus efficaces que des médicaments.
c. – Ton médecin, tu me le conseilles ?
– Ah oui, c'est le plus compétent du quartier !
d. – Pour bien dormir, le plus important est de se détendre.
– Tu as raison et il faut éviter de regarder des écrans avant de s'endormir.
e. – Je pars à la campagne pendant une semaine !
– C'est une excellente idée, ça te fera le plus grand bien !

 Page 80, Phonie-graphie, Activité 3
a. Pour être en bonne santé, quels sont les trucs les plus utiles, les plus efficaces ? – **b.** Pour se soigner le mieux possible, quelles sont les méthodes les plus utilisées, les plus pratiquées ? – **c.** Pour bien dormir, quelles sont les techniques les plus adaptées ?

74 Page 81, Compréhension orale
Journaliste 1 : Ce matin, vous nous parlez, Gérald, de nos rêves, de nos cauchemars. D'abord dites-nous : Pourquoi rêve-t-on ?
Journaliste 2 : Eh bien, le rêve c'est pour digérer nos émotions. En fait rêver, ça fait partie intégrante de notre sommeil. Vous savez, il y a plusieurs phases dans le sommeil. Il y a la phase d'endormissement, le sommeil long, léger, il y a le sommeil profond et puis la dernière phase du cycle, c'est ce qu'on appelle le sommeil paradoxal. Ce cycle-là, ça va durer 90 minutes. Il y a 3, 5 cycles par nuit et dans cette phase paradoxale, c'est le cerveau qui va s'éveiller, alors qu'on continue de dormir. On va rêver parce que le cerveau est en pleine action, alors que le dormeur va continuer de dormir et finalement ce rêve, c'est l'expression de nos préoccupations de la journée, notamment nos préoccupations émotionnelles.
Journaliste 1 : Gérald un conseil. Qui peut-on consulter si notre sommeil est trop perturbé ?
Journaliste 2 : Alors, un centre du sommeil. C'est une spécialité médicale d'ailleurs…

75 Page 84, DELF A2, Compréhension de l'oral, Exercice 4
Dialogue 1
L'homme : Tu es en pleine forme, dis donc !
La femme : Merci, je fais beaucoup d'activité physique, tu sais. Et des siestes régulières aussi. C'est important.
L'homme : C'est bien, bravo ! Tu es courageuse ! Moi, je manque de sommeil et j'ai des douleurs quand je cours…
Dialogue 2
La femme : Salut ! Qu'est-ce que tu bois ?
L'homme : Une tisane à l'eucalyptus. C'est un bon remède contre mon rhume.
La femme : Vraiment ? Et cette tisane-là, elle est à quoi ? Qu'est-ce qu'elle soigne ?
L'homme : Elle est au romarin. C'est très efficace contre le stress.
Dialogue 3
L'homme : Pour le mal de dos, le meilleur sport c'est la natation.
La femme : Ce n'est pas vrai, nager ne soulage pas les douleurs.
L'homme : Ah ? Il faut dormir sur le ventre alors.
La femme : Non, pas du tout, ce n'est pas la meilleure position !
Dialogue 4
La femme : Bonjour docteur, je suis étudiante en médecine. Je peux vous poser une question ?
L'homme : Oui, bien sûr.
La femme : Pour être un bon médecin, qu'est-ce qui serait le plus important ?
L'homme : Écouter les patients, je pense. Et les calmer quand ils sont inquiets.

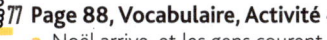

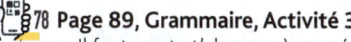 **Page 87, Grammaire, Activité 3**
a. À cause de cette enquête, je ne veux plus manger dans les fast-foods. – **b.** La vente des journaux a baissé car les gens lisent la presse en ligne. – **c.** J'aime beaucoup ce dessinateur, c'est pourquoi je suis abonnée à sa revue. – **d.** Le JT passe à 20 heures, alors les gens dînent devant la télévision. – **e.** C'est difficile de suivre l'émission en direct à cause de l'heure de diffusion. – **f.** L'abonnement à ce journal coûte cher, donc je préfère regarder la télévision. – **g.** Grâce à Internet, on peut facilement être informé.

77 Page 88, Vocabulaire, Activité 4
a. Noël arrive, et les gens courent dans les magasins pour acheter nourriture et cadeaux. L'année dernière, les Français ont dépensé en moyenne 130 euros pour le repas. Cette année, avec la crise, les prix des aliments ont beaucoup augmenté. – **b.** Il fait un temps magnifique aujourd'hui sur toute la France. Mais il y a du vent dans le Nord, près de Lille et Roubaix. Les températures sont entre 18 et 22 °C. L'été arrive et le soleil brille. – **c.** Match de tennis incroyable la semaine dernière à Roland-Garros. Rafael Nadal a gagné le tournoi grâce à un jeu parfait. – **d.** Le réchauffement climatique est une réalité. Nous devons changer nos habitudes. Prenons le vélo, trions nos déchets et consommons local. De petits gestes qui peuvent faire de grandes différences. – **e.** Dans la revue de presse d'aujourd'hui nous parlons des sorties ciné. Au programme, une comédie française avec d'excellents acteurs. L'histoire est drôle mais aussi romantique car c'est la rencontre entre deux personnages originaux qui vont tomber amoureux.

 Page 89, Grammaire, Activité 3
a. Il faut que tu t'abonnes à ce média. – **b.** C'est normal que tu utilises cet outil de communication. – **c.** C'est très bien que l'on parle des fausses informations. – **d.** Il est important que cette radio sensibilise le jeune public. – **e.** Il ne faut pas que tu aies trop de photos en ligne. – **f.** Il est indispensable que les auditeurs répondent à cette question.

79 Page 90, Vocabulaire, Activité 2
a. J'aime écouter des podcasts, je choisis mon sujet et le moment de la journée. – **b.** Je poste souvent des photos sur mon compte, surtout des photos de mes repas. – **c.** La voix de ce journaliste est incroyable. – **d.** Je suis en contact avec toute ma famille, c'est un super outil de communication. – **e.** Ce programme de radio est intéressant, il parle des différents styles de musique. – **f.** J'ai quitté ce réseau social, il y a beaucoup trop d'infox.

80 Page 91, Grammaire, Activité 2
a. Tu as vu mes photos ? Je les ai postées hier soir. – **b.** Est-ce que tu as regardé cette émission ? Je l'ai adorée. – **c.** Tu le suis sur Twitter ? – **d.** Le journaliste ne leur a rien demandé. – **e.** La dessinatrice lui a proposé sa bande dessinée. – **f.** La presse papier ? Je ne la lis pas souvent. – **g.** Nicolas leur parle régulièrement sur WhatsApp.

 Page 92, Phonie-graphie, Activité 1
a. Une petite histoire en ligne – **b.** Une recherche importante – **c.** Un bon jugement – **d.** Un gros budget – **e.** Une enquête intéressante – **f.** Un dernier numéro – **g.** Une mémoire étonnante

82 Page 92, Phonie-graphie, Activité 2
a. Les médias en ligne ou traditionnels proposent toutes sortes de sujets. – **b.** Sur Internet, on peut aussi s'informer sur l'économie, la culture, la politique et le sport. – **c.** Les réseaux sociaux permettent aux scientifiques de mieux communiquer et de partager les résultats de leurs recherches. – **d.** Les jeunes lisent les nouvelles en ligne et n'achètent plus de journal papier. – **e.** Les Français font de moins en moins confiance aux médias.

83 Page 92, Phonie-graphie, Activité 3
Depuis une vingtaine d'années, Internet et les technologies de l'information et de la communication ont transformé le paysage des médias. Nous avons accès à beaucoup plus d'informations, nous pouvons échanger, critiquer, commenter. Mais sommes-nous mieux informés ?

 84 Page 92, Phonie-graphie, Activité 4
Comment s'informent les jeunes aujourd'hui ? Pour suivre l'actualité, ils utilisent différents supports. Ils préfèrent les réseaux sociaux et Internet et ne sont pas attirés par les médias traditionnels. Grâce à leur smartphone, les jeunes sont toujours en contact avec l'actualité. Ils consultent très souvent des textes courts ou des vidéos mais ne lisent pas les articles en entier.

 85 Page 96, DELF A2, Compréhension de l'oral, Exercice 4
Dialogue 1
La femme : Salut Sylvain, tu es allé au cinéma hier ?
L'homme : Oui, c'était un film très intéressant !
La femme : Désolée je n'ai pas pu venir, c'était l'anniversaire de mon fils.
L'homme : Je comprends, pas de problème !

Dialogue 2
L'homme : Coucou Louise ! Tu es installée dans ton nouvel appartement ?
La femme : Non, pas encore. Je déménage samedi !
L'homme : Tu as besoin d'aide ? Je suis libre tout le week-end.
La femme : Oui, je veux bien car j'ai des meubles très lourds !

Dialogue 3
La femme : Bonjour Karim, tu es libre ce soir après le travail ?
L'homme : Oui je n'ai rien de prévu.
La femme : Viens manger chez moi. Je prépare des pizzas pour les collègues.
L'homme : Ah super ! C'est une bonne idée ! À plus tard !

Dialogue 4
L'homme : Bonjour Mink. Madame Morvan m'a dit que tu avais réussi le DELF A2 !
La femme : Oui, ça s'est très bien passé. J'ai eu une très bonne note !
L'homme : Bravo, je suis très content pour toi.
La femme : Merci

Unité 9 Consommer responsable

 86 Page 99, Grammaire, Activité 1
a. Tu devrais dépenser moins d'argent. b. Vous louerez une voiture pour vos prochaines vacances ? – c. L'acheteur négociera le prix. – d. Nous voudrions économiser pour acheter un nouvel appartement. – e. Ma mère aimera ce sac d'occasion. – f. On pourrait échanger nos livres ? – g. Tu aurais besoin d'un frigo neuf.

87 Page 100, Vocabulaire, Activité 2
a. J'ai emprunté ce livre à mes parents. – b. Pourquoi tu as jeté ton vieux pull ? – c. J'ai négocié le prix de cette superbe télé. – d. Paul veut vendre sa tente sur internet. – e. Vous avez partagé le gâteau ? – f. Il a loué une voiture.

88 Page 101, Grammaire, Activité 2
a. Elle est venue à l'atelier en prenant son vélo. – b. J'adore la mécanique, c'est intéressant. – c. Il boit son café, il est dans la cuisine. – d. J'ai réparé la panne en appelant le technicien. – e. Marion a trouvé ce pull en laine en se promenant. – f. Tu as fait beaucoup de jardinage, tu es fatigué. – g. Tu as peint en t'aidant de l'échelle.

89 Page 102, Vocabulaire, Activité 3
a. J'ai prêté ma ponceuse au voisin. – b. Tu as très bien décoré, ces couleurs sont superbes ! – c. Quel joli pull ! C'est toi qui l'as tricoté ? – d. Zut ! Ma voiture est encore tombée en panne. – e. Mon père est un très mauvais bricoleur. – f. Je dois changer la pièce du moteur. – g. J'adore tes étagères, elles apportent de la lumière à la pièce.

90 Page 103, Grammaire, Activité 3
a. Dans mon monde, faire du shopping serait gratuit. – b. Dans mes rêves, je pourrais dépenser mon argent sans compter. – c. Aujourd'hui, la couture est une excellente activité pour se détendre. – d. Imagine ! Tu pourrais acheter cet appartement. – e. Dans la vraie vie, on peut échanger nos affaires grâce à Internet. – f. Dans mon monde idéal, les produits en plastique n'existeraient plus.

91 Page 104, Phonie-graphie, Activité 1
a. un blog écologique – b. partager des goûts – c. lutter contre le gaspillage – d. négocier un changement – e. gagner de l'argent – f. des gros objets – g. échanger sur Instagram

92 Page 104, Phonie-graphie, Activité 2
a. – Tu voyages souvent dans la région ?
– Oui, j'aime bien voir de nouveaux paysages.
– Moi aussi ! On pourrait faire du covoiturage ?
– Ce serait génial !
b. – J'ai créé un blog avec des règles pour lutter contre le gaspillage.
– Ah oui ? Et qu'est-ce que tu proposes comme règles ?
– D'abord, il faut arrêter de jeter des objets et essayer de les réparer. Ensuite, il faut consommer raisonnablement et ne pas gaspiller, des aliments par exemple. Et enfin, il faut échanger des services et faire du troc.
– Je suis intéressé par ton blog. Je vais le consulter et le partager avec d'autres personnes.

93 Page 104, Phonie-graphie, Activité 3
Pour économiser de l'argent, pensez au troc, à l'échange d'objets et de services dans votre voisinage. Pour éviter le gaspillage, gardez vos appareils électroménagers, ne les jetez pas et faites-les réparer. C'est plus écologique !

94 Page 104, Phonie-graphie, Activité 4
Si vous voulez essayer le « fait maison », voici cinq activités à choisir selon vos goûts !
1 La couture pour réparer vos vêtements ou créer des sacs, par exemple. – 2 La cuisine pour manger mieux et plus équilibré et la pâtisserie pour faire des gâteaux originaux. – 3 Les loisirs créatifs pour fabriquer des objets de décoration ou des bijoux. – 4 Le bricolage pour installer des étagères dans votre logement, par exemple. – 5 Le jardinage pour cultiver des fruits et des légumes sur votre balcon. Toutes ces activités sont ludiques et agréables, plus économiques et écologiques !

95 Page 105, Compréhension orale
Le journaliste : Je suis Sylvain Zimmermann, journaliste RTL, et vous écoutez Tilt, un podcast de témoignages, où des hommes et des femmes nous expliquent comment ils ont adopté un mode de vie plus responsable, bien meilleur pour l'environnement et plus créatif. Dans ce septième épisode, vous allez faire la connaissance de Sarah. Sarah a décidé de ne plus rien acheter de neuf.
Sarah : Moi, j'ai toujours aimé un peu, de toute façon, récupérer ce que je trouvais pour les transformer en tout et n'importe quoi, des bijoux, des objets de déco, des petites choses, et puis, depuis peu aussi, carrément les meubles, donc faire du relooking de meubles. Donc c'est vrai que maintenant, j'aime encore plus aller chiner des choses en me disant ben je vais pouvoir le transformer. C'est-à-dire que non seulement j'achète quelque chose qui est pas cher de base et qui est dans un matériau solide, qui est le bois par exemple, mais en plus derrière, de toute façon, je vais entre guillemets le rendre à la mode, en tout cas, à mon goût à moi, puisque c'est des matériaux qui sont faciles à peindre. Il y a le plaisir d'avoir fait soi-même, il y a le temps qui est passé, qui est vraiment ce qu'on appelle le flow, c'est-à-dire qu'on est emporté par ce qu'on fait et on pense vraiment plus à rien d'autre. C'est comme une sorte de méditation sauf qu'en plus à la fin on a un objet nouveau et original en prime.

96 Page 108, DELF A2 Compréhension de l'oral, Exercice 1
Document 1
L'association Solidarité organise un grand troc mercredi prochain ! Si vous avez des vieux vêtements ou des jouets, venez les échanger contre des livres et des tableaux d'artistes locaux.
Document 2
Notre magasin fête ses trois ans ! Venez découvrir notre sélection incroyable de produits : machines à laver, ordinateurs et même de l'alimentation ! Pour notre anniversaire, tous les parfums sont en promotion !
Document 3
Bienvenue au salon du fait maison ! À 15 heures, nos bénévoles vous montreront comment fabriquer des objets de décoration. Pour réparer vos appareils, c'est à 18 heures dans le hall !
Document 4
Les résidents de la maison de retraite

cherchent des bénévoles pour nettoyer le jardin collectif. En échange, ils proposent de garder les enfants en jouant avec eux après l'école.
Document 5
Pour vos vacances, notre magasin loue du matériel de sport. Tentes, chaussures… Tout sauf les bateaux ! Les vélos ne sont pas à louer mais nous en avons d'excellents d'occasion !
Document 6
Nouveau service client ! Monter un meuble devient maintenant très facile grâce aux instructions écrites par nos techniciens. Plus besoin d'attendre au téléphone ou de chercher des tutoriels en ligne !

Unité 10 Envies d'ailleurs ?

97 Page 111, Grammaire, Activité 3
a. Cet été, j'ai été malade en Tunisie. – b. À Noël, j'étais encore en Tunisie. – c. Il a habité trois ans en Afrique. – d. Avant, il habitait dans le Sud. – e. J'aimais me balader dans les rues de la ville. – f. J'ai aimé la visite au musée.

98 Page 112, Vocabulaire, Activité 4
La réceptionniste : Hôtel Solis, bonjour !
Le client : Bonjour, madame. J'ai réservé une chambre au nom de Norin.
La réceptionniste : Oui, monsieur Norin. Une chambre simple du 15 au 18 mars.
Le client : Voilà… Je souhaite faire un changement parce que je viens avec ma femme.
La réceptionniste : D'accord. Nous avons une chambre double pour vous.
Le client : Et puis, nous arrivons le 16 mars, pas le 15.
La réceptionniste : Alors, vous passerez 2 nuits chez nous ?
Le client : Oui, c'est ça.
La réceptionniste : C'est noté, monsieur. Vous prenez les repas à l'hôtel ? La demi-pension, la pension complète ?
Le client : Je ne sais pas… Non, seulement le petit déjeuner.
La réceptionniste : Le petit déjeuner est compris dans le prix de la chambre.
Le client : Parfait, merci. À bientôt.
La réceptionniste : À bientôt, monsieur Norin.

99 Page 113, Grammaire, Activité 4
a. Vous avez écrit cette phrase ? – Oui, nous l'avons écrite. – b. Tu as pris les places pour demain ? – Oui, je les ai prises. – c. Ils ont fait une croisière sur la Méditerranée ? – Oui, ils l'ont faite. – d. Vous avez ouvert la brochure ? – Oui, nous l'avons ouverte. – e. Tu as compris toutes les informations ? – Oui, je les ai comprises. – f. Il a mis ses valises dans le bus ? – Oui, il les a mises.

100 Page 114, Vocabulaire, Activité 3
a. Le Vésuve est un volcan toujours actif. – b. Le site naturel des falaises d'Etretat se trouve en Normandie. – c. On a construit plusieurs ponts pour traverser ce fleuve. – d. Cette fontaine au milieu de la place est très ancienne. – e. Au printemps, l'eau, qui descend des montagnes, forme des cascades qu'il faut traverser. – f. Un animal comme l'ours peut passer l'hiver dans une grotte.

101 Page 115, Grammaire, Activité 4
a. Donnez-moi la brochure ! Quelle brochure, celle-ci ou celle-là ? – b. Regardez ces touristes ! Quels touristes, ceux-ci ou ceux-là ? – c. Passez-moi l'audioguide ! Quel audioguide, celui-ci ou celui-là ? – d. Donnez-moi les informations pratiques ! Quelles informations pratiques, celles-ci ou celles-là ? – e. Regardez ces ponts ! Quels ponts, ceux-ci ou ceux-là ?

102 Page 116, Phonie-graphie, Activité 1
1. a. le / les – b. voyager / voyager – c. été / été – d. ses / ce – e. des mains / demain – f. vous avez / vous avez ;
2. a. c'est / ces – b. même / même – c. allé / allais – d. voyageais / voyagez – e. ma chère / marcher – f. seize / seize

103 Page 116, Phonie-graphie, Activité 2
– Pour aller au Vietnam, tu préfères quel circuit ?
– Les deux circuits sont intéressants, mais j'ai une préférence pour le circuit culturel.
– J'ai trouvé deux billets pas chers et directs Paris-Hanoï.
– Super ! Tu es parfait !
– Pour dormir, que souhaites-tu ? Loger à l'hôtel ou dans une auberge de jeunesse ?
– J'aime mieux dormir à l'hôtel.
– Et pour les visites, le mieux est de les organiser sur place quand on arrivera. Tu es d'accord ?
– Oui, tu as raison !

104 Page 116, Phonie-graphie, Activité 3
La Réunion, ou « l'île intense », est une île française située dans l'Océan Indien. C'est un volcan encore très actif, le Piton de la Fournaise, qui offre un spectacle exceptionnel. Avec une flore et une faune uniques au monde, c'est le paradis des amoureux de la nature. Vous pourrez aussi profiter de ses belles plages de sable blanc, mais aussi de ses côtes plus sauvages.

105 Page 116, Phonie-graphie, Activité 4
Pour ceux qui voyagent sans voiture, pour les amateurs de randonnées à pied ou à vélo, cette application est faite pour vous ! Tous les itinéraires, randonnées, promenades sont présentés de manière pratique et ludique. Vous pourrez trouver de nombreux conseils et choisir votre parcours personnalisé selon vos goûts, votre condition physique, la météo. Vous aurez la possibilité de donner votre avis pour enrichir la communauté de cette application. N'attendez pas ! Rejoignez-nous !

106 Page 120, DELF A2, Compréhension de l'oral, Exercice 4
Dialogue 1
L'homme : Salut Clarisse. Alors, ce voyage au Cambodge ?
La femme : J'ai visité les temples d'Angkor, c'était magnifique. La nourriture était délicieuse mais épicée.
L'homme : Oh tu as de la chance. Il faisait beau ?
La femme : Oui, très chaud !

Dialogue 2
L'homme : Salut Nalinee. Je vais visiter les grottes de Lascaux ce week-end. Tu veux venir.
La femme : Oui avec plaisir. J'adore les grottes ! On part à quelle heure ?
L'homme : Rendez-vous à 10 heures, devant chez moi.
La femme : Super. Alors à samedi.

Dialogue 3
La femme : Ça va Yvan ? Tu fais quoi ?
L'homme : J'essaye de réserver un hôtel sur internet mais je crois que ça ne fonctionne pas.
La femme : Attends, je peux t'aider.
L'homme : Oui, s'il te plaît car je n'y arrive pas !

Dialogue 4
L'homme : Bonjour Madame, vous êtes d'ici ? Je ne connais pas bien la ville !
La femme : Oui bien sûr ! Vous voulez aller où ?
L'homme : Je cherche l'arrêt de bus, direction Cascade de Langevin.
La femme : L'arrêt, c'est celui-ci, juste à côté du parking.

Unité 11 De jolis parcours

107 Page 123, Grammaire, Activité 1
a. C'est moi qui ai envoyé ce CV. – b. C'est l'organisation des études en France qui me plaît le plus. – c. C'est ce qu'il veut dire ? – d. C'est la classe de Terminale qui est difficile au lycée. – e. C'est à vous que nous voulions parler. – f. C'est ma prof de maths que je remercie.

108 Page 124, Vocabulaire, Activité 4
a. J'ai 15 ans et je suis en seconde au lycée Voltaire. – b. J'ai eu de bonnes notes aux examens de première année. – c. J'enseigne en deuxième année de bachelor. – d. Mon fils a 4 ans et il va déjà à l'école. – e. Mes élèves passent le bac cette année.

109 Page 125, Grammaire, Activité 4
a. Ce n'est pas mon profil. – b. Tu es sûr de ton choix ? – c. Je ne peux pas faire mon CV. – d. Est-ce que tu as regardé cette annonce ? – e. Qu'est-ce que tu veux obtenir ? – f. Tu dois faire une autre formation.

110 Page 126, Vocabulaire, Activité 3
Bonjour, je m'appelle François Jenny. Je suis entrepreneur. Mon expérience professionnelle commence en 2017, l'année où j'ai obtenu mon Master de communication. J'ai tout de suite été embauché pour le poste de secrétaire de direction dans la société Payotte. Après trois ans d'expérience, je suis devenu travailleur indépendant. En ce qui concerne mes compétences, je maîtrise l'espagnol et je suis à l'aise avec l'informatique : Excel, Word… Mes centres d'intérêt sont le tennis et le judo.

111 Page 127, Grammaire, Activité 4
a. Tu penses à ta carrière ? – b. Votre chef pense à ses employés ? – c. Ils sont sensibles à leur salaire ? – d. Vous vous êtes abonné au réseau professionnel de l'entreprise ? – e. Tu fais attention à

Transcriptions   cent cinquante-trois | 153

ton profil professionnel ? – **f.** Ton chef a répondu à ta demande de congés ?

112 Page 128, Phonie-graphie, Activité 1
a. bœufs / beau / beau / bout – **b.** eux / eux / haut / où – **c.** le / l'eau / l'eau / loup – **d.** ne / nos / nous / nous – **e.** peu / peu / peau / pou – **f.** jeu / Jo / joue / joue

113 Page 128, Phonie-graphie, Activité 2
a. Pour être heureux, il faut l'être au travail. – **b.** Pour réussir sa vie, il faut avoir deux métiers dans sa carrière professionnelle. – **c.** Le travail est mieux réalisé en coworking que tout seul dans un bureau. – **d.** Les relations entre collègues sont toujours plus importantes que le salaire. – **e.** On peut s'épanouir dans un nouveau métier à n'importe quel âge.

114 Page 128, Phonie-graphie, Activité 3
Bonjour, je m'appelle Denisa. Je suis roumaine. J'ai obtenu mon diplôme du bac cette année au lycée français de Bucarest où j'ai étudié pendant 6 ans. Mon projet professionnel est de devenir traductrice français-roumain, au niveau européen. Je veux venir en France, à Toulouse, pour commencer une licence et continuer avec un master.

115 Page 128, Phonie-graphie, Activité 4
Beaucoup de jeunes diplômés aiment travailler en coworking. Pourquoi ? Ce système venu des États-Unis propose un grand espace où des entrepreneurs se réunissent pour travailler. Dans ce lieu, on peut échanger, partager des connaissances et des expériences. C'est une alternative qui permet d'avoir des relations sociales et qui est moins coûteuse que des locaux classiques.

116 Page 129, Compréhension orale
Journaliste 1 : « C'est mon boulot ! » Bonjour Philippe.
Journaliste 2 : Bonjour Aurélien. Bonjour à toutes et à tous.
Journaliste 1 : Vous nous présentez ce matin, Philippe, une alternative au télétravail et aux grands espaces de coworking. Un groupe d'entreprises de la région nantaise ouvre ses bureaux à des salariés d'autres entreprises que la leur. Ça porte un nom, ça s'appelle « le travail rapproché ».
Journaliste 2 : Les jours où on a le droit de travailler en dehors de chez soi, on n'est pas obligé pour autant de faire des kilomètres et de passer des heures sur la route pour rejoindre son lieu de travail. On peut choisir d'aller dans une autre entreprise que la sienne, plus proche, histoire d'y aller à pied ou à vélo dans une société qui a décidé de mettre à disposition, gratuitement, quelques-uns de ses bureaux inoccupés pour ces travailleurs nomades.
Journaliste 1 : Philippe, quels sont les avantages pour les salariés qui jouent le jeu de ces échanges de bureau ?
Journaliste 2 : Alors c'est surtout pour réduire les temps de transports. Grâce à une appli type Airbnb, qui a été créée pour l'occasion, tous les salariés des entreprises membres de l'association Dirigeants responsables de l'Ouest peuvent voir quels sont les bureaux disponibles près de chez eux. On réserve d'un simple clic et on peut choisir de faire du tourisme : tester plusieurs environnements de travail, selon les jours, selon les envies, selon les besoins.

117 Page 132, DELF A2, Compréhension de l'oral, Exercice 3
Bonjour, c'est M. Slimane. Je cherche une assistante marketing pour mon entreprise d'informatique. Vous avez déjà une expérience dans la communication et vous faites du théâtre et du volley-ball. C'est intéressant ! C'est l'équipe projets qui organise les réunions. Vous aurez à former les stagiaires. Vous devrez venir au bureau tous les jours, pas de télétravail. Je suis en voyage le 16 octobre, je rentre à 17 heures. Seriez-vous libre pour un entretien vers 18 heures ? Envoyez-moi un SMS pour confirmer !

Unité 12 Soif de nature

118 Page 135, Grammaire, Activité 4
a. Je prends ma voiture tous les jours. – **b.** Je ne recycle jamais mes déchets. – **c.** Je donne à manger aux animaux sauvages. – **d.** Je laisse la lumière allumée toute la journée. – **e.** Mes enfants ne comprennent rien à l'écologie. – **f.** J'utilise des produits ménagers qui polluent.

119 Page 136, Vocabulaire, Activité 4
a. J'adore me promener dans la nature. – **b.** Je suis inquiète de voir la destruction des forêts. – **c.** Je respecte les animaux et les plantes pour préserver la biodiversité. – **d.** Je n'achète pas de bouteilles en plastique. – **e.** Je fais partie d'une association de défense de l'écologie.

120 Page 137, Grammaire, Activité 3
a. J'adore être avec les animaux. – **b.** Quand mon chat a faim, il miaule. – **c.** Tous les matins, je vais ramasser les œufs de mes poules. – **d.** Mes enfants s'intéressent beaucoup aux animaux. – **e.** Les gens ne savent pas que certains reptiles disparaissent. – **f.** Mes chiens ont besoin d'espace !

121 Page 138, Vocabulaire, Activité 3
a. Il transporte sa maison. – **b.** C'est un mammifère sauvage avec des rayures noires et orange. – **c.** Il a des plumes et vole très haut. – **d.** C'est un oiseau qui donne des œufs. – **e.** C'est un insecte qui peut monter partout. – **f.** C'est un animal de compagnie et de course.

122 Page 139, Grammaire, Activité 1
a. 5 000 arbres sont plantés chaque année par cette association. – **b.** Des sorties « nature » seront proposées par nos animateurs. – **c.** Nous produisons trop de déchets. – **d.** Il faut lutter contre la déforestation. – **e.** Un site internet de co-jardinage a été créé par cette activiste il y a quelques années. – **f.** De nombreuses espèces animales sont en voie de disparition.

123 Page 140, Phonie-graphie, Activité 1
a. La nature est belle et fragile. – **b.** La Terre est en danger. – **c.** Je ne ferai rien contre la biodiversité. – **d.** Protégeons notre environnement ! – **e.** Tu recycleras tes déchets. – **f.** Les jeunes adultes agissent pour l'avenir.

124 Page 140, Phonie-graphie, Activité 2
a. Je ne gaspille rien. / Je ne gaspille rien. – **b.** Tu feras le tri des déchets. / Tu feras le tri des déchets. – **c.** Il utilisera des produits écologiques. / Il utilisera des produits écologiques. – **d.** Nous consommerons moins d'énergie. / Nous consommerons moins d'énergie. – **e.** Vous vous déplacerez à vélo. / Vous vous déplacerez à vélo. – **f.** Elles mangeront des produits locaux. / Elles mangeront des produits locaux.

125 Page 140, Phonie-graphie, Activité 3
Le chat est l'animal de compagnie le plus populaire chez les Français pour de nombreuses raisons. C'est un animal propre et autonome. Il peut être heureux dans un appartement et rester seul dans votre logement pendant la journée. Mais il apprécie la compagnie de ses maîtres et peut être très affectueux. Enfin, il chasse les souris, ce qui est utile quand on a un jardin.

126 Page 140, Phonie-graphie, Activité 4
Bonjour,
Je viens de découvrir votre site et je suis très intéressée par l'idée de cojardiner. J'habite dans le centre de Lyon, dans un appartement, mais avant j'habitais chez mes parents à la campagne. Je les aidais à cultiver notre potager. J'ai donc de bonnes compétences en jardinage ! L'idée de partager les fruits et les légumes est excellente car nous pouvons consommer ce que nous faisons pousser. Si vous habitez dans la région lyonnaise et que vous avez un jardin, je veux bien vous aider à le cultiver. Charlotte

127 Page 144, DELF A2, Compréhension de l'oral, Exercice 2

Document 1
Ce lundi à la librairie, rencontre avec Julien Barreau, auteur d'un livre sur l'écologie. Il parlera de sa vision de l'avenir de la planète et répondra à vos questions. Inscription obligatoire par courriel à rencontredecitre@yahoo.fr

Document 2
Ce week-end, la ville de Sèvres propose des animations pour les enfants. Promenade dans la forêt avec Philippe de 10 h à 12 h et atelier dessins d'insectes avec Odile de 14 h à 16 h. Inscription : 5 euros par enfant.

Document 3
Bienvenue dans notre émission ! Aujourd'hui, le botaniste Axel nous donne des conseils pour bien cultiver notre jardin ! À la fin de l'émission, un jeu concours permettra de gagner un abonnement d'un an pour des paniers de légumes bio.

Corrigés

Unité 1 Nouvelles vies

Page 3, Grammaire
Le passé composé
1. Passé composé : **b.** – **c.** – **d.** – **e.**
2. b. est – **c.** ont – **d.** avons – **e.** êtes – **f.** as
3. b. dit – **c.** été – **d.** reçu – **e.** dû – **f.** vécu
4. b. rencontrés – **c.** fini – **d.** morte – **e.** devenue – **f.** arrivées
5. a grandi – est devenue – a travaillé – a décidé – est sorti – ont eu

Page 4, Vocabulaire
Parcours de vie
1. b. 1 – **c.** 5 – **d.** 4 – **e.** 3
2. b. déménager. – **c.** se faire des amis – **d.** rencontre – **e.** célibataire – **f.** faire connaissance
3. b. Ils sont tombés amoureux. – **3. c.** Ils ont décidé de s'installer ensemble. – **4. d.** Ils se sont mariés et ils ont décidé d'avoir un enfant. – **5. e.** Leur enfant est né. – **6. f.** Ils se sont séparés 20 ans après leur rencontre.
4. 1. f – 2. c – 3. d – 4. i. – 5. b – 6. e

Page 5, Grammaire
La phrase négative
1. a. Mick ne fait jamais de judo. – **b.** Personne ne regarde le match à la télé. – **c.** Je ne joue plus aux jeux vidéo. – **d.** Nous ne mangeons rien. – **e.** Personne ne fait de randonnée. – **f.** Romain ne danse jamais avec moi.
2. b. rien – **c.** plus – **d.** jamais – **e.** personne – **f.** plus
3. b. Je n'ai vu personne. – **c.** Vous n'avez rien mangé ? – **d.** Elle n'a plus fait de vélo ? – **e.** Tu n'as jamais joué au foot ? – **f.** Nous n'avons rien eu à faire ?
4. b. Je ne vais au concert avec personne. – **c.** Je n'ai rien dit. – **d.** Non, je n'ai plus d'argent. – **e.** Non, personne ne parle italien ici. – **f.** Non, je n'ai jamais vu ce spectacle ?

Page 6, Vocabulaire
Les loisirs
1. Édouard : 5, 1, 4 ; Nicole : 2, 3, 6
2. b. cinéma – **c.** compétitions – **d.** château – **e.** la peinture – **f.** vélo
3. promenades – sports nautiques – visites guidées – amateurs et amatrices – monuments

Page 7, Grammaire
Les indicateurs de temps
1. b. depuis – **c.** il y a – **d.** depuis – **e.** il y a – **f.** depuis
2. a. b. depuis – **c.** pendant – **d.** il y a – **e.** depuis – **f.** depuis – **g.** pendant
3. b. pendant – **c.** depuis – **d.** pendant – **e.** depuis – **f.** il y a
4. b. il y a – **c.** depuis – **d.** pendant – **e.** depuis – **f.** il y a

Page 8, Phonie-graphie
1. a. Tu as préparé **toutes** tes affaires. – **b.** Hier **vous** avez **vu** un film. – **c.** Dans un bar, **debout**, j'ai **bu** un cocktail de fruits. – **d.** Il a **lu** à son fils l'histoire du **loup**. – **e.** Sa moto à trois **roues** est dans la **rue**. – **f.** Elle a **su** gérer son stress et ne pas être **sous** pression.
2. a. – C'est sûr ? ↑ – Non, c'est fou ! ↓ ; **b.** – Mon livre, tu l'as lu ? ↑ – Non, je vais le lire tout de suite ! ↓ ; **c.** – C'est à Jules ? ↑ – Non, c'est à vous. ↓ ; **d.** – C'est dur ? ↑ – Non, c'est mou. ↓ – ; **e.** – Le jus de pommes, tu l'as bu ? ↑ – Oui, il est bon et il est doux ! ↓
3. Salut Jules, au mois d'a**oû**t, n**ou**s avons d**û** annuler nos vacances. N**ou**s avons **eu** un gros problème. Et toi tu pars **où** p**ou**r les vacances ? À bientôt Louis.

Page 9, Compréhension orale
1. a. Faux – **b.** Vrai – **2.** réalisateur, écrivain et poète – **3.** lui, son identité – 4. Il est né en France.

Page 9, Production écrite
Exemple de production : Bonjour à tous, Je m'appelle Irache. Je suis espagnole. Je suis née et j'ai grandi à Madrid. J'ai fait des études de français, j'ai obtenu mon diplôme de master dans mon pays puis j'ai décidé de venir en France pour perfectionner mon français. Je suis à Grenoble depuis une semaine et je pense rester pendant un an. J'aimerais rencontrer des gens pour sortir. J'adore les concerts, je suis fan de musique française. J'aime beaucoup les activités en plein air, la randonnée et le vélo mais je n'aime pas trop le VTT. Alors qui est libre pour une balade ou un petit concert ?

Page 10, Bilan linguistique, Grammaire
1. a. Marc a déménagé à Paris. – **b.** Lana a eu un enfant. – **c.** Cathy est tombée amoureuse. – **d.** Vincent et Ève se sont mariés ! – **e.** Ma conjointe est allée à un spectacle. – **f.** Mon frère a fini son stage. – **g.** Cédric et Anouk ont décidé d'avoir un enfant.
2. a. Je ne vois rien. – **b.** Vous ne connaissez personne ici. – **c.** Je ne fais plus de compétition. – **d.** Tu n'as jamais été en retard. – **e.** Personne n'a parlé de notre stage. – **f.** Rien n'a été simple avec toi. – **g.** Je n'ai jamais fait cette balade.
3. a. depuis – **b.** il y a – **c.** pendant – **d.** il y a – **e.** Depuis – **f.** il y a

Page 11, Bilan linguistique, Vocabulaire
1. a. son conjoint – **b.** cherche du travail – **c.** écrivain – **d.** actrice – **e.** un enfant
2. a. 4 – **b.** 1 – **c.** 2 – **d.** 5 – **e.** 3
3. a. Vrai – **b.** Faux – **c.** Vrai – **d.** Faux – **e.** Faux
4. a. 2 – **b.** 5 – **c.** 3 – **d.** 1 – **e.** 4

Page 12, DELF A2
1. Compréhension de l'oral
1. C. – **2.** B. – **3.** A. – **4.** C. – **5.** A. – **6.** A.
2. Compréhension des écrits
1. E. – **2.** D. – **3.** B. – **4.** G. – **5.** C. – **6.** H.

Page 13, DELF A2
3. Production écrite
Exemple de production
Salut ! Comment ça va ? Samedi dernier, c'était les journées du Patrimoine. Avec Thibaut, nous sommes allés visiter l'Opéra de Paris. C'était magnifique. Il y a de l'or et des sculptures partout ! Nous avons vu le hall, la salle de spectacle et les coulisses. J'ai adoré voir toutes les machines derrière la scène.
Le soir, on a mangé au restaurant de l'Opéra. C'était très bon. On a passé une journée vraiment agréable.
Si ça te dit, on peut y aller l'année prochaine ? Bisous Léo

Page 13, DELF A2
4. Production orale
Exemple de production : Mes vacances préférées c'était en Suisse. J'y suis allée avec mon mari et ma fille l'année dernière. La première semaine, nous sommes restés dans une petite ville, près de Genève. Nous avons visité un vieux château et la maison de l'acteur de cinéma Charlie Chaplin. Elle est très grande. Il y a beaucoup de souvenirs de lui et de sa famille. On a regardé des extraits de ses films dans son studio de cinéma et on s'est promené dans le jardin. Il y a une belle vue sur le lac et les montagnes. C'était magnifique et en plus il faisait beau. Après, nous sommes allés voir mon cousin. Il habite à Neuchâtel. Ma fille a joué avec ses cousines. Nous nous sommes baignés et on a fait du paddle sur le lac. C'était mes vacances préférées parce que la Suisse est un très beau pays, c'est calme, on peut se reposer. Et j'ai aimé passer du temps avec ma famille.

Page 14, Jeux
1. Réponses libres.
2. a. conjointe – **b.** s'installer – **c.** grandir – **d.** la peinture – **e.** le paddle – **f.** regarder une série
3. a. J'ai vu/écrit. Je suis venu/entré. Tu as vu/écrit. Tu es venu/entré.
b. Elle est partie. Il est parti. Elle/Il a choisi. Ils/Elles ont choisi. Elles sont allées. Ils sont arrivés.
4. a. bricolage – **b.** judo – **c.** accrobranche – **1.** cinéma – **2.** jardiner – **3.** randonnée

Unité 2 Je me souviens

Page 15, Grammaire
L'imparfait
1. Présent : a, c, e – Imparfait : b, d, f
2. b. écrivais – **c.** changeait – **d.** chantait – **e.** espériez – **f.** voyais
3. faisions – préférait – allions – habitaient – adorais – cuisinait – mangeait – était

4. b. Étienne et Alex se déplaçaient souvent. – **c.** Tu avais beaucoup de photos de vacances. – **d.** Nous étions souvent en retard. – **e.** Vous faisiez beaucoup de choses ensemble. – **f.** J'adorais écouter le chant des oiseaux. – **g.** Tu me tenais toujours la main quand on allait à l'école.

Page 16, Vocabulaire
Le souvenir
1. a. 1 – **b.** 4 – **c.** 5 – **d.** 6 – **e.** 3 – **f.** 2
2. b. sentir – **c.** replonger dans son enfance – **d.** mauvais souvenir – **e.** vue – **f.** inoubliable – **g.** bon
3. raconte – souvenirs heureux – sentir – goûter – saveurs
4. Souvenir… de vacances : e – **d'enfance :** b – **de famille :** d – **d'adolescence :** a – **de jeunesse :** f – **d'école :** c

Page 17, Grammaire
Les pronoms y et en
1. b. en – **c.** en – **d.** y – **e.** en – **f.** y
2. b. en – **c.** y – **d.** en – **e.** en – **f.** y
3. b. en est revenu – **c.** n'y est pas – **d.** en est parti – **e.** n'y suis pas allé(e) – **f.** n'en sont pas rentrés – **g.** y sont toujours.
4. y – y – en – y – en – y

Page 18, Vocabulaire
Les paysages et la météo
1. La mer : une île, une mouette, un port – **La montagne :** un chalet, un sommet – **La campagne :** une ferme, une prairie
2. a. 5 – **b.** 3 – **c.** 6 – **d.** 1 – **e.** 4 – **f.** 2
3. b. Faux – **c.** Vrai – **d.** Vrai – **e.** Faux – **f.** Vrai – **g.** Faux
4. a. 5 – **b.** 2 – **c.** 1 – **d.** 4 – **e.** 6 – **f.** 3

Page 19, Grammaire
La place de l'adjectif
1. Avant le nom : b, e, g – **Après le nom :** a, c, d, f
2. b. des touristes japonais – **c.** un souvenir inoubliable – **d.** une grande fraîcheur – **e.** un vieux port – **f.** des moments spéciaux – **g.** un gros bateau
3. b. Regarde ce beau ciel bleu. – **c.** Nous avons visité de jolis villages corses. – **d.** J'ai vu de grands bâtiments modernes. – **e.** Il nous a offert un petit souvenir original. – **f.** C'est une grande fête traditionnelle. – **g.** Je préfère acheter de bons produits locaux.
4. b. ces moments incroyables/ces incroyables moments – **c.** une expérience fantastique – **d.** la cuisine italienne – **e.** de bonnes chaussures de randonnée – **f.** un grand chalet – **g.** une île magique

Page 20, Phonie-graphie
1. a. [n] : 1 – [z] : 2 – [t] : 1 ; **b.** [n] : 1 – [z] : 1 – [t] : 1 ; **c.** [n] : 0 – [z] : 1 – [t] : 2 ; **d.** [n] : 1 – [z] : 2 – [t] : 1 ; **e.** [n] : 1 – [z] : 1 – [t] : 1
3. Avec mes amis, nous avons voyagé dans un pays francophone, en Algérie. Nous avons dormi chez un ami.
Nous avons pris un petit hélicoptère pour aller dans le désert. Nous avons marché six jours et sommes rentrés en avion en France.

Page 21, Compréhension écrite
1. a. Faux – **b.** Vrai –
2. a. n'avait pas d'accent espagnol – **b.** français – **c.** dans la même rue – **d.** coudre
3. Ils parlaient de l'Espagne. –
4. a. Ces moments sortaient de la vie ordinaire et c'était agréable. – **b.** Il regardait les femmes travailler. – **c.** Ma place changeait.

Page 21, Production orale
Réponses libres.

Page 22, Bilan linguistique
Grammaire
1. a. habitions – **b.** se déplaçait – **c.** allaient – **d.** faisais – **e.** voyageais – **f.** commençait – **g.** écrivions
2. a. Je n'y étais pas heureuse. – **b.** Nous en sommes partis à 13 heures. – **c.** À quelle heure tu y vas ? – **d.** Elle en est descendue rapidement. – **e.** Tu n'y passes pas beaucoup de temps. – **f.** Vous vous y promenez souvent ? – **g.** Quand est-ce que tu en repars ?
3. a. Nous avons créé une nouvelle affiche. – **b.** J'ai acheté des espadrilles confortables au Maroc. – **c.** Ce plat a un goût fort. – **d.** C'est une odeur insupportable. – **e.** Je me rappelle de toutes ces saveurs incroyables. – **f.** Tu as rencontré beaucoup d'étudiants étrangers.

Page 23, Bilan linguistique
Vocabulaire
1. a. 3 – **b.** 5 – **c.** 1 – **d.** 2 – **e.** 4
2. a. goûter – **b.** bruit – **c.** jeunesse – **d.** sent – **e.** joyeux
3. a. gris – **b.** humide – **c.** un lac – **d.** dunes – **e.** la canicule
4. a. un chalet – **b.** une ferme – **c.** sommet – **d.** prairie – **e.** port

Page 24, DELF A2
1. Compréhension de l'oral
1. B. – **2.** A. – **3.** C. – **4.** A. – **5.** C. – **6.** C.
2. Compréhension des écrits
1. C. – **2.** B. – **3.** B. – **4.** A. – **5.** C. – **6.** C.

Page 25, DELF A2
3. Production écrite
Exemple de production :
Salut Ève,
Merci pour l'invitation. Oui, je viens à ton anniversaire, ça va être super ! Je peux venir avec une amie ? Elle s'appelle Salomé, elle est très sympa. J'adore cuisiner alors je vais t'aider. Pour le dîner, nous pouvons préparer de grandes salades à partager ou faire des crêpes. J'apporte ma recette de gâteau au chocolat pour le dessert ! À samedi !
Diane

4. Production orale
Exemple
- Bonjour madame.
- Bonjour.
- Je voudrais acheter un souvenir de Montpellier pour mon père. Vous pouvez me conseiller ? Il adore lire et il aime beaucoup l'architecture.
- Oui, bien sûr. Il y a un livre sur les plus beaux monuments de la ville avec de très belles photos. Il y a aussi un magazine sur l'histoire de l'architecture dans le sud de la France.
- Je préfère le livre avec les photos. Quel est le prix s'il vous plaît ?
- Il est à 29,99 euros.
- Je vais le prendre, merci. Je cherche aussi un petit souvenir pour mon neveu, il a 7 ans. Il adore jouer bien sûr et il aime beaucoup les animaux.
- Pour un enfant je vous conseille ce puzzle avec des bateaux, il plaît beaucoup aux petits. Nous avons aussi un livre de coloriages sur les animaux de la mer.
- Vous avez un puzzle avec des animaux ?
- Oui, j'ai un puzzle avec des éléphants mais ce ne sont pas des animaux de Montpellier !
- Ah d'accord. Alors je ne prends pas le puzzle mais je prends le livre de coloriage sur les animaux. Il coûte combien ?
- Il est à 7 euros.
- D'accord, merci. Pour ma meilleure amie, je cherche un tee-shirt ou une robe. Vous vendez aussi des habits ?
- J'ai seulement des tee-shirts avec le nom de la ville dessus.
- Vous avez un tee-shirt de couleur jaune ? C'est sa couleur préférée.
- Non, désolée. Je n'ai que du blanc, du rouge et du bleu.
- Dommage. Alors je vais prendre le tee-shirt rouge. Est-ce que vous avez la taille M pour ce modèle ?
- Ah non, désolée. Il reste seulement les tailles S et L.
- Alors je ne prends pas de tee-shirt. Ce n'est pas grave.
- D'accord. Vous voulez des paquets cadeaux pour les deux livres ?
- Oui, s'il vous plaît.
- D'accord. Le total est à 51,14 euros s'il vous plaît.
- Très bien. Je peux payer par carte ?
- Oui, c'est possible.
- Merci beaucoup. Bonne journée.
- À vous aussi, au revoir.

Page 30, Jeux
1. Réponses libres.
2. me réveillais – était – descendions – disait – s'installait – commençait – buvaient – avait – étaient – se sentait
3. canicule – pluie – chaleur – fraîcheur – orage – ciel bleu – climat – température – temps humide – temps sec – ciel gris – degrés
4. a. 2 : une mouette – **b.** 1 : une île – **c.** 5 : le soleil – **d.** 4 : la côte – **e.** 3 : le sable

Unité 3 Comme à la maison

Page 27, Grammaire
Les pronoms relatifs qui, que, où
1. b. où – **c.** qui – **d.** qu' – **e.** que – **f.** où – **g.** qui
2. b. on partage des parties communes. – **c.** j'utilise comme bureau. – **d.** est assez sombre. – **e.** fait 30 m² . – **f.** on doit payer ?
3. b. où – **c.** que – **d.** où – **e.** qu' – **f.** où
4. b. Je vais louer un appartement que j'ai visité deux fois. – **c.** Mes amis vivent dans un T3 qu'ils ont entièrement rénové. – **d.** Nous avons une cave où nous

rangeons beaucoup de choses. – **e.** Tu habites dans une résidence où les espaces communs sont très grands. – **f.** C'est une maison neuve qui a une véranda.

Page 28, Vocabulaire
Le logement et la location
1. b. T1 – **c.** meublé – **d.** ancien – **e.** loyer – **f.** une cave – **g.** disponible
2. b. le bureau – **c.** le local à vélo – **d.** la cuisine – **e.** la salle de bain/salle d'eau – **f.** la buanderie – **g.** la chambre
3. b. couloir – **c.** immeuble – **d.** jardin – **e.** balcon – **f.** garage
4. b. bruyante – **c.** les charges et le chauffage – **d.** une résidence universitaire – **e.** propriétaire – **f.** en colocation

Page 29, Grammaire
La comparaison
1. b. plus de – **c.** mieux – **d.** meilleur – **e.** autant d' – **f.** moins
2. b. Il y a moins de rangements ici. – **c.** Mon lave-linge fonctionne mieux que mon lave-vaisselle. – **d.** Je paie autant de charges qu'avant. – **e.** Cette rue est moins chic que ta rue. – **f.** Cette machine à café est pire que l'ancienne machine.
3. b. moins – **c.** moins de – **d.** plus – **e.** aussi – **f.** autant
4. b. Je dois monter plus d'étages que toi. – **c.** On dort mieux qu'avant. – **d.** Je regarde la télé aussi souvent que toi. – **e.** Votre quartier est moins animé que le centre-ville.
5. b. moins d'espaces verts – **c.** mieux (ici) – **d.** aussi grande – **e.** moins de magasins – **f.** travaille plus (qu'avant)

Page 30, Vocabulaire
Le mobilier et le cadre de vie
1. a. 4 – **b.** 1 – **c.** 6 – **d.** 8 – **e.** 5 – **f.** 3 – **g.** 7 – **h.** 2
2. Meubles : un placard, un tabouret, un divan – **Objets de décoration :** une horloge, un cadre, un rideau – **Équipements :** un évier, un lavabo, une douche
3. b. lavabo – **c.** appareils électroménagers – **d.** rangements – **e.** étagère – **f.** chic – **g.** table de chevet
4. a. coussin – **b.** bâtiment – **c.** bureaux – **d.** tranquille – **e.** espaces verts – **f.** plante

Page 31, Grammaire
La condition
1. b. Si – **c.** S' – **d.** Si – **e.** Si – **f.** S' – **g.** S'
2. Présent : b, f ; **g – Impératif :** a, c, d, e
3. a. Si tu veux l'appartement, téléphone au propriétaire ! – **b.** Si tu as froid, prends une couette. – **c.** Si je gagne plus d'argent, je m'achète un nouveau canapé. – **d.** Si tu pars à l'étranger, tu loues ta maison ? – **e.** Pars si tu veux ! – **f.** Si vous êtes d'accord, on loue ces bureaux. – **g.** Si vous avez le temps, allez visiter ce quartier !
4. b. S'il y a trop de bruit, ferme la fenêtre./Ferme la fenêtre s'il y a trop de bruit. – **c.** Si tu n'as pas assez de rangements, achète un autre placard./Achète un placard si tu n'as pas assez de rangement. – **d.** Si tu veux payer moins cher, prends un appartement plus petit./Prends un appartement plus petit si tu veux payer moins cher. – **e.** S'il fait beau, on mange dans le jardin./On mange dans le jardin s'il fait beau. – **f.** Si le canapé-lit est assez confortable, je n'achète pas de lit./Je n'achète pas de lit si le canapé-lit est assez confortable. – **g.** Si vous aimez la nature, déménagez à la campagne./Déménagez à la campagne si vous aimez la nature.

Page 32, Phonie-graphie
1. 1. a. [j] – **b.** [i] – **c.** [i] – **d.** [j] ; **2. a.** [ɥ] – **b.** [y] – **c.** [ɥ] – **d.** [y] ; **3. a.** [u] – **b.** [w] – **c.** [w] – **d.** [w]
3. Une jeune fille habite dans un foyer où il y a plusieurs étudiantes de nationalités différentes.
4. Au mois de juillet, huit amis mangent des fruits dans une cuisine sans faire de bruit.
5. Nous avons trois choix : louer un appartement moins cher mais plus loin, un studio plus cher mais moins loin, une colocation dans un endroit mieux situé.

Page 33, Compréhension orale
1. a. Vrai – **b.** Faux – **c.** Vrai
2. a. T5 – **b.** 4 chambres – **c.** font partie de la même pièce – **d.** un balcon – **e.** grande – **f.** est meublé
3. C'est moins de 200 euros par mois.

Page 33, Production écrite
Exemple de production :
Bonjour,
Je suis intéressé par votre annonce. Je voudrais avoir quelques informations supplémentaires. À quel étage se trouve l'appartement ? Le montant du loyer est de 500 euros mais cela inclut les charges ? Comment est le quartier ? Est-ce qu'il y a des magasins à proximité ? Il n'y a pas trop de bruit le soir ? Je voudrais aussi savoir comment est la salle de bain. Est-ce qu'il y a assez de place pour mettre un lave-linge ? Merci pour votre réponse,
Yannick Boulanger

Page 34, Bilan linguistique
Grammaire
1. a. qui – **b.** que – **c.** où – **d.** qui – **e.** que – **f.** qu' – **g.** où
2. a. aussi – **b.** moins de – **c.** meilleur – **d.** moins – **e.** autant d' – **f.** mieux – **g.** autant que
3. a. 3 – **b.** 1 – **c.** 6 – **d.** 2 – **e.** 4 – **f.** 5

Page 35, Bilan linguistique
Vocabulaire
1. a. Vrai – **b.** Vrai – **c.** Faux – **d.** Faux – **e.** Faux
2. étage – disponible – meublé chauffage – loyer
3. a. table de chevet – **b.** lave-linge – **c.** cadres – **d.** cet évier – **e.** le four
4. a. 3. – **b.** 1. – **c.** 4. – **d.** 5. – **e.** 2.

Page 36, DELF A2
1. Compréhension de l'oral
1. A. – **2.** C. – **3.** B. – **4.** C. – **5.** B. – **6.** A.
2. Compréhension des écrits
1. C. – **2.** C. – **3.** B. – **4.** A. – **5.** B. – **6.** C.

Page 37, DELF A2
3. Production écrite
Exemple de production :
Salut Lena !
Oui, j'ai passé un bon week-end, merci ! Nous avons fait une randonnée en forêt avec des amis. Nous avons marché 5 heures ! Je suis désolée, je ne suis pas libre samedi 23. C'est dommage ! Comment est ton nouvel appartement ? Il y a combien de pièces ? Et le quartier, il est calme ? Il y a des commerces ? Tu es contente ? Est-ce que je peux venir chez toi mercredi 27, après le travail ? J'apporte une pizza et un gâteau. À bientôt ! Nina

4. Production orale
Exemple de dialogue :
– Bonjour !
– Bonjour, qu'est-ce que je peux faire pour vous ?
– Je suis étudiant(e) et je cherche un appartement. Je préfère une colocation pour rencontrer d'autres étudiants et parler français.
– Vous cherchez dans quel quartier ?
– Si c'est possible, je voudrais habiter à côté de l'université. Comment est le quartier ?
– Le quartier de l'université est très calme. Il y a un grand parc pas très loin.
– Il y a des commerces aussi ? Pour moi c'est plus facile pour faire mes courses parce que je n'ai pas de voiture.
– Alors non, il n'y a pas de commerces. Mais il y a des bus pour aller dans le centre-ville. C'est seulement 10 minutes.
– 10 minutes en bus, ça va. Pour l'appartement, mon budget c'est 600 euros par mois. Je voudrais avoir ma chambre, un salon et une cuisine séparée et équipée. Est-ce que vous avez des offres ?
– Oui bien sûr ! J'ai un T4 de 68 m², avec 3 chambres, un salon et une petite cuisine. Le loyer est de 597 euros par mois.
– Les charges sont comprises dans le loyer ?
– Non. Il faut ajouter 110 euros de charges mais elles sont à partager avec les deux autres colocataires.
– Vous avez une colocation moins chère ?
– Oui, j'ai un appartement moins cher mais plus petit. Il fait 55 m². Il y a deux chambres et la cuisine est dans le salon. Mais il y a un balcon. C'est très lumineux. Le loyer est de 560 euros, charges comprises.
– Je préfère quand la cuisine est séparée mais un balcon c'est bien. Je pourrais mettre des plantes et une petite table. Et le loyer est dans mon budget. Il y a déjà un locataire dans l'appartement ?
– Oui, un jeune homme de 26 ans. Il a emménagé il y a 6 mois.
– Il range et nettoie l'appartement ?
– Oui, c'est un colocataire idéal !
– Ah super ! Je pourrais visiter cet appartement ?
– Oui bien sûr. Vous êtes libre quel jour ?
– Tous les jours sauf le vendredi et le week-end. Je préfère le matin parce que je n'ai pas de cours.
– C'est parfait pour moi. Rendez-vous mardi prochain, à 10 h 30, ici à l'agence ?
– Oui, merci beaucoup ! Bonne journée et à mardi !
– Bonne journée ! À mardi !

Page 38, Jeux
1. Réponses libres.
2. Meubles : TABOURET ; PLACARD – **Décoration :** PLANTE ; HORLOGE – **Équipement :** DOUCHE ; RÉFRIGÉRATEUR – **Ville :** AVENUE ; BÂTIMENT
3. a. ma – gaz – un : magasin ; **b.** bu – an – de ri : buanderie
4. Les couleurs sont moins sombres. Les meubles sont plus clairs./Les meubles sont moins sombres. Sur le bureau, il y a plus d'objets. La pièce est plus meublée. Le bureau est aussi large. Le mur est plus/mieux décoré.

Unité 4 Tous pareils, tous différents

Page 39, Grammaire
La comparaison : l'équivalence
1. Ressemblance : a, f – **Équivalence :** b, d – **Différence :** c, e, g
2. b. autant – **c.** la même – **d.** autant – **e.** les mêmes – **f.** le même
3. b. autant – **c.** aussi – **d.** autant – **e.** autant – **f.** aussi
4. a. 5. – **b.** 4. – **c.** 6. – **d.** 2. – **e.** 7. – **f.** 3. – **g.** 1.

Page 40, Vocabulaire
L'apparence physique
1. Gaëlle : **e.** – Mona : **c.** – André : **d.** – Joachim : **b.**
2. mesure – fait – créateur – défile – porte des vêtements – sosie – costaud – musclé – chauve – se sent bien dans sa peau
3. a. sosie – **b.** ressembler – **c.** chauve – **d.** poser – **e.** beau – **f.** vieux
4. a. Louise est vieille. – **b.** Léa a bonne mine. – **c.** Paul a beaucoup de cheveux. Son père est chauve. – **d.** Jérémy est de petite taille. Valentin est de grande taille. – **e.** Pauline a un corps parfait. Justine a un corps imparfait. – **f.** Akim a beaucoup de cheveux. Léo est chauve.

Page 41, Grammaire
Les adjectifs indéfinis
1. Masculin singulier : e – **Féminin singulier :** a, c, f – **Pluriel :** b, d
2. b. tous – **c.** tout – **d.** toute – **e.** tous – **f.** toutes
3. b. toutes – **c.** toutes – **d.** chaque – **e.** chaque – **f.** tout
4. b. toutes – **c.** chaque – **d.** tout – **e.** chaque
5. b. 3. – 5. – 6. – **c.** 2. – **d.** 1.

Page 42, Vocabulaire
Les traits de caractère
1. Qualité : b., c., e., h. – **Défaut :** d., f., g.
2. b. maniaque – **c.** fidèle – **d.** chaleureux – **d.** peureux – **e.** pessimiste – **f.** autoritaire
3. b. menteur – **b.** réfléchi – **c.** envieuse – **d.** discret – **e.** curieuse
4. a. être têtu comme une mule – **b.** avoir une mémoire d'éléphant – **c.** avoir des yeux de lynx

Page 43, Grammaire
Les pronoms possessifs
1. Masculin : c., g. – **Féminin :** e. – **Pluriel :** b., d., f.
2. b. 4. – **c.** 6. – **d.** 5. – **e.** 2. – **f.** 1.
3. b. c'est la mienne. – **c.** c'est le sien. – **d.** c'est la leur. – **e.** ce sont les nôtres. – **f.** c'est le mien. – **g.** ce sont les siens.
4. b. le sien – **c.** les tiennes – **d.** les miens – **e.** les leurs – **f.** la vôtre – **g.** les nôtres

Page 44, Phonie-graphie
1. 1. a. le mien – **b.** elles viennent – **c.** le sien ; **2. a.** des grammes – **b.** une dent – **c.** il pense ; **3. a.** le monde – **b.** elle est bonne – **c.** ils sont
3. Être mannequ**in** est **un** métier qui fait rêver. **En** général, Il faut être gr**an**d, jeune et m**in**ce. Mais heureuseme**nt** le m**on**de ch**an**ge et les mannequ**in**s différ**en**ts s**on**t mieux acceptés et **on**t beaucoup de succès !

Page 45, Compréhension écrite
1. a. les goûts musicaux et les traits de caractère – **b.** Faux – **c.** dans plus de 50 pays – **d.** les musiques douces – **e.** Vrai
2. préférer

Page 45, Production orale
Jeux de rôle (réponses libres)

Page 46, Bilan linguistique, Grammaire
1. a. Noémie a le même sourire que sa sœur. – **b.** Nous n'avons pas tous le même caractère. – **c.** Il ressemble autant à sa mère qu'à son père. – **d.** Cet acteur est aussi musclé que le sportif professionnel. – **e.** Vous avez les cheveux aussi longs que votre amie. – **f.** Tu ne portes pas les mêmes vêtements que Joachim. – **g.** Je m'intéresse autant à la mode qu'au cinéma.
2. a. tous – **b.** chaque – **c.** toutes – **d.** toute – **e.** tout – **f.** tous – **g.** chaque
3. a. les nôtres – **b.** le sien – **c.** les leurs – **d.** la mienne – **e.** la leur – **f.** la mienne

Page 47, Bilan linguistique, Vocabulaire
1. a. J'ai une fossette. – **b.** Je suis dégarni. – **c.** Je suis musclé. – **d.** J'ai trouvé mon sosie ! – **e.** J'ai bonne mine.
2. a. grande taille – **b.** corpulent – **c.** sa peau – **d.** poser – **e.** ressemble
3. a. honnête – **b.** autoritaire – **c.** têtu – **d.** envieux – **e.** curieux
4. 1. b. – 2. a. – 3. b. – 4. b.

Page 48, DELF A2
1. Compréhension de l'oral
1. A. – 2. C. – 3. B. – 4. A. – 5. B. – 6. A.
2. Compréhension des écrits
1. A. – 2. B. – 3. B. – 4. A. – 5. A.

Page 49, DELF A2
3. Production écrite
Exemple de production :
Salut Léo,
Tu as passé de bonnes vacances ? Je suis parti avec mon collègue, Jean, pendant dix jours à Paris. C'était super ! Jean est très gentil. Il adore jouer au tennis et visiter des musées. Nous avons visité le Louvre et nous avons adoré. Les peintures sont très belles mais il y avait beaucoup de monde. À bientôt, Éric

4. Production orale
Exemple de production :
Mon meilleur ami s'appelle Amin. Il est grand et il a les cheveux marron. Il a les yeux verts et des lunettes rouges. Il porte souvent des chemises bleues et des jeans. Il est très drôle et il adore la littérature. Il lit beaucoup de romans d'aventure car il aime voyager. Moi aussi j'adore voyager et nous sommes allés dans plusieurs pays ensemble. Il a toujours des bonnes idées de lectures et j'aime bien écouter ses conseils. Il a un gros défaut : il est très maniaque. Dans son appartement, tout est bien rangé. Il est mon meilleur ami car je peux lui raconter tous mes secrets. Il est fidèle et discret.

Page 50, Jeux
1.

S	O	U	R	I	R	E	A	C	E
T	I	M	O	L	E	W	I	F	I
A	C	H	E	V	E	U	X	O	F
I	N	S	A	S	R	I	O	D	O
K	I	J	I	M	B	C	H	O	S
C	O	X	U	L	A	R	S	B	S
H	G	U	E	T	R	V	I	Y	E
A	Z	I	V	I	B	P	N	O	T
U	S	N	J	G	U	I	U	Y	T
V	Y	P	U	O	L	J	A	U	E
E	U	M	E	N	T	O	N	H	I

2. Je suis optimiste. : **3.** – Je suis curieuse. : **4.** – Ils sont peureux. : **2.** – Je suis réfléchi. : **1.**
3. a. chaleureux – **b.** réfléchi – **c.** superficiel – **d.** maniaque – **e.** prétentieuse
4. Réponses libres.
5. a. sans – j'ai – ne : sans-gêne – **b.** or – dos – nez : ordonné

Unité 5 En route vers le futur !

Page 51, Grammaire
Le futur simple
1. Présent : c, f – **Futur :** b, d, e, g
2. b. verras – **c.** fabriquera – **d.** pourrez – **e.** tombera – **f.** découvrirai
3. b. vivras – **c.** iront – **d.** verrai – **e.** auront – **f.** ferez – **g.** pourrai
4. b. Demain, Pauline voudra aussi changer de voiture. – **c.** L'année prochaine, nous fabriquerons aussi des objets pratiques. – **d.** Dans le futur, vous saurez aussi travailler à distance. – **e.** Demain, il y aura aussi des cours avec des hologrammes. – **f.** Dans le futur, des robots ménagers feront des tâches domestiques.

Page 52, Vocabulaire
Les sciences et les techniques
1. b. une soucoupe – **c.** indispensable – **d.** navette – **e.** en panne – **f.** l'énergie solaire
2. Le GPS : **e.** – L'imprimante 3D : **f.** – La téléportation : **d.** – Le logiciel : **b.** – La reconnaissance faciale : **c.**

3. b. robotisé – **c.** électrique –
d. automatique – **e.** futuriste
4. b. fabrique – **c.** automatique –
d. l'évolution – **e.** fonctionne –
f. innovation

Page 53, Grammaire
La condition avec si
1. Si + présent + présent : **b, e** – Si + présent + impératif : **a, f** – Si + présent + futur : **c, d**
2. b. organisez – **c.** répond – **d.** trouves – **e.** voudront – **f.** est – **g.** téléchargez
3. b. répondrai – **c.** contacterez – **d.** raccrocherai – **e.** s'éteindra – **f.** s'appellera – **g.** viendront
4. *Exemples de réponses* : **b.** … tu auras mal aux yeux – **c.** … tu comprendras mieux l'histoire de ton pays – **d.** … je pourrai enregistrer mon document – **e.** … vous aurez un prix spécial – **f.** vous verrez mon invitation pour samedi – **g.** … tu ne pourras pas comprendre ma situation

Page 54, Vocabulaire
Les technologies de la communication
1. a. 5 – **b.** 1 – **c.** 2 – **d.** 3 – **e.** 4
2. a. 1. – **b.** 4. – **c.** 6. – **d.** 3. – **e.** 5. – **f.** 2.
3. 2. une souris – **3.** un clavier – **4.** une imprimante – **5.** une clé USB – **6.** un ordinateur
4. b. télécharger ; appli **c.** se désabonner – **d.** en ligne – **e.** se connecter. – **f.** faire une visio

Page 55, Grammaire
Le pronom on
1. a. 5., 6. – **b.** 4. – **c.** 1., 2., 3.
2. Les gens : **c, f.** – Nous : **b., d, g.** – Quelqu'un : **a., e.**
3. b. Les gens emploient la reconnaissance faciale dans les aéroports. – **c.** Nous avons découvert des innovations intéressantes dans notre entreprise. – **d.** Les gens envoient moins de lettres et plus de courriels dans le monde actuel. – **e.** Nous t'invitons à découvrir notre dernière invention, viens chez nous ! – **f.** Quelqu'un a utilisé sa tablette sans lui demander l'autorisation.
4. b. On a créé une coupe du monde de robots. – **c.** On veut se déconnecter des réseaux sociaux. – **d.** On nous a pris en photo sans demander l'autorisation. – **e.** On envoie des tweets à nos amis. – **f.** On parle mal l'anglais en France !

Page 56, Phonie-graphie
1. a. drap – **b.** croit – **c.** prend – **d.** brun – **e.** très – **f.** gris
3. Comment vivre sans téléphone portable ? Dans no**tr**e monde très a**ccr**o aux technologies, il est important d'utiliser moins souvent vo**tr**e téléphone portable et de ne pas répon**dr**e immédiatement aux messages. Laissez-le une **gr**ande partie la journée à la maison. Vous pouvez **pr**endre rendez-vous avec vos amis par courriel ou téléphone fixe. Faites d'au**tr**es activités : pratiquer un sport, écouter de la musique, se promener. Vous serez plus li**br**e !

Page 57, Compréhension orale
1. a. pour transporter des plats – **b.** surpris – **c.** contents de leur nouveau collègue

2. Le robot fait 10 kilomètres par jour.
3. Vrai
4. 11 000 euros

Page 57, Production écrite
Exemple de réponse : Salut Paolo, Tu es toujours d'accord pour venir chez moi samedi ? J'ai découvert un objet très intéressant au salon des innovations à Paris. Il s'appelle Dominhome. Il est petit, rectangulaire et connecté à Internet. Grâce à son intelligence artificielle, je peux le programmer pour allumer et éteindre les lumières, augmenter ou baisser le chauffage et quand j'ai besoin d'informations, je lui pose ma question et il me répond ! Quand tu viendras chez moi, je te présenterai Dominhome et je suis sûr qu'il te plaira. À samedi ! Samuel

Page 58, Bilan linguistique, Grammaire
1. a. auront – **b.** fabriquera – **c.** iront – **d.** fonctionneront – **e.** sera – **f.** pourras – **g.** changerai
2. a. Si tu veux un nouveau logiciel, change d'ordinateur. – **b.** Quand vous serez ingénieur, vous fabriquerez des robots. – **c.** Si nous voulons passer moins de temps sur notre smartphone, nous lisons. – **d.** Quand nous serons en 2050, les maisons pourront se téléporter ! – **e.** Si vous m'envoyez un courriel, je vous répondrai très rapidement. – **f.** Quand on découvrira cette technologie, tu comprendras son utilité. – **g.** Si tu voyages dans l'espace, tu prendras une navette.
3. a. Mes amis et moi, nous communiquons beaucoup sur les réseaux sociaux. – **b.** Quelqu'un m'a conseillé de changer d'ordinateur. – **c.** Les gens apprendront/Nous apprendrons à vivre sans téléphone. – **d.** Nous faisons nos courses en ligne, c'est plus pratique ! – **e.** Les gens n'auront plus de téléphone dans le futur. – **f.** Quelqu'un m'a appelé mais je n'ai pas pu répondre.

Page 59, Bilan linguistique, Vocabulaire
1. a. une navette – **b.** Une chercheuse – **c.** un moteur – **d.** une soucoupe volante – **e.** un hologramme
2. a. l'ordinateur – **b.** le logiciel – **c.** sympathique – **d.** une navette **e.** courir
3. a. 3. – **b.** 4. – **c.** 1. – **d.** 5. – **e.** 2.
4. a. le clavier – **b.** un site – **c.** ta clé USB – **d.** raccrocher – **e.** télécharger

Page 60, DELF A2
1. Compréhension de l'oral
1. B. – **2.** C. – **3.** A. – **4.** A. – **5.** C. – **6.** B.
2. Compréhension des écrits
1. C. – **2.** A. – **3.** A. – **4.** A. – **5.** B. – **6.** B.

Page 61, DELF A2
3. Production écrite
Exemple de réponse : Salut Élie ! Merci pour ton invitation. Oui, je viens avec vous, j'adore les nouvelles technologies ! J'aimerais découvrir de nouveaux appareils, est-ce qu'il y aura des inventeurs et des robots ? Combien coûte l'entrée ? Vous y allez à quelle heure ? Moi, je suis libre à partir de 11 heures. On pourrait se retrouver pour déjeuner. Il y

aura un restaurant ? Après le salon, nous pouvons aller au cinéma, il y a un film documentaire sur Thomas Pesquet. À jeudi ! Meriem

4. Production orale
Exemple de dialogue :
- Bonjour madame.
- Bonjour.
- J'étais au salon des technologies la semaine dernière, c'était très intéressant. Il y avait des inventeurs qui ont présenté des nouveaux appareils technologiques très utiles. J'ai eu une idée. Nous pourrions organiser une réunion avec tous les employés de notre entreprise pour présenter des nouvelles technologies pratiques pour notre travail.
- Oui, pourquoi pas. Mais qui présentera ces nouvelles technologies ?
- Je connais le directeur du salon. Je pourrais lui demander de venir pour les présenter.
- Et quelles technologies seraient utiles pour nous ?
- Je pense aux imprimantes 3D, par exemple, ou à des nouveaux ordinateurs.
- C'est une bonne idée. Vous avez pensé à l'organisation de cette réunion ?
- Oui, bien sûr. Nous pouvons la faire vendredi matin, à 11 heures, dans la grande salle. Il y a de la place pour tout le monde. Après, à 12 h 30, nous pouvons organiser un déjeuner. Je connais aussi un restaurant qui livre des plats. C'est bon et pas cher.
- D'accord. Et pour la présentation, le directeur va parler pendant une heure et demie ?
- Oui mais il pourrait aussi apporter des exemples d'imprimantes et d'ordinateurs. On pourra les essayer. Et si c'est vraiment utile pour nous, nous pourrons en acheter.
- Je ne sais pas si nous allons acheter de nouveaux ordinateurs mais nous pouvons organiser cette présentation. Vous pouvez vous en occuper ?
- Oui, bien sûr ! Je vais téléphoner au directeur du salon et au restaurant. Je demanderai de l'aide à mes collègues pour installer la salle.
- C'est parfait alors. Venez me voir mardi pour me donner les détails.
- D'accord. Merci beaucoup, bonne journée madame.
- Bonne journée !

Page 62, Jeux
1.

2. a. évolution – **b.** soucoupe – **c.** robotisé – **d.** invention
3. décrocher – visio – contacter – imprimante – futuriste
4. a. téléphone – **b.** SMS – **c.** en panne – **d.** écran

Unité 6 En cuisine

Page 63, Grammaire
Les quantités et le pronom *en*
1. b. elle n'en a pas – **c.** j'en voudrais – **d.** nous en avons cuisiné – **e.** ils n'en font pas – **f.** il n'en produit pas
2. a. Pour cuisiner ce poulet, il faut du cumin, mais je n'en ai pas. – **b.** Émilie cultive des salades dans son jardin, et elle en vend sur le marché. – **c.** Antoine a mis des betteraves, car il en consomme beaucoup. – **d.** Pour ma recette, il faut 250 grammes de beurre et je n'en ai que 100 grammes. – **e.** En semaine, le menu propose deux entrées, mais le dimanche il en propose trois.
3. N'en... pas : b, e, f – en ... pas : c, d
4. b. Oui, ils en mangent./Non, ils n'en mangent pas. – **c.** Oui, j'en ai mis./Non, je n'en ai pas mis. – **d.** Oui, ils aiment en faire./Non, ils n'aiment pas en faire. – **e.** Oui, il y en a./Non, il n'y en a pas.

Page 64 Vocabulaire
Les aliments
1. Fruits et fruits secs : mûre, poire, prune
Légumes et légumes secs : avocat, betterave, lentilles, navet
Épices : cannelle, cumin, muscade, safran
2. b. 2 – **c.** 1 – **d.** 6 – **e.** 3 – **f.** 4
3. a. 3 – **b.** 2 – **d.** 4 – **e.** 6 – **f.** 5
4. a. menthe – **b.** radis – **c.** endive – **d.** groseille – **e.** crevettes – **f.** poireau

Page 65, Grammaire
L'obligation et l'interdiction
1. b. Il faut respecter les règles d'hygiène. – **c.** Vous ne devez pas être cuisinier de métier. – **d.** N'oubliez pas de décrire les plats. – **e.** Il est défendu de laisser entrer les animaux dans la cuisine. – **f.** Il est indispensable de se laver souvent les mains.
2. *Proposition de corrigé :*
b. Il est indispensable de cuisiner des produits frais. – **c.** Il est nécessaire de porter un tablier propre. – **d.** Vous avez l'obligation de vous laver les mains. – **e.** Vous devez ranger votre espace de travail ! – **f.** Il faut donner des informations sur les plats.
3. *Proposition de corrigé :* **b.** Attachez vos cheveux ! – **e.** Il est interdit de fumer. – **d.** Il est indispensable d'afficher le menu. – **e.** Les animaux sont interdits.
4. Interdiction : b, c – **Obligation :** d, e, f

Page 66, Vocabulaire
La restauration
1. b. flan – **c.** rata**touille** – **d.** cla**f**outis – **e.** **tartiflette** – **f.** tar**tare**
2. a. clafoutis – **b.** couscous – **c.** gourmet – **d.** étoiles – **e.** entrée – **f.** pourboire – **g.** tartare

3. a. 4 – **b.** 2 – **c.** 3 – **d.** 1
4. b. fades – **c.** gras – **d.** sucré – **e.** acide – **f.** goûteux

Page 67, Grammaire
La restriction : *ne... que*
1. b. Les bistrots parisiens ne plaisent pas qu'aux touristes. – **c.** Ils ne prennent qu'un dessert pour deux. – **d.** Elle ne recommande que le plat du jour. – **e.** Ce restaurant gastronomique n'a qu'une étoile. – **f.** Les clients n'ont commandé que des pizzas.
2. Restriction : c, d, f
3. b. je ne prends que le plat du jour. – **c.** je n'ai que du saumon/du colin. – **d.** je ne vais que chez le traiteur/le boulanger. – **e.** il n'en a fait qu'un.
4. b. Avant, il ne mangeait pas que du bœuf. – **c.** Nous n'avons pas qu'un restaurant gastronomique dans notre rue. – **d.** Le poulet rôti n'est pas servi qu'avec de la purée. – **e.** En Bretagne, il n'a pas mangé que des crêpes !

Page 68, Phonie-graphie
1. La surprise : f – **La joie :** a, c – **La colère :** d, g – **La déception :** b, e, h
3. Connaissez-vous le mot « bistrot » ? Ce mot peut être associé à quelle grande ville française ? Êtes-vous déjà allés dans un bistrot ? Dans cette brasserie, on peut boire un verre, ou manger quelque chose, dans une ambiance agréable. Voilà pourquoi les bistrots parisiens ont beaucoup de succès !

Page 69, Compréhension écrite
1. a. donne des conseils. – **b.** le matin.
2. a. Vrai – **b.** Faux – **c.** Vrai –
3. a. Il y a des gens qui travaillent dans la cuisine.

Page 69, Production orale
Réponses libres.

Page 70, Bilan linguistique, Grammaire
1. a. j'en mange. – **b.** je n'en achète pas. – **c.** il en mangeait. – **d.** elle n'en consomme jamais. – **e.** il n'en veut pas. – **f.** j'en ai pris. – **g.** j'en coupe 150 grammes.
2. a. il est interdit de. – **b.** Il est défendu de – **c.** Faites attention – **d.** Vous avez l'obligation de – **e.** Il ne faut pas – **f.**
3. a. Ce restaurant n'a que deux étoiles au *Guide Michelin*.
b. Il ne me reste que des gâteaux aux pommes.
c. Elle ne consomme pas que des produits de saison.
d. Je n'achète que les fruits et légumes au marché.
e. Cet enfant ne mange pas que du poisson.
f. Il ne faut que 150 cl de lait pour faire cette recette.

Page 71, Bilan linguistique, Vocabulaire
1. une aubergine, des poireaux, des carottes, un fenouil, des oignons
2. a. **se**moule, **p**ois chi**c**hes – **b.** farine, **su**cre – **c.** au**b**ergines, **o**ign**o**ns – **d.** **p**ain, **fro**mage – **e.** **b**œuf, **n**av**e**ts
3. a. Vrai – **b.** Faux – **c.** Faux – **d.** Vrai – **e.** Vrai

4. allergique – difficile – gourmande – gourmet – végétarienne

Page 72, DELF A2
1. Compréhension de l'oral
1. C. – **2.** C. – **3.** C. – **4.** C. – **5.** A. – **6.** A.
2. Compréhension des écrits
1. G. – **2.** H. – **3.** D. – **4.** F. – **5.** B. – **6.** C.

Page 73, DELF A2
3. Production écrite
Exemple de réponse :
Coucou Yaëlle,
Tu as passé un bon week-end ? Je suis allé dîner vendredi soir avec Robin dans un restaurant gastronomique. C'était délicieux ! J'ai mangé du saumon avec une sauce au cumin. J'ai adoré ! En dessert, j'ai commandé une mousse à la groseille. C'était bon mais trop sucré. La prochaine fois, tu peux venir avec moi ! À bientôt, Fred

4. Production orale
Exemple de production :
Mon restaurant préféré s'appelle Mish Massala. C'est un restaurant indien, à côté de chez moi. J'adore ce restaurant car la cuisine est délicieuse et pas trop épicée ! C'est une cuisine du nord de l'Inde, avec des plats végétariens. Mon plat préféré, c'est le curry de légumes. J'adore aussi les beignets d'aubergine et la purée d'épinards. Il y a aussi de très bons desserts, cuisinés avec de la semoule et de la cannelle. J'aime beaucoup la décoration : il y a des affiches de films Bollywood célèbres. Je regarde souvent des films indiens alors j'apprécie cette ambiance. En plus, le cuisiner est très sympa, il offre toujours un thé à la cardamome.

Page 74, Jeux
1.

A	B	P	S	C	D	E	F
G	H	O	E	I	J	M	L
N	O	U	R	P	R	S	T
N	U	R	V	L	V	A	B
A	M	B	I	A	N	C	E
P	C	O	C	T	D	E	F
P	G	I	E	S	H	I	J
E	L	R	M	N	O	P	R
S	S	E	R	V	E	U	R

2. a. endive – **b.** radis – **c.** haricot – **d.** prune – **e.** poire
3. a. Elle ne mange que les légumes de son potager.
b. Léa est allergique au lait de vache.
c. Il adore les desserts et il en commande toujours au restaurant.
d. Il faut que tu achètes des produits frais !
4. a. l**en**t – **b.** b**œu**f – **c.** goût**eu**x – **d.** m**en**u – **e.** ch**er**
5. *Réponses libres.*

Unité 7 À votre santé !

Page 75, Grammaire
Les pronoms COD et COI
1. b. le – **c.** lui – **d.** les – **e.** l' – **f.** leur
2. b. le – **c.** leur – **d.** lui – **e.** les – **f.** m'
3. b. Ils nous ont dit qu'ils étaient très stressés. – **c.** Ce spécialiste vous donne des conseils pour bien dormir. – **d.** Son nouveau travail l'a beaucoup fatigué. – **e.** Il leur a expliqué comment se sentir bien. – **f.** Elle lui a demandé une tasse.
4. Pronom COD : c, e, f – **Pronom COI :** b, d

Page 76, Vocabulaire
Le corps et la santé
1. a. le ventre – **b.** le corps – **c.** le cou – **d.** la tête – **e.** la cuisse – **f.** le bras
2. sieste – allongé – bâillement – repos – rêve – s'endormir
3. 2. a – 3. d – 4. e – 5. b
4. b. 6 – **c.** 3 – **d.** 5 – **e.** 1 – **f.** 2

Page 77, Grammaire
Le superlatif
1. b. les meilleures – **c.** le mieux – **d.** le mieux – **e.** la meilleure – **f.** le meilleur
2. b. Marja est la moins stressée. – **c.** Son activité physique est la plus régulière. – **d.** Le rythme cardiaque d'Igor est le plus lent. – **e.** Faire du sport est le plus important pour nous. – **f.** Ce remède est le moins cher de tous.
3. (+) : b, c, e – (-) : d, f
4. b. le plus léger – **c.** le moins bon – **d.** la meilleure – **e.** les moins bons – **f.** le moins bien

Page 78, Vocabulaire
La médecine et les urgences
1. Maux : asthme, indigestion, infection, migraine
Remèdes : antiseptique, gouttes, sirop, tisane.
2. b. accident – **c.** policière – **d.** pompier – **e.** urgence – **f.** blessé
3. tonus – vitamines – traitement – bien – fatigue
4. b. 4 – **c.** 2 – **d.** 5 – **e.** 1

Page 77, Grammaire
Les pronoms interrogatifs
1. b. Quels – **c.** Lequel – **d.** laquelle – **e.** Quelles – **f.** lesquels – **g.** quel
2. b. 6 – **c.** 3 – **d.** 7 – **e.** 5 – **f.** 2 – **g.** 1
3. b. laquelle – **c.** lequel – **d.** lequel – **e.** lesquelles – **f.** lesquels – **g.** lequel
4. Lequel : b, e – **Laquelle :** d – **Lesquels/Lesquelles :** c, f

Page 80, Phonie-graphie
1. a. 1-2 – **b.** 2-1 – **c.** 1-2 – **d.** 1-2 – **e.** 2-1 – **f.** 2-1 – **g.** 1-2
3. a. Pour être en bonne santé, quels sont les « trucs » les plus utiles, les plus efficaces ? – **b.** Pour se soigner le mieux possible, quelles sont les méthodes les plus utilisées, les plus pratiquées ? – **c.** Pour bien dormir, quelles sont les techniques les plus adaptées ?

Page 81, Compréhension orale
1. a. Faux – **b.** Vrai –
2. a. notre sommeil – **b.** 90 minutes – **e.** de la journée –
3. a. cerveau – **b.** médical

Page 81, Production écrite
Exemple de production : Salut Rémi, Merci pour ton message. Tu dis que tu es malade, mais qu'est-ce qui ne va pas ? Tu es patraque ou très fatigué ? Tu as mal où : à la gorge, au dos… ? Je te conseille te coucher et de dormir. Tu as de la fièvre peut-être ? Alors, il est important de consulter un médecin. Est-ce que je peux t'aider ? J'attends de tes nouvelles très vite ! Bises, Flo

Page 82, Bilan linguistique, Grammaire
1. a. lui – **b.** m' – **c.** l' – **d.** leur – **e.** la – **f.** vous – **g.** le
2. a. les meilleurs – **b.** le mieux – **c.** la meilleure – **d.** le meilleur – **e.** le mieux – **f.** le meilleur – **g.** les meilleures
3. a. Je ne sais pas quel médecin consulter ; lequel me conseilles-tu ? – **b.** Lesquelles de vos amis font de l'hypertension ? – **c.** Deux infirmières sont là aujourd'hui ; laquelle est venue te voir ? – **d.** Je ne sais pas quels remèdes prendre ; lesquels sont les moins chers ? – **e.** Il se demande quelles gouttes acheter ; à ton avis lesquelles sont les plus efficaces ? – **f.** La natation fait travailler quelles parties du corps ?

Page 83, Bilan linguistique, Vocabulaire
1. b. dormir – **e.** rêver – **d.** se réveiller – **c.** s'étirer – **a.** se lever
2. a. Vrai – **b.** Faux – **c.** Vrai – **d.** Faux – **e.** Vrai
3. a. sirop – **b.** antibiotique – **c.** gouttes – **d.** antiseptique – **e.** traitement
4. Les services d'urgence : le SAMU, les pompiers, une ambulancière, un policier
Pour qui ? une victime, un blessé, un malade

Page 84, DELF A2
1. Compréhension de l'oral
B. 4. – D. 1. – E. 2. – F. 3.
2. Compréhension de l'écrit
1. B. – 2. C. – 3. A. – 4. A. – 5. A.

Page 85, DELF A2
3. Production écrite
Exemple de production : Chère Marie, Le mois dernier, j'ai fait un stage santé pendant 3 jours. C'était génial ! Nous étions 15 stagiaires. Nous avons dormi dans une grande maison, au milieu des montagnes. C'était calme et magnifique. Le matin, nous avions des cours sur le corps et les remèdes naturels. L'après-midi, nous faisions des activités physiques. Moi, j'ai fait du yoga et de la marche. Grâce à ce stage, je suis en pleine forme maintenant ! Je te conseille de le faire ! Je t'appelle bientôt ! Bisous, Lucie

4. Production orale
Exemple de production : Je fais du karaté depuis 3 ans. J'adore ça ! Je suis inscrite au club de karaté de ma ville. Il n'y a pas de dojo, la salle spéciale pour les arts martiaux. Je vais au gymnase. Il y a une salle avec des tatamis, ce sont des grands coussins plats. J'y vais deux fois par semaine, le lundi et le mercredi soir, avec mon amie Maxine. J'ai la ceinture verte maintenant, c'est un bon niveau. J'adore le karaté parce que les gestes sont très beaux, c'est un peu comme de la danse. J'apprends aussi la discipline et le respect du professeur. Avant le karaté, je faisais du volley-ball. C'était trop difficile, le ballon arrivait fort donc j'avais toujours mal aux mains. Je n'ai pas aimé, j'ai arrêté au bout d'un an. Le karaté n'est pas aussi violent.

Page 86, Jeux
1. a. médecine – **b.** infection – **c.** migraine – **d.** patraque – **e.** symptômes
2. a. insomnie – **b.** asthme – **c.** ambulance – **d.** stressé – **e.** matelas
3. a. Il est malade et il faut appeler les urgences.
b. Elle a fait beaucoup de sport et a des courbatures.
c. Ils se font masser toutes les semaines.
d. Irma est stressée et elle a beaucoup de tensions musculaires.
4. a. fatigue physique – **b.** colonne vertébrale – **c.** corps humain – **d.** transport d'urgence – **e.** rythme cardiaque
5. Réponses libres.

Unité 8 Dans les médias

Page 87, Grammaire
La cause et la conséquence
1. b. Mon grand-père ne sait pas utiliser Internet, c'est pourquoi il ne suit pas l'actualité en ligne. – **c.** *La Revue Dessinée* propose des sujets passionnants, c'est pour ça que je reçois ce magazine tous les trois mois. – **d.** J'ai aimé le titre donc j'ai acheté cette revue. – **e.** Elle s'intéresse à l'écologie alors elle passe son temps à regarder des documentaires. – **f.** Je déteste la rubrique sport, c'est pour cela que je n'achète plus ce journal.
2. b. Grâce à – **c.** car – **d.** à cause de – **e.** car – **f.** grâce aux
3. Cause : b, e, g – **Conséquence :** c, d, f
4. b. parce que – **c.** c'est pourquoi – **d.** c'est pourquoi – **e.** c'est pourquoi

Page 88, Vocabulaire
L'info, la presse, la télé
1. La presse écrite : le magazine, la dessinatrice, le titre – **La télévision :** le JT, la chaîne, l'émission
2. b. le point de vue – **c.** le journalisme numérique – **d.** la presse en ligne – **e.** suivre l'actualité – **f.** la revue de presse
3. b. revue de presse – **c.** Je me suis abonné à – **d.** point de vue – **e.** Tu es au courant de – **f.** en direct
4. météo : b. 3 – **sport :** c. 4 – **écologie :** d. 5 – **culture :** e. 1

Page 89, Grammaire
Le subjonctif (nécessité, opinion)
1. b. 1 – **c.** 5 – **d.** 6 – **e.** 3 – **f.** 2
2. b. soient – **c.** allions – **d.** ait – **e.** fasse – **f.** aillent – **g.** regardions
3. Opinion : b, c – **Nécessité :** d, e, f
4. b. aies – **c.** surveille – **d.** utilisent – **e.** arrêtions – **f.** gardiez – **g.** aille

Page 90, Vocabulaire
Les médias audios et les réseaux sociaux
1. 2. c – 3. e – 4. a – 5. b
2. 1. : a, c, e – 2. : b, d, f
3. a. écouter de la musique – **b.** le réseau social – **c.** l'internaute – **d.** raconter – **e.** quitter un réseau social
4. auditeurs – sensibiliser le public – podcast – épisode – outil de communication

Page 91, Grammaire
La place des pronoms COD et CDI
1. a. J'adore ce film, je le regarde souvent. – **b.** Nous leur payons un abonnement. – **c.** Je l'écoute souvent, c'est passionnant. – **d.** L'auditeur ne lui a pas répondu. – **e.** Je ne les ai pas vus. – **f.** Nous vous suivons sur Instagram.
2. Pronom COD : b, c, f – **Pronom COI :** d, e, g
3. b. Non, il ne les accepte pas. – **c.** Non, je ne lui ai pas parlé. – **d.** Non, elle ne l'intéresse pas. – **e.** Non, je ne la connais pas. – **f.** Non, nous n'allons pas le voir. – **g.** Non, je ne leur ai pas conseillé.
4. le – l' – leur – les – lui – la

Page 92, Phonie-graphie
1. a. une petite histoire en ligne – **b.** une recherche importante – **c.** un bon jugement – **d.** un gros budget – **e.** une enquête intéressante – **f.** un dernier numéro **g.** une mémoire étonnante
2. a. Les médias en ligne ou traditionnels proposent toutes sortes de sujets. - **b.** Sur Internet, on peut aussi s'informer sur l'économie, la culture, la politique et le sport. – **c.** Les réseaux sociaux permettent aux scientifiques de mieux communiquer et de partager les résultats de leurs recherches. – **d.** Les jeunes lisent les nouvelles en ligne et n'achètent plus de journal papier. - **e.** Les Français font de moins en moins confiance aux médias.
3. Depuis une vingtaine d'années, Internet et les technologies de l'information et de la communication ont transformé le paysage des médias. Nous avons accès à beaucoup plus d'informations, nous pouvons échanger, critiquer, commenter. Mais sommes-nous mieux informés ?

Page 93, Compréhension écrite
1. a. une infographie.-
2. Au moins une fois par jour. –
3. a. Faux – **b.** Vrai – **c.** Faux –
4. écoutent la radio. –
5. À 13 h et à 20 h.

Page 93, Production orale
Réponses libres.

Page 94, Bilan linguistique, Grammaire
1. a. Grâce à – **b.** à cause de – **c.** parce que – **d.** donc – **e.** car – **f.** alors – **g.** c'est pourquoi
2. a. parle – **b.** vous abonniez – **c.** écoutions – **d.** aies – **e.** aillent – **f.** arrête – **g.** limites
3. a. Christelle l'aime particulièrement.
b. Le présentateur leur répond.
c. Elles le regardent à la télévision.
d. Je lui ai offert un abonnement de cinéma.

e. Je la lis dans cette revue spécialisée.
f. Philippe les commente.

Page 95, Vocabulaire
1. a. la presse papier/écrite – **b.** la rubrique - **c.** le titre – **d.** l'article – **e.** la journaliste
2. a. économie – **b.** société – **c.** politique – **d.** météo – **e.** culture
3. a. les infox – **b.** un moyen de communication – **c.** commenter – **d.** s'inscrire sur un réseau social – **e.** un podcast
4. a. Faux – **b.** Faux – **c.** Vrai – **d.** Vrai – **e.** Vrai

Page 96, DELF A2
1. Compréhension de l'oral
A. 4. – B. 3. – C. 2. – E. 1.
2. Compréhension des écrits
1. A – 2. A – 3. B – 4. A – 5. A – 6. C

Page 97, DELF A2
3. Production écrite
Exemple de réponses :
Bonjour Emma,
Merci pour l'invitation ! Je veux venir avec toi car j'adore le cinéma. En plus les films sont en français, ça va être super ! Il y aura des films fantastiques ? C'est mon genre préféré ! Les acteurs et les réalisateurs seront présents ? J'aimerais bien aller à une rencontre avec les artistes. Salut, Sophie

4. Production orale
Exemple d'échange d'informations
- Bonjour monsieur.
- Bonjour.
- Je voudrais acheter un magazine pour ma sœur. Elle adore le foot. Vous avez des magazines sportifs ?
- Oui, nous avons beaucoup de choix ! Il y a des magazines seulement sur le foot ou alors sur plusieurs sports. Vous préférez quoi ?
- Je préfère un magazine spécialisé sur le foot.
- D'accord. Vous avez ce mensuel à 2,50 euros ou ce numéro spécial foot à 12 euros.
- Je vais prendre le numéro spécial s'il vous plaît. Je cherche aussi un journal en allemand pour mon frère. Il va partir vivre en Allemagne dans un mois.
- Ah, désolée, nous n'avons pas de journaux en allemand. Nous avons des journaux en français, en anglais ou en espagnol.
- C'est dommage ! Vous avez un magazine spécialisé dans la mode ? Mon meilleur ami adore les vêtements et il veut connaître les nouvelles tendances.
- Oui, nous avons ce magazine, pour apprendre à créer ses habits. Il y a aussi ce magazine avec un test pour connaître son style.
- Combien ils coûtent ?
- Le premier est à 3,70 euros et le deuxième à 4,10 euros.
- Je vais prendre les deux alors ! Pour finir, je vais prendre le journal d'aujourd'hui !
- Très bien, vous voulez lequel ? Il y a *Le Monde*, *Libération*, *l'Équipe*…
- Je voudrais *Le Monde* s'il vous plaît.
- D'accord, ça fera 12,85 euros s'il vous plaît.

- Je peux régler par carte ? Je n'ai plus de monnaie.
- Oui, bien sûr.
- Merci. Au revoir.
- Au revoir, bonne journée.

Page 98, Jeux
1.

I	D	T	W	I	T	C	H	E
N	G	W	P	D	E	C	K	I
S	V	I	D	E	B	R	S	T
T	C	T	I	K	T	O	K	S
A	A	T	C	G	U	A	R	D
G	G	E	V	A	G	I	O	M
R	E	R	Y	O	U	B	R	O
A	S	N	A	P	C	H	A	T
M	U	S	I	C	A	T	R	E
E	F	A	C	E	B	O	O	K

2. a. jour, na, liste : journaliste – **b.** a, bonne, ment : abonnement
3. Réponses libres.

Unité 9 Consommer responsable

Page 99, Grammaire
Le conditionnel présent (1)
1. Futur simple : b, c, e –
Conditionnel présent : d, f, g
2. b. nous aurions – **c.** elles pourraient – **d.** tu dirais – **e.** vous aimeriez – **f.** on offrirait
3. b. Ils voudr**aient** → souhait – **c.** Ça te dir**ait** → proposition – **d.** Je pourr**ais** → demande polie – **e.** Il faudr**ait** → conseil – **f.** Vous aur**iez** → demande polie – **g.** Tu viendr**ais** → proposition
4. b. Je voudrais emprunter ton ordinateur. – **c.** Pierre souhaiterait être riche. – **d.** Nous pourrions acheter ces produits. – **e.** Ils auraient besoin d'un manteau neuf. – **f.** Il ne faudrait pas aller au supermarché. – **g.** Pourriez-vous m'expliquer ce défi ?

Page 100, Vocabulaire
La consommation
1. b. alimentation – **c.** meubles – **d.** vêtements – **e.** électroménager – **f.** multimédia
2. b. jeter – **c.** négocier – **d.** vendre – **e.** partager – **f.** louer
3. b. la vendeuse – **c.** l'utilisatrice – **d.** la consommatrice – **e.** l'acheteuse
4. b. couleur – **c.** taille – **d.** marque – **e.** prix – **f.** promotion

Page 101, Grammaire
Le gérondif
1. Deux actions simultanées : c, e
Manière : b, d, f
2. a, d, e, g
3. b. 6 – **c.** 5 – **d.** 1 – **e.** 3 – **f.** 4
4. b. en sachant – **c.** en regardant – **d.** en étant – **e.** en payant – **f.** en ayant – **g.** en travaillant
5. b. Je décore mon salon en installant une bibliothèque. – **c.** Mon oncle coupe du bois en utilisant une scie. –

d. J'apprends le bricolage en réparant de vieux meubles. – **e.** Marie crée des vêtements en s'intéressant au mélange de matières. – **f.** Tu abîmes la lampe en ne faisant pas attention.

Page 102, Vocabulaire
Le travail manuel
1. b. 1 – **c.** 4 – **d.** 5 – **e.** 6 – **f.** 2
2. b. l'échelle – **c.** la scie – **d.** la ponceuse – **e.** la tondeuse
3. a. 1 – **b.** 4 – **c.** 2 – **d.** 3 – **e.** 1 – **f.** 3 – **g.** 4
4. b. réparer – **c.** changer – **d.** bricoler – **e.** abîmé – **f.** tutoriel

Page 103, Grammaire
Le conditionnel présent (2)
1. b. 5 – **c.** 1 – **d.** 3 – **d.** 4
2. b. Tu achèterais, Elle achèterait, Nous achèterions, Ils achèteraient – **c.** Tu deviendrais, Elle deviendrait, Nous deviendrions, Ils deviendraient – **d.** Tu saurais, Elle saurait, Nous saurions, Ils sauraient – **e.** Tu irais, Elle irait, Nous irions, Ils iraient – **f.** Tu finirais, Elle finirait, Nous finirions, Ils finiraient – **g.** Tu vendrais, Elle vendrait, Nous vendrions, Ils vendraient
3. Situation réelle : c, e – Situation imaginaire : b, d, f
4. b. parlerait, communiquerait – **c.** travaillerait, feraient – **d.** aurait, serait – **e.** vivrait, existerait – **f.** sauraient, cultiverait

Page 104, Phonie-graphie
1. [g] est avant [ʒ] : c, d, e, f – [ʒ] est avant [g] : b, g
3. Pour économiser de l'ar**g**ent, pensez au troc, à l'échan**g**e d'ob**j**ets et de services dans votre voisina**g**e. Pour éviter le **g**aspillage, **g**ardez vos appareils électroména**g**ers, ne les **j**etez pas et faites-les réparer. C'est plus é**c**olo**g**ique !

Page 105, Compréhension orale
1. b. –
2. responsable, meilleur, créatif –
3. a. Vrai – **b.** Faux – **c.** Vrai – **d.** Faux –
4. a., c.

Page 105, Production écrite
Exemple de production : Bonjour Katia,
C'est une excellente nouvelle ! Je suis contente pour toi.
Alors, pour tes travaux, je te conseille de regarder des tutoriels sur internet pour apprendre à bricoler seule. Tu peux trouver des bricothèques près de chez toi pour louer les outils.
Pour l'électroménager, n'achète rien de neuf, regarde sur les sites d'occasion, tu trouveras de bonnes affaires. Ne t'inquiète pas, tu peux vraiment limiter ton budget. Je t'embrasse, j'espère découvrir bientôt ton appartement !
Camille

Page 106, Bilan Linguistique, Grammaire
1. a. Tu voudrais t'inscrire à cet atelier ? – **b.** Nous aimerions jardiner. – **c.** Il faudrait changer nos habitudes. – **d.** Je souhaiterais décorer mon appartement. – **e.** Vous pourriez me prêter ce livre ? – **f.** Ils devraient prendre une belle photo. –

g. Elle choisirait le vélo en promotion.
2. a. J'ai voulu cuisiner ce plat en voyant la vidéo. – **b.** Martin a abîmé sa voiture en venant prendre un café. – **c.** Il s'est fait mal en installant le meuble. – **d.** Nadège propose du covoiturage en allant au travail. – **e.** Les gens consomment plus en ayant de l'argent. – **f.** Elle s'est mise au troc en entendant ses voisins en parler. – **g.** Tu achèteras ces chaussures en revenant de vacances.
3. a. gagnerais – **b.** arrêteraient – **c.** aurions – **d.** ouvrirais – **e.** viendraient – **f.** existeraient

Page 107, Vocabulaire
1. a. vendre – **b.** cher – **c.** le particulier – **d.** jeter – **e.** le vendeur
2. a. le multimédia – **b.** l'alimentation – **c.** l'électroménager – **d.** le matériel de sport – **e.** le produit de beauté
3. a. Le papier – **b.** le tissu – **c.** le verre – **d.** le coton – **e.** le jean
4. l'atelier – outils – une ponceuse – en bois – réparer

Page 108, DELF A2
1. Compréhension de l'oral
1. B. – **2.** C. – **3.** C. – **4.** A. – **5.** C. – **6.** B.
2. Compréhension des écrits
1. A. – **2.** C. – **3.** A. – **4.** B. – **5.** B.

Page 109, DELF A2
3. Production écrite
Exemple de production : Salut Fred !
Merci pour ta proposition, c'est une très bonne idée ! L'association de ton quartier aide les habitants en faisant quoi ? J'ai encore mes livres de cours à l'université. Je pourrais les offrir. Et toi, tu pourrais donner des vieux vêtements ou enseigner les maths aux jeunes du quartier. Moi, j'adore la technologie, je pourrais proposer un atelier de réparation, le samedi, quand je ne travaille pas. Nous pouvons rencontrer ton association demain pour discuter de nos idées ? À demain ! Évelyne

4. Production orale
Exemple de dialogue :
– Bonjour !
– Bonjour !
– Je suis étudiant(e) ici, à l'université, et je voudrais discuter avec vous d'une idée.
– Ah oui ? Je vous écoute.
– Je propose d'organiser un troc dans l'université parce que les étudiants n'ont pas beaucoup d'argent.
– Un troc ? C'est une bonne idée mais il faut échanger des choses, ce n'est pas juste pour acheter moins cher.
– Je sais. On pourrait organiser une fois par mois, dans le hall, un grand marché. Chaque étudiant apporterait un objet et pourrait en prendre un, en échange.
– Pourquoi pas. Mais où est-ce qu'on mettrait ces objets ?
– Il y aurait une caisse pour les vêtements, une caisse pour les livres et une caisse pour les objets de décoration, par exemple.
– Et s'il reste des objets à la fin du troc, où est-ce qu'on les rangerait ?
– On pourrait les donner à une association.
– Vous connaissez des associations ?
– Oui. Je travaille comme bénévole dans

une association, je pourrai leur demander si ça les intéresse.
– Et où on trouverait des caisses ?
– Le supermarché à côté de l'université a toujours des grands cartons qu'ils jettent. Je vais leur demander de nous les donner.
– C'est une très bonne idée. Je pense qu'il faudrait demander l'autorisation du directeur de l'université avant.
– Je vais aller le voir. J'espère qu'il sera d'accord. Est-ce que l'association des étudiants pourrait m'aider à organiser le marché ?
– Oui, bien sûr ! Vous me dites quand vous avez parlé au directeur ? On pourra se voir la semaine prochaine pour commencer à organiser le troc.
– C'est super, merci beaucoup ! À la semaine prochaine !
– À la semaine prochaine !

Page 110, Jeux
1. a. consommation responsable – travaux manuels – fait maison – objets d'occasion
2. Dans ce monde, on n'aurait pas besoin d'argent. On ferait du troc. On profiterait de la vie. Ça vous dirait ?
3. Réponses libres.
4. Réponses libres.

Unité 10 Envies d'ailleurs ?

Page 111, Grammaire
Le passé composé et l'imparfait dans le récit
1. b. 2 – **c.** 1 – **d.** 4
2. b. avons atterri, étions – **c.** déjeunait, est tombée – **d.** ont vu, c'était – **e.** Je réservais, s'est éteint
3. Imparfait : b, d, e – Passé composé : a, c, f
4. Il était minuit quand notre avion a décollé de l'aéroport de Tokyo. Il faisait mauvais et soudain nous avons senti un fort coup de vent. Nous avons eu un peu peur quand l'avion a fait un grand bruit. Heureusement, ce n'était pas grave et, après 13 heures de vol, nous avons atterri sans problème à Vienne.

Page 112, Vocabulaire
Le voyage
1. b. 6 – **c.** 1 – **d.** 5 – **e.** 3 – **f.** 4
2. a. le petit déjeuner – **b.** l'habitant – **c.** l'aéroport – **d.** l'avion – **e.** compris – **f.** le repas
3. b. double – **c.** croisière – **d.** inclus – **e.** départ – **f.** circuits
4. chambre – chambre double – nuits – petit déjeuner – compris – repas

Page 113, Grammaire
L'accord du participe passé
1. b. occupée – **c.** proposé – **d.** faite – **e.** allés – **f.** déplacés
2. b. Ce sont les amies que j'ai rencontrées en Suisse. **c.** Jérôme s'est installé chez nous. – **d.** Les cartes ? Je les ai mises sur la table. – **e.** La chambre que j'ai réservée est très moderne. – **f.** Les informations que tu as demandées sont arrivées.
3. b. pris – **c.** inscrit**es**, duré – **d.** découvert**e** – **e.** apprécié, lu**s** – **f.** pris, arrivé
4. b. je les ai prises – **c.** ils l'ont faite –

d. nous l'avons ouverte – e. je les ai comprises – f. il les a mises

Page 114, Vocabulaire
Le tourisme
1. b. on trouve des informations sur les excursions – **c.** au guide – **d.** on raconte le passé – **e.** des idées de visites de la ville
2. Le tourisme lent : d – **Le tourisme durable :** b, e – **Le tourisme local :** c, f
3. a. 3. le volcan – **b. 2.** la falaise – **c. 1.** le pont – **d. 5.** la fontaine – **e. 6.** la cascade – **f. 4.** la grotte

Page 115, Grammaire
Les pronoms démonstratifs
1. a. Nous n'aimons pas ce guide, nous préférons celui-ci.
b. Quelle visite vous voulez faire, celle-ci ou celle-là ?
c. Je voudrais un autre audioguide, celui-ci est cassé.
d. Où est ma crème solaire, celle avec l'indice 50+ ?
e. Parmi mes applications, celle qui permet de s'orienter est utile.
f. Ceux qui voyagent souvent connaissent bien cet hôtel.
2. b. celui – **c.** celle – **d.** ceux – **e.** celui – **f.** celles
3. b. celles – **c.** celui – **d.** celle-ci et celle-là – **e.** celle – **f.** ceux
4. b. Quels touristes, ceux-ci ou ceux-là ?
c. Quel audioguide, celui-ci ou celui-là ?
d. Quelles informations pratiques, celles-ci ou celles-là ?
e. Quels ponts, ceux-ci ou ceux-là ?

Page 116, Phonie-graphie
1. = : b, c, f – ≠ : a, d, e
2. = : b, f – ≠ : a, c, d, e
3. La Réunion ou « l'île intense » **est** une île françai**se** situé**e** dans l'Océan Indien. C'**est** un volcan encore tr**è**s actif, le Piton de la Fournaise, qui offre un sp**ectac**le exceptionnel. Avec une flore **et** une faune uniques au monde, c'**est le** paradis d**es** amoureux d**e** la nature. Vous pourr**ez** aussi profit**er** d**e** s**es** b**ell**es plages d**e** sable blanc, mais aussi d**e** s**es** côtes plus sauvages.

Page 117, Compréhension écrite
1. c. – **2.** b. – **3.** c. a. – **4.** b. – **5.** Vrai – **6.** b.

Page 117, Production orale
Réponses libres.

Page 118, Bilan linguistique, Grammaire
1. a. était, a fait – **b.** ne pouvaient pas, est partie – **c.** n'avait pas, a pris – **d.** est arrivé, faisait – **e.** a vu, se trouvait – **f.** a profité, était – **g.** ne voulait plus, a décidé
2. a. 2 – **b.** 4 – **c.** 7 – **d.** 6 – **e.** 3 – **f.** 1 – **g.** 5
3. a. ceux – **b.** Celle – **c.** Celui – **d.** Celles – **e.** celle – **f.** ceux

Page 119, Vocabulaire
1. Les prestations du séjour : chambre double, demi-pension, repas inclus – **Les types d'hébergement :** hôtel, auberge de jeunesse
2. a. Paris – **b.** Saint-Denis – **c.** le 26 janvier – **d.** 9 h 45 – **e.** 8 h 35
3. a. Vrai – **b.** Faux – **c.** Vrai – **d.** Faux – **e.** Faux
4. a. la fontaine – **b.** l'hébergement – **c.** de proximité – **d.** le volcan – **e.** les bagages

Page 120, DELF A2
1. Compréhension de l'oral
A. 4. – B. 2. – D. 1. – E. 3.
2. Compréhension des écrits
1. B. – 2. A. – 3. C. – 4. C. – 5. C. – 6. C.

Page 121, DELF A2
3. Production écrite
Exemple de production :
Salut Hamza,
Tu as passé de bonnes vacances aux États-Unis ? Nous sommes partis en famille en Italie avec les enfants. Nous avons logé dans un magnifique hôtel au bord du Lac de Garde. La cuisine était délicieuse et les enfants ont adoré faire du pédalo. Il a fait beau toute la semaine, c'était super ! À très vite, Emmanuel

4. Production orale
Exemple de production :
L'année dernière, je suis parti en vacances en Corse, avec ma meilleure amie. Nous avons visité le port de Bastia. Il y avait un restaurant sur un petit bateau et nous avons mangé du poisson frais, c'était délicieux. Nous avons vu le coucher du soleil sur le port, les couleurs étaient magnifiques. Nous avons aussi pris le ferry pour visiter les îles Lavezzi. Nous nous sommes baignés dans l'eau turquoise et l'eau était chaude ! Sur la plage, il y avait beaucoup de monde. Nous avons visité le musée de Bastia, c'était très intéressant. J'ai adoré ce voyage car nous sommes souvent allés dans la nature et nous avons vu des plages très belles. J'ai apprécié de prendre le bateau et de manger des produits de la mer. C'est un très bon souvenir !

Page 122, Jeux
1. grotte – volcan – cascade – fontaine – falaise
2. a. compris – **b.** arrivée – **c.** aéroport – **d.** atterrir – **1.** brochure – **2.** destination – **3.** billet – **4.** hôtel
3. a. direction – **b.** itinéraire – **c.** histoire – **d.** excursion – **e.** repas
4. a. pour ceux qui aiment écouter le guide, on propose les visites guidées – **b.** pour celles qui visitent en solo, on propose un audioguide – **c.** pour ceux qui préfèrent dormir dans la nature, on propose le camping – **d.** pour celles qui sont sensibles à l'écologie, on propose le tourisme durable – **e.** pour ceux qui aiment prendre le bateau, on propose les croisières – **f.** pour celles qui n'ont pas peur, on propose une excursion de nuit avec un guide-fantôme – **g.** pour ceux qui sont sportifs, on propose la découverte de la ville sur les toits

Unité 11 De jolis parcours

Page 123, Grammaire
La mise en relief
1. C'est + nom/pronom + *qui* : b, d – **C'est + nom/pronom + *que* (*qu'*) :** c, e,
2. a. C'est Juliette qui a eu la meilleure note. – **b.** C'est le bachelor que j'ai obtenu l'année dernière. – **c.** Ce que je préfère, ce sont mes études. – **d.** C'est à l'université que tu peux t'inscrire. – **e.** Ce qui me plaît, c'est la formation en alternance. – **f.** Ce sont les diplômes que nous recherchons.
3. b. c'est moi qui ai fait – **c.** c'est à lui que tu dois parler – **d.** ce sont elles qui ont réussi – **e.** ce sont eux qui font
4. b. Ce sont les matières scientifiques que nous choisissons. – **c.** C'est un enseignant motivant que je veux devenir. – **d.** C'est l'année de césure qui m'a fait du bien. – **e.** Ce sont les études qui ont changé ma vie. – **f.** C'est un examen de droit qu'on passe à la fin de l'année.

Page 124, Vocabulaire
Les études
1. b. la salle de classe – **c.** le lycée – **d.** l'université – **e.** le collège
2. b. un professeur – **c.** rater – **d.** une licence – **e.** redoubler
3. b. de césure – **c.** commencer – **d.** réussir – **e.** bien
4. Un enseignant de lycée : e – **Une étudiante :** b – **Un professeur d'université :** c – **La mère d'un élève à l'école primaire :** d

Page 125, Grammaire
Le discours rapporté au présent
1. Discours direct : c, f – **Discours indirect :** b, d, e
2. b. Est-ce que tu veux créer ton profil professionnel ? – **c.** Qu'est-ce qui est utile dans un CV ? – **d.** Pourquoi tu t'intéresses à cet emploi ? – **e.** Qu'est-ce qu'il dit ? – **f.** Qu'est-ce que nous devons faire pour obtenir ce poste ?
3. b. s' – **c.** ce qui – **d.** pourquoi – **e.** ce que – **f.** que
4. b. si je suis sûr de mon choix – **c.** qu'il ne peut pas faire son CV – **d.** si j'ai regardé cette annonce – **e.** ce que je veux obtenir – **f.** que je dois faire une autre formation

Page 126, Vocabulaire
Le monde du travail
1. société – employé – coworking – salariée – horaires
2. Les secteurs professionnels : le nettoyage, le numérique, le bien-être – **Les professions :** le tatoueur, l'entrepreneur
3. Entrepreneur – Expérience – indépendant – Secrétaire – Master – Compétences – Informatique – Centres d'intérêt
4. a. Vrai – **b.** Faux – **c.** Vrai – **d.** Faux – **e.** Vrai

Page 127, Grammaire
Le pronom COI *y*
1. b. à leur nouvelle vie – **c.** à cette candidature – **d.** à mes rêves d'enfant – **e.** aux messages urgents – **f.** à son travail
2. a. 4 – **b.** 6 – **c.** 1 – **d.** 2 – **e.** 3 – **f.** 5
3. a. Les conditions de travail y sont difficiles. – **b.** C'est vrai que tu n'y renonces pas ? – **c.** Faites-y attention pendant votre entretien ! – **d.** C'est facile quand vous n'y pensez pas. – **e.** Pour réussir, il est important d'y croire. – **f.** Le foot est un sport d'équipe, nous y jouons

avec des collègues.
4. b. ne pense pas à eux – **c.** n'y sont pas sensibles – **d.** nous y sommes abonnés – **e.** y fais attention – **f.** n'y a pas répondu

Page 128, Phonie-graphie
1. a. beau – **b.** eux – **c.** l'eau – **d.** nous – **e.** peu – **f.** joue
2. Réponses libres.
3. Bonj**ou**r, j**e** m'appelle Denisa. J**e** suis r**ou**maine. J'ai obt**e**nu mon dipl**ô**me du bac cette année au lycée français d**e** Bucarest **où** j'ai étudié pendant six ans. Mon pr**o**jet pr**o**fessionnel est d**e** d**e**venir traductrice français-r**ou**main, **au** niv**eau** **eu**ropéen. J**e** v**eu**x v**e**nir en France, à Toulouse, p**ou**r c**o**mmencer une licence et continuer avec un master.

Page 129, Compréhension orale
1. a. – **2.** Faux – **3. c.** – **4. b.** – **5. b.** – **6. a.** Faux – **b.** Vrai

Page 129, Production écrite
Exemple de réponse : Madame, Monsieur, Notre société Infomaxi, active dans le secteur informatique, recherche actuellement des locaux à louer deux jours par semaine. J'ai vu sur le site internet de votre entreprise une proposition de location de bureaux aux employés extérieurs et je voudrais savoir quelles sont les conditions de réservation. Pouvez-vous me dire si le prix de location change si nos employés ne travaillent pas en présentiel toute la journée ? Merci d'avance pour votre réponse. Bien cordialement, Philippe Hugon, assistant de direction

Page 130, Bilan linguistique, Grammaire
1. a. Ce qui me motive dans les études, c'est le diplôme./C'est le diplôme qui me motive dans les études. – **b.** Ce que j'apprécie dans une formation, c'est l'enseignement./C'est l'enseignement que j'apprécie dans une formation. – **c.** Ce que je regarde dans un CV, c'est le parcours professionnel./C'est le parcours professionnel que je regarde dans un CV. – **d.** Ce qui me plaît dans mon travail, c'est la communication./C'est la communication qui me plaît dans mon travail. – **e.** Ce que je déteste, c'est la littérature./C'est la littérature que je déteste. – **f.** Ce qui m'attire, c'est le contact avec les clients./C'est le contact avec les clients qui m'attire. – **g.** Ce que je trouve difficile, c'est le métier de pâtissier/C'est le métier de pâtissier que je trouve difficile.
2. a. comment le candidat a connu leur entreprise – **b.** qu'il est allé sur leur site Internet – **c.** quand le candidat peut commencer – **d.** qu'il est disponible tout de suite – **e.** si le candidat a des questions – **f.** ce que l'entreprise propose comme formations internes – **g.** que leur programme est très riche
3. a. Nous y renonçons – **b.** Je me suis habitué à lui – **c.** il ne s'y habitue pas – **d.** elle s'y intéresse – **e.** elles ne se sont pas intéressées à eux – **f.** ils n'y pensent pas

Page 130, Bilan linguistique,

Vocabulaire
1. a. 2 – **b.** 3 – **c.** 5 – **d.** 1 – **e.** 4
2. a. informatique – **b.** passer – **c.** une formation – **d.** enseigne – **e.** une licence
3. a. ingénieure – **b.** coiffeur – **c.** esthéticienne – **d.** masseur – **e.** formatrice
4. a. 2 – **b.** 4 – **c.** 5 – **d.** 1 – **e.** 3

Page 132, DELF A2
1. Compréhension de l'oral
1. B. – **2.** C. – **3.** B. – **4.** C. – **5.** A. – **6.** A.
2. Compréhension des écrits
1. F. – **2.** E. – **3.** B. – **4.** C. – **5.** A. – **6.** G.

Page 133, DELF A2
3. Production écrite
Exemple de production : Bonjour Anthony, Comment va ta famille ? Je t'écris parce que j'ai une bonne nouvelle ! J'ai changé de travail. Mon nouveau poste me plaît beaucoup, je suis responsable communication dans une grande entreprise informatique. Les bureaux sont à Paris. Ils sont modernes et conviviaux. Il y a aussi une salle de sport et un espace détente. J'adore ! Je travaille avec une équipe internationale très sympa. Je dois encore apprendre le métier mais c'est passionnant ! Et toi, quelles nouvelles ? À bientôt, Léa

4. Production orale
Exemple de production : J'ai fait des études littéraires à l'université de Hanovre, en Allemagne. J'ai étudié la littérature allemande et française. Après ma licence, je suis venu(e) faire un master en littérature française à Paris. Maintenant, j'ai un bac + 5. Je travaille dans une maison d'édition à Paris. J'ai adoré la vie étudiante à Paris. Il y a plus de choses à faire qu'à Hanovre, comme les musées ou le théâtre. Et aussi, je pouvais parler français tous les jours. Je vivais en colocation avec deux autres étudiants, c'était génial ! À Hanovre, je vivais chez mes parents, je n'avais pas la même liberté. Les cours à l'université étaient intéressants mais certains professeurs n'étaient pas très sérieux. Ils étaient souvent absents. Ils ne corrigeaient pas nos devoirs et mettaient des mauvaises notes. En Allemagne, ils sont plus gentils avec les étudiants.

Page 134, Jeux
1.

M	N	E	T	T	O	Y	A	G	E
A	C	I	A	R	C	U	F	M	D
N	B	F	R	E	Y	L	R	X	Ç
U	M	E	I	R	J	B	P	H	L
C	S	N	F	B	E	Y	Q	J	C
U	R	G	U	T	C	N	L	Ç	N
R	M	L	M	U	E	Z	O	H	P
E	G	T	Q	C	W	S	C	T	K
A	N	E	M	Q	R	Z	A	L	C
M	A	T	E	R	I	E	L	V	X

2. a. compétence – **b.** embauche – **c.** horaires – **d.** tatoueur – **e.** marketing
3. a. quand, dit, date : candidate – **b.** beau, thé : beauté
4. 1. a. – **2. b.** – **3. a.** – **4. c.** – **5. a.** – **6. c.**

scolaire et/ou professionnel

Unité 12 Soif de nature

Page 135, Grammaire
L'impératif et les pronoms
1. b. des produits polluants – **c.** le lave-vaisselle – **d.** la planète – **e.** la biodiversité – **f.** les déchets
2. b. Trions-les ! – **c.** Protégeons-le ! – **d.** Ne la gaspille pas ! – **e.** N'en utilisez pas ! – **f.** Donnons-leur de l'argent !
3. b. Mobilisons-nous pour l'environnement ! – **c.** Ne le prenons pas ! – **d.** Pensons-y ! – **e.** Limitons-la ! – **f.** N'en utilisons pas !
4. a. 5 – **b.** 1 – **c.** 6 – **d.** 2 – **e.** 3 – **f.** 4

Page 136, Vocabulaire
La géographie et l'environnement
1. b. trier – **c.** polluer – **d.** se mobiliser – **e.** disparaître – **f.** protéger
2. b. 3 – **c.** 6 – **d.** 1 – **e.** 2 – **f.** 5
3. b. pesticides – **c.** biodiversité – **d.** planète – **e.** gaspillage – **f.** ressources
4. a. 4 – **b.** 5 – **c.** 2 – **d.** 3 – **e.** 1

Page 137, Grammaire
L'expression du but
1. b. 2 – **c.** 3 – **d.** 5 – **e.** 4 – **f.** 1
2. b. pour que – **c.** pour – **d.** pour – **e.** pour qu' – **f.** pour
3. b. 5 – **c.** 3 – **d.** 2 – **e.** 4 – **f.** 6
4. b. fassent – **c.** regardions – **d.** se sente – **e.** sachent – **f.** soient

Page 138, Vocabulaire
Les animaux
1. b. un coq – **c.** une libellule – **d.** une panthère – **e.** une chèvre
2. b. caméléon – **c.** dauphin – **d.** chouette – **e.** abeille – **f.** singe
3. b. le tigre – **c.** l'aigle – **d.** la poule – **e.** l'araignée – **f.** le cheval
4. b. Vrai – **c.** Faux – **d.** Faux – **e.** Faux – **f.** Vrai

Page 139, Grammaire
La forme passive
1. Forme active : c, d, f – **Forme passive :** b, e
2. a. Des ateliers d'écologie sont organisés par l'école. – **b.** Dans ce parc naturel, toutes les espèces sont protégées. – **c.** Ce projet écologique sera financé par notre association. – **d.** Des centaines d'arbres ont été plantées par la mairie. – **e.** La biodiversité est menacée par ces constructions. – **f.** Elles sont réveillées tous les matins par le chant du coq.
3. b. financées – **c.** respectés – **d.** organisé – **e.** publié – **f.** découverte
4. b. Une campagne de sensibilisation est organisée par la mairie. – **c.** La planète est menacée par le changement climatique. – **d.** Les océans sont pollués par les bateaux. – **e.** De nouvelles recherches seront faites par les biologistes.

Page 140, Phonie-graphie
1. J'entends un [ə] : c, e – **Je n'entends pas de [ə] :** a, b, d, f
3. Le chat est l'animal de compagnie le plus populaire chez les Français pour de nombreuses raisons. C'est un animal

propre et autonome. Il peut être heureux dans un appartement et rester seul dans votre logement pendant la journée. Mais il apprécie la compagnie de ses maîtres et peut être très affectueux. Enfin, il chasse les souris, ce qui est utile quand on a un jardin.

Page 141, Compréhension écrite
1. a. Faux – **b.** Faux – **c.** Faux – **d.** Vrai – **e.** Vrai
2. a., **b.**, **c.**
3. a.
4. c.

Page 141, Production orale
Réponses libres.

Page 142, Bilan linguistique, Grammaire
1. a. Recyclons-les ! – **b.** Évitons-le ! – **c.** Limitons-la ! – **d.** Plantons-en ! – **e.** Aidons-les ! – **f.** Préservons-la ! – **g.** Protégeons-les !
2. a. adoptent – **b.** polluer – **c.** protéger – **d.** se mobilisent – **e.** comprendre – **f.** soient – **g.** respections
3. Forme active : b. Tous les habitants ne font pas le tri des déchets. – **d.** Le jury récompensera les meilleures initiatives vertes. – **f.** Ces agriculteurs n'utilisent pas les pesticides.
Forme passive : a. Les espèces menacées sont protégées par les associations. – **c.** Ce projet écocitoyen sera bientôt commencé par les écoles du quartier. – **e.** Des conférences sur le climat ont été organisées par la mairie.

Page 143, Bilan linguistique, Vocabulaire
1. a. protégé – **b.** ressources – **c.** archipels – **d.** danger – **e.** disparaître – **f.** soient – **g.** respections
2. a. plastique – **b.** polluant – **c.** recyclage – **d.** écologie – **e.** espèce
3. a. l'abeille – **b.** le rat – **c.** le dauphin – **d.** la panthère – **e.** le caméléon
4. 1.d – 2.b – 3.a – 4.e – 5.c

Page 144, DELF A2
1. Compréhension de l'oral
1. **C.** – 2. **C.** – 3. **B.** – 4. **B.** – 5. **A.** – 6. **BA.**

2. Compréhension des écrits
1. **A.** – 2. **A.** – 3. **A.** – 4. **A.** – 5. **C.** – 6. **A.**

Page 145, DELF A2
3. Production écrite
Exemple de production : Salut Zahi, Merci de proposer cette visite car j'adore les animaux ! Est-ce que je peux venir avec mon ami Titouan ? Il aime beaucoup les animaux et il est très sympa. Tu veux que j'apporte une salade pour le déjeuner ? Je peux aussi préparer des sandwichs. Si tu veux, nous pouvons prendre ma voiture pour aller au parc. À samedi, Davy

4. Production orale
Exemple de production :
- Bonjour madame.
- Bonjour.
- Je voudrais offrir un animal de compagnie à mon frère. Il a un grand jardin et il adore tous les animaux.
- D'accord. Est-ce qu'il aime les chats ?
- Oui, il adore les chats.
- Nous avons quatre chatons en ce moment. Ils doivent encore recevoir un vaccin mais ils seront prêts dans une semaine.
- Très bien. Quel est leur caractère ?
- Ils sont très joueurs et ils n'aiment pas rester seuls.
- Ah, c'est dommage car mon frère part souvent en vacances. Vous avez un animal plus indépendant ?
- Nous avons aussi des poissons. Il y a plein d'espèces différentes. Ils peuvent rester seuls au maximum une semaine.
- Très bien ! Quel est le prix de ce poisson rouge par exemple ? Il est très mignon.
- Il est à 3 euros. Mais je vous conseille d'en acheter au moins deux. Il ne faut pas qu'il s'ennuie !
- Ah, d'accord. Je vais en acheter plusieurs. Est-ce que je peux mettre des espèces différentes dans le même bocal ?
- Ce n'est pas conseillé. Le mieux est de prendre plusieurs poissons rouges.
- D'accord, alors je vais en prendre dix.
- Très bien. Il faut aussi leur donner un aquarium assez grand. Il est conseillé d'acheter aussi des pierres et des plantes pour mettre à l'intérieur.
- Ah oui, pour que cela ressemble à leur espace naturel !
- Oui, vous avez raison.
- D'accord. Alors je vais prendre un grand aquarium de 100 x 50 cm. Quel est le prix ?
- Il est à 45,30 euros.
- Très bien. Vous avez quoi pour décorer ?
- Nous avons ce lot à 16,50 euros pour ce type d'aquarium.
- Très bien, je le prends.
- Avec les 10 poissons, cela fait 91,80 euros s'il vous plaît.
- Je vais payer en espèce s'il vous plaît.
- D'accord, merci.
- Merci, au revoir.
- Au revoir, bonne journée.

Page 146, Jeux
1. 1. **valoriser** la biodiversité – 2. **recycler** – 3. **préserver** l'environnement – **a. agir** ensemble – **b. sauver** la planète **c. trier** ses déchets
2. a. Cette association finance la protection des milieux naturels. – **b.** Un site de co-jardinage a été créé il y a quelques années. – **c.** Nous devons tous nous mobiliser pour sauver la planète.
3. La Terre
4. *Exemple de réponses :*

Lettre	Les animaux	La nature	L'écologie	Points
A	Araignée	Archipel	Association	
D	Dauphin	Désert	Déchet	
P	Panthère	Parc	Protection	
R	Rat	Rivière	Recyclage	
S	Singe	Site (naturel)	Sauver	
			Total des points	....

Références iconographiques

Crédits images : Couverture : © Philippe Renault/hemis.fr ; **3** Pascal Le Segretain/Getty Images Europe/Getty Images via AFP ; **4 (1)** goodluz/AdobeStock ; **4 (2)** Bertrand Guay/AFP ; **4 (3)** Jacob Lund/AdobeStock ; **4 (4)** Jacob Lund/AdobeStock ; **4 (5)** Christophe Denis/AdobeStock ; **4 (6)** Drazen/AdobeStock ; **6 (1)** radu79/AdobeStock ; **6 (2)** davit85/AdobeStock ; **6 (3)** Pixel-Shot/AdobeStock ; **6 (4)** Jakub Cejpek/AdobeStock ; **6 (5)** andrys lukowski/AdobeStock ; **6 (6)** iMarzi/AdobeStock ; **6 (bg)** Kevin LEBRE/iStock ; **7** Pascal Le Segretain/Getty Images Europe/Getty Images via AFP ; **8** lightscience/AdobeStock ; **9** Nicolas Liponne/Hans Lucas ; **11 (1)** 2207918/AdobeStock ; **11 (2)** Jessica Blanc/AdobeStock ; **11 (3)** Monkey Business/AdobeStock ; **11 (4)** Jitka Svetnickova/AdobeStock ; **11 (5)** Conny Hagen/AdobeStock ; **12 (2a)** Andrey Lapshin/AdobeStock ; **12 (2b)** Tom/AdobeStock ; **12 (2c)** BERTHIER Emmanuel/hemis.fr ; **12 (3a)** Photo Feats/AdobeStock ; **12 (3b)** zhukovvvlad/AdobeStock ; **12 (3c)** delkoo/AdobeStock ; **12 (4a)** LIGHTFIELD STUDIOS/AdobeStock ; **12 (4b)** Di Studio/AdobeStock ; **12 (4c)** gorynvd/AdobeStock ; **14 (4a)** Rubn/AdobeStock ; **14 (4b)** Dusan Kostic/AdobeStock ; **14 (4c)** kzenon/123RF ; **14 (4-1)** razihusin/AdobeStock ; **14 (4-2)** Li Ding/AdobeStock ; **14 (4-3)** Maridav/AdobeStock ; **16 (1)** PR Image Factory/AdobeStock ; **16 (2)** kues1/AdobeStock ; **16 (3)** julien leiv/AdobeStock ; **16 (4)** nataba/AdobeStock ; **16 (5)** deagreez/AdobeStock ; **16 (6)** Khorzhevska/AdobeStock ; **17** Delphotostock/AdobeStock ; **18 (1)** Anton Gvozdikov/AdobeStock ; **18 (2)** Marco Brivio/AdobeStock ; **18 (3)** Ian Sherriffs/AdobeStock ; **18 (4)** aluxum/iStock ; **18 (5)** jasckal/AdobeStock ; **18 (6)** unguryanu/AdobeStock ; **20** Geber86/iStock ; **21** © Le Livre de Poche ; **23 (a)** Christophe Fouquin/AdobeStock ; **23 (b)** eric/AdobeStock ; **23 (c)** hadrot jean-marie/EyeEm/AdobeStock ; **23 (d)** Jochen Schönfeld/AdobeStock ; **23 (e)** Boris Stroujko/AdobeStock ; **24 (2a)** naka/AdobeStock ; **24 (2b)** Gajus/AdobeStock ; **24 (2c)** anmuht.ch fotografie/AdobeStock ; **24 (6a)** neko92vl/AdobeStock ; **24 (6b)** itom007/AdobeStock ; **24 (6c)** BillionPhotos.com/AdobeStock ; **25 (2a)** 5second/AdobeStock ; **25 (2b)** Rumo/AdobeStock ; **25 (2c)** Ivonne Wierink/AdobeStock ; **25 (4a)** david_franklin/AdobeStock ; **25 (4b)** William W. Potter/AdobeStock ; **25 (4c)** BlickReflex.de/AdobeStock ; **26 (1)** Tichonow/AdobeStock ; **26 (2)** alinamd/AdobeStock ; **26 (3)** BUDDEE/AdobeStock ; **26 (4)** Boris Stroujko/AdobeStock ; **26 (5)** Iakov Kalinin/AdobeStock ; **28 (a)** Maksim/AdobeStock ; **28 (b)** Paul Maguire/AdobeStock ; **28 (c)** pixarno/AdobeStock ; **28 (d)** Andrea/AdobeStock ; **28 (e)** Philipp/AdobeStock ; **28 (f)** mirsad/AdobeStock ; **29 (1)** Bulgac/iStock ; **29 (2)** CreativaStudio/iStock ; **30 (a)** Tohid Hashemkhani/AdobeStock ; **30 (b)** BillionPhotos.com/AdobeStock ; **30 (c)** gmstockstudio/AdobeStock ; **30 (d)** Ruslan Ivantsov/AdobeStock ; **30 (e)** PriceM/AdobeStock ; **30 (f)** New Africa/AdobeStock ; **30 (g)** Piotr Pawinski/AdobeStock ; **30 (h)** Vera/AdobeStock ; **32** napa74/AdobeStock ; **33 (hd)** Valery Hache/AFP ; **33 (bd)** Photocreo Bednarek/AdobeStock ; **35 (a)** Pixel-Shot/AdobeStock ; **35 (b)** Sashkin/AdobeStock ; **35 (c)** Atstock Productions/AdobeStock ; **35 (d)** sergiy1975/AdobeStock ; **35 (e)** Primastock/AdobeStock ; **36 (1a)** FollowTheFlow/AdobeStock ; **36 (1b)** Vadim Andrushchenko/AdobeStock ; **36 (1c)** Annatamila/AdobeStock ; **36 (6a)** lovemask/AdobeStock ; **36 (6b)** kaif/AdobeStock ; **36 (6c)** emma/AdobeStock ; **38** DigiClack/AdobeStock ; **38 (h)** Photographee.eu/AdobeStock ; **38 (b)** tontectonix/AdobeStock ; **40 (1)** sewcream/AdobeStock ; **40 (2)** elnariz/AdobeStock ; **40 (3)** Kanea/AdobeStock ; **40 (4)** shurkin_son/AdobeStock ; **40 (5)** Viacheslav Yakobchuk/AdobeStock ; **42** © Régis Hector ; **44** akg-images/TT News Agency/SVT ; **45** sebra/AdobeStock ; **47 (1a)** davidolkarny/AdobeStock ; **47 (1b)** Krakenimages.com/AdobeStock ; **47 (1c)** kues1/AdobeStock ; **47 (1d)** Bettmann/Getty Images ; **47 (1e)** deagreez/Adobestock ; **47 (4-1)** pathdoc/AdobeStock ; **47 (4-2)** deagreez/AdobeStock ; **47 (4-3)** New Africa/AdobeStock ; **47 (4-4)** eopleimages.com/AdobeStock ; **48 (1a, b, c)** sudowoodo/AdobeStock ; **48 (3a)** 4th Life Photography/AdobeStock ; **48 (3b)** Pixel-Shot/AdobeStock ; **48 (3c)** MAK/AdobeStock ; **48 (bd)** SpeedKingz/Shutterstock ; **50 (1)** GVS/AdobeStock ; **50 (2)** deagreez/Adobestock ; **50 (3)** Asier/AdobeStock ; **50 (4)** khosrork/AdobeStock ; **50** DigiClack/AdobeStock ; **52 (a)** Andrey Popov/AdobeStock ; **52 (b)** VTT Studio/AdobeStock ; **52 (c)** navee/AdobeStock ; **52 (d)** Syda Productions/AdobeStock ; **52 (e)** boscorelli/AdobeStock ; **54 (1)** sdecoret/AdobeStock ; **54 (2)** New Africa/AdobeStock ; **54 (3)** Delphotostock/AdobeStock ; **54 (4)** Avantgarde/AdobeStock ; **54 (5)** moodboard/AdobeStock ; **54 (6)** mahod84/AdobeStock ; **56** ESA–P. Sebirot ; **56 (fond)** dell/AdobeStock ; **57** © France Télévisions ; **59 (1)** Artsiom P/AdobeStock ; **59 (2)** s_l/AdobeStock ; **59 (3)** khunkorn/AdobeStock ; **59 (4)** Dimitar Marinov/AdobeStock ; **59 (5)** David Collingwood/Alamy Stock Photo ; **60 (3a)** zentilia/AdobeStock ; **60 (3b)** Aranami/AdobeStock ; **60 (3c)** eshma/AdobeStock ; **60 (6a)** StockPhotoPro/AdobeStock ; **60 (6b)** VTT Studio/AdobeStock ; **60 (6c)** stanislav_uvarov/AdobeStock ; **61 (2a)** Voyagerix/AdobeStock ; **61 (2b)** ivanko80/AdobeStock ; **61 (2c)** Mariusz Blach/AdobeStock ; **61 (6a)** algre/AdobeStock ; **61 (6b)** Scanrail/AdobeStock ; **61 (6c)** vahekatrjyan/AdobeStock ; **64 (bd)** M.studio/AdobeStock ; **64 (a)** Tijana/AdobeStock ; **64 (b)** philippe Devanne/AdobeStock ; **64 (c)** Daniel Jędzura/AdobeStock ; **64 (d)** Wirestock/AdobeStock ; **64 (e)** danifotografo/123RF ; **64 (f)** kmlPhoto/AdobeStock ; **65 (3a)** Onidji/AdobeStock ; **65 (3b)** Onidji/AdobeStock ; **65 (3c)** Jrme/AdobeStock ; **65 (3d)** anatolir/AdobeStock ; **65 (3e)** Jrme/AdobeStock ; **66 (a)** Jose carlos Cerdeno/iStock ; **66 (b)** adisa/AdobeStock ; **66 (c)** matho/AdobeStock ; **66 (d)** vaaseenaa/iStock ; **68** Collection Christophel © Nord-Ouest Films ; **69** Brasil2/iStock ; **71** beats_/AdobeStock ; **71** Pineapple studio/AdobeStock ; **72 (4a)** Pixel-Shot/AdobeStock ; **72 (4b)** Mara Zemgaliete/AdobeStock ; **72 (4c)** M.studio/AdobeStock ; **72 (5a)** ozmen/AdobeStock ; **72 (5b)** Lsantilli/AdobeStock ; **72 (5c)** M.studio/AdobeStock ; **74 (hg)** mariabo/AdobeStock ; **74 (bd)** Good Studio/AdobeStock ; **76 (1)** fizkes/AdobeStock ; **76 (2)** peopleimages.com/AdobeStock ; **76 (3)** Bildgigant/AdobeStock ; **76 (4)** Antonioguillem/AdobeStock ; **76 (5)** Antonioguillem/AdobeStock ; **78 (1)** VectorRocket/AdobeStock ; **78 (2)** VectorRocket/AdobeStock ; **78 (3)** VectorRocket/AdobeStock ; **78 (4)** VectorRocket/AdobeStock ; **78 (5)** VectorRocket/AdobeStock ; **80** ALF photo/AdobeStock ; **81 (h)** fergregory/AdobeStock ; **81 (b)** Sergey Peterman/AdobeStock ; **81 (Lina)** Wayhome Studio/AdobeStock ; **83 (a)** Vladimir Zlotnik/AdobeStoc ; **83 (b)** famveldman/AdobeStock ; **83 (c)** Prostock-studio/AdobeStock ; **83 (d)** ViDi Studio/AdobeStock ; **83 (e)** Ljupco Smokovski/AdobeStock ; **84 (m)** Clker-Free-Vector-Images/Pixabay ; **84 (g et d)** AceClipart_Etsy/Pixabay ; **86** koya979/AdobeStock **86** Leiana/AdobeStock ; **88 (1)** _KUBE_/AdobeStock ; **88 (2)** Andrey Popov/AdobeStock ; **88 (3)** Butch/AdobeStock ; **88 (4)** fotofabrika/AdobeStock ; **88 (5)** J.M. Image Factory/AdobeStock ; **90 (h)** alexdndz/AdobeStock ; **90 (b)** faber14/AdobeStock ; **92** carballo/AdobeStock ; **95** © Charlotte Cagigos ; **98 (2)** DigiClack/AdobeStock ; **98 (3)** kropekk_pl/Pixabay ; **100 (a)** Fototocam/AdobeStock ; **100 (b)** AlexAvich/AdobeStock ; **100 (c)** egun1983/AdobeStock ; **100 (d)** iLee/AdobeStock ; **100 (e)** Jukov studio/AdobeStock ; **100 (f)** algre/AdobeStock ; **102 (2a)** fusolino/AdobeStock ; **102 (2b)** myfotolia88/AdobeStock ; **102 (2c)** Thomas Hecker/AdobeStock ; **102 (2d)** Roman Milert/AdobeStock ; **102 (2e)** Retan/AdobeStock ; **102 (3-1)** Patrick J./AdobeStock ; **102 (3-2)** Suzanne Plumette/AdobeStock ; **102 (3-3)** chaiyasit/AdobeStock ; **102 (3-4)** FollowTheFlow/AdobeStock ; **104** Atstock Productions/AdobeStock ; **105** Halfpoint/AdobeStock ; **107 (2a)** sdecoret/AdobeStock ; **107 (2b)** carballo/AdobeStock ; **107 (2c)** Axel Bueckert/AdobeStock ; **107 (2d)** grafikplusfoto/AdobeStock ; **107 (2e)** Jenov Jenovallen/AdobeStock ; **108 (1a)** Maria Arts/AdobeStock ; **108 (1b)** Random435/AdobeStock ; **108 (1c)** Pixel-Shot/AdobeStock ; **108 (4a)** encierro/AdobeStock ; **108 (4b)** Milan/AdobeStock ; **108 (4c)** New Africa/AdobeStock ; **108 (5a)** vladstar/AdobeStock ; **108 (5b)** www3d/AdobeStock ; **108 (5c)** alexlukin/AdobeStock ; **112** Tiberius Gracchus/AdobeStock ; **114 (1)** Frank Krautschick/

AdobeStock ; **114 (2)** rh2010/AdobeStock ; **114 (3)** jul14ka/AdobeStock ; **114 (4)** Luis Estallo/AdobeStock ; **114 (5)** rh2010/AdobeStock ; **114 (6)** Kletr/AdobeStock ; **116** Shi/AdobeStock ; **117** Lève l'encre - Portrait : Simon Brunet Production ; **117 (m)** mauritius images GmbH/Alamy Stock Photo ; **119** Julydfg/AdobeStock ; **124 (a)** s4svisuals/AdobeStock ; **124 (b)** ifeelstock/AdobeStock ; **124 (c)** Rido/AdobeStock ; **124 (d)** luckybusiness/AdobeStock ; **124 (e)** Syda Productions/AdobeStock ; **126** sturti/Istock ; **128** .shock/AdobeStock ; **129** fizkes/AdobeStock ; **131 (a)** Gorodenkoff/AdobeStock ; **131 (b)** zinkevych/AdobeStock ; **131 (c)** Studio Romantic/AdobeStock ; **131 (d)** Valmedia/AdobeStock ; **131 (e)** goodluz/AdobeStock ; **132 (2a)** Francois/AdobeStock ; **132 (2b)** warmworld/AdobeStock ; **132 (2c)** 4zevar/AdobeStock ; **132 (6a)** terovesalainen/AdobeStock ; **132 (6b)** Montri Thipsorn/AdobeStock ; **132 (6c)** kintarapong/AdobeStock ; **134** DigiClack/AdobeStock ; **136 (1)** Robert Daly/iStock ; **136 (2)** freebird7977/AdobeStock ; **136 (3)** Lalandrew/AdobeStock ; **136 (4)** B. Piccoli/AdobeStock ; **136 (5)** Richard Carey/AdobeStock ; **138 (a)** otsphoto/AdobeStock ; **138 (b)** paolofusacchia/AdobeStock ; **138 (c)** Wojciech/AdobeStock ; **138 (d)** AB Photography/AdobeStock ; **138 (e)** AndreaR/AdobeStock ; **140 (charlotte)** rohappy/AdobeStock ; **140** Pixelbliss/AdobeStock ; **141** Photocreo Bednarek/AdobeStock ; **143 (1)** Carolyn/AdobeStock ; **143 (2)** Serghei Velusceac/AdobeStock ; **143 (3)** Bob/AdobeStock ; **143 (4)** Syukra/AdobeStock ; **143 (5)** Rita Kochmarjova/AdobeStock ; **144 (3a)** AnastasiaOsipova/AdobeStock ; **144 (3b)** aksol/AdobeStock ; **144 (3c)** b.illustrations/AdobeStock ; **144 (6a)** volff/AdobeStock ; **144 (6b)** piyaset/AdobeStock ; **144 (6c)** Timmary/AdobeStock ; **145 (3a)** New Africa/AdobeStock ; **145 (3b)** Africa Studio/AdobeStock ; **145 (3c)** Mny-Jhee/AdobeStock ; **145 (5a)** zilvergolf/AdobeStock ; **145 (5b)** Africa Studio/AdobeStock ; **145 (5c)** Andrey Popov/AdobeStock ; **146** DigiClack/AdobeStock ; **146 (4g)** Clker-Free-Vector-Images/Pixabay ; **(4m)** SignsPub/Pixabay ; **(4-d)** OpenClipart-Vectors/Pixabay

Crédits textes : 21 © JC Lattès, 2020 ; **45** Caroline Drzewinski/ETX STUDIO ; **93** 1jour1actu.com ; **95** Le Journal des Enfants ; **117** Lève l'encre - levelencre.com

Crédits audios : 9 Radio France/France Inter/InterClass' : Rencontre avec Abd al Malik, présenté par Patricia Martin ; **33** Radio France/France Inter/Esprit d'initiative du 17 janv. 2022 par Lionel Thompson ; **57** « Manche : un robot embauché comme serveur dans un restaurant », France 3 Normandie, 2022 © France Télévisions ; **81** « Rêves et cauchemars : que traduisent-ils ? », par Dr Gérald Kierzek et Isabelle Quenin, produite et publiée par Europe 1 le 16/05/2017 ; **105** M6 Video Bank/RTL ; **129** Radio France - franceinfo : - C'est mon boulot de Philippe Duport - 07/01/2022

PAPIER À BASE DE FIBRES CERTIFIÉES

éditions didier s'engagent pour l'environnement en réduisant l'empreinte carbone de leurs livres. Celle de cet exemplaire est de :

1,1 kg éq. CO$_2$

Rendez-vous sur www.editionsdidier-durable.fr

© Didier FLE, une marque des éditions Hatier, 2022
ISBN 978-2-278-10412-3 / 978-2-278-10413-0
Dépôt légal : 10412/07- 10413/04

Achevé d'imprimer en Italie
en septembre 2025 par L.E.G.O. (Lavis).